― 弁護士による実践書 ―

起業と経営の基本知識がわかる本

《第2版》

著
東京弁護士会
親和全期会

自由国民社

第 2 版 はしがき

　本書は、2013年12月に起業を考えている方々・起業をされる方にアドバイスをされる方々に対し、法務面や税務面からみた起業というコンセプトを元に執筆・刊行されましたが、既に5年ほどが経過し、平成も終わりを迎えることになりました。

　この間には、法令の改正等も行われましたが、特に大改正といわれるものに民法改正がありました。これには消滅時効、法定利率、保証、債権譲渡に関する見直しが含まれており、取引にも大きく影響する改正になります。また、政策面では新たな産業を生み出すべく起業支援を充実させて起業のハードルを下げる方向にあるなど、起業を取り巻く環境も著しく変化し、起業がより身近なものになりつつあります。
　このような変化を踏まえ、本書の改訂に際しては、初版のコンセプトを維持しつつ、起業する方やその関係者に対し、事業の開始から成長する過程においてここは押さえておいてほしいということを法務・実務の各面から紹介するという点を加えました。

　そこで、執筆陣に弁護士・公認会計士という専門職のほか、ベンチャーキャピタル勤務で早稲田大学大学院商学研究科を修了しベンチャー企業経営の実務にも理論にも精通している小井口氏を加え、法改正のほか、実務面的観点から起業家が知っておきたい法務的事項・実務的事項を強化しました。
　また、本書の構成として、従前第2章にあった実践面を最終第7章に配置し、理論面と実践面とを明確に分け読みやすくしました。
　理論面では、民法改正の他、平成29年の個人情報保護法の全面施行、平成28年の下請法改正、近年の知的財産法改正等の法改正に対応し、雇用面については働き方改革を踏まえた休暇の定め方を加え、さらに出資を受ける際に必要な知識である種類株式、会社の成長に伴った機関設計、会社の変化に対応した登記の必要性など経営が順調に推移した後にも知っておきたい事項を加えて本書の範囲の幅を持たせました。また、実践面である第7章（初版第2章）は、起業環境の変化を踏まえて全面改訂し、各業態におけるビジネスモデルを分析しつつ紹介しています。

　本書が初版同様、起業後間もない起業家の方々に対し起業のポイントのイメージの形成につながることがあれば望外の喜びです。

最後になりますが、初版同様に自由国民社の村上美千代さんをはじめとする関係者各位から多大なご協力をいただきましたことに、心より感謝申し上げます。

2019（平成31）年1月
　　　　　平成30年度親和全期会業務推進委員会委員長・弁護士
　　　　　　　　　　　　　　　　　鳥 羽 浩 司

はしがき

「自分の能力を発揮したい」「自分の技術やアイデアを事業化したい」「社会に役立つ仕事がしたい」「独立して自由に仕事がしたい」。熱い思いをもった方々が起業に挑戦し、創意工夫を凝らしていくことにより、社会が活性化され、雇用やイノベーションが生まれ、将来の日本の経済を支える基盤になります。起業は、自己実現であると同時に、社会への貢献にもつながるものであり、また、日本の中小企業政策においても開業率10%が目標とされるなど、その重要性はますます高まっています。

他方、社会の多様化・複雑化に伴って、起業当初から考慮しておくべき法律・税務関連の問題も多様化・複雑化しています。起業後間もない時期は特に経営資源に制約があることから、対処すべき法律・税務上の課題を的確に把握した上で、費用対効果も考えた上で適切に対応していく必要がありますが、当該時期に必要となる主要な法律・税務問題に特化した形で、起業家の方に分かりやすく解説した書籍は意外に少ないように見受けられます。

そこで、本書は、起業家の方々が読んで分かりやすいよう起業家の視点に立って執筆する、というコンセプトの下に、7つの章に分けて、起業時から事業が軌道に乗るまでに必要となる主要な法律・税務問題につき解説をいたしました。

なお、本書を手がけた親和全期会は、東京弁護士会所属の弁護士登録15年未満の若手弁護士から構成される会派で、その中に設置された業務推進委員会では、起業時に気をつけるべき法律問題について研鑽を積んできました。本書の執筆にあたっては、同委員会所属の弁護士を中心として、弁護士及び税理士総勢31名が集まり、それぞれの得意とする分野について解説を担当しています。

本書が、起業後間もない起業家の方々の、法律・税務上のトラブルの防止に少しでも役立ち、起業の成功及びスムーズな事業運営につながれば、望外の喜びです。

最後になりますが、自由国民社の村上美千代さんをはじめ、本書を作成するにあたって多大なるご協力をいただいた関係者各位に対して、心より感謝申しあげます。

2013年12月
平成25年度親和全期会業務推進委員会委員長・弁護士

土 森 俊 秀

起業と経営の基本知識がわかる本　目次

第1章　あなたのアイディアを活かしましょう ……… 1

1 アイディアを眠ったままにしない… …… 2
- (1) 行動を始めない限り「いつか」は永遠に来ない …… 2
- (2) アイディアを形にする初めの一歩 …… 2
- (3) 初めの一歩の具体化（MVP：Minimum Viable Product）…… 3

2 ビジネスモデルを具体化する …… 5
- (1) ビジネスモデルを考える …… 5
- (2) 市場の大きさと成長性を考える …… 5
- (3) ビジネスモデルのリーガルチェック …… 6

3 ビジネスの体制を構築する …… 7
- (1) ビジネスの体制における資源 …… 7
- (2) 会社という組織 …… 7
- (3) 商品やサービスの流通経路 …… 8

4 サステイナブル（持続可能）な運営のために …… 9
- (1) 絶え間ないビジネスモデルの修正 …… 9
- (2) 会社組織の発展 …… 9
- (3) キャッシュフロー（資金繰り）の管理 …… 9
- (4) ビジネスの出口戦略 …… 10

第2章　ビジネスプランを作ろう ……… 11

1 ビジネスプランはなぜ必要か …… 12
2 ビジネスプランの基本的な考え方 …… 13
3 ビジネスプランの作成 …… 14
- (1) 経営環境の分析 …… 14
- (2) 基本計画の策定 …… 18
- (3) 具体的計画の決定 …… 18

4 事業者が最低限知っておくべき会計 ……… 23
(1) 預金口座の開設 ……… 23
(2) 取引の記帳の基本 ……… 23
(3) 借方と貸方 ……… 24
(4) 小口現金 ……… 24
(5) 売上 ……… 25
(6) 売掛金 ……… 25
(7) 未収金 ……… 26
(8) 固定資産 ……… 26
(9) 創立費・開業費 ……… 28
(10) 事務所のスペース代 ……… 29
(11) ホームページ作成費 ……… 30
(12) 買掛金 ……… 30
(13) 未払金 ……… 31
(14) 借入金 ……… 31
(15) 人件費 ……… 32
(16) 資本金 ……… 32
(17) 配当 ……… 33

5 事業者が最低限知っておくべき税金 ……… 34
(1) 利益にかかる税金 ……… 34
(2) 預かり金の性格をもつ税金 ……… 40
(3) その他 ……… 46

第3章 運営主体（個人・法人）をどうするか ……… 49

1 個人事業主にするか会社にするか ……… 50
(1) 個人事業主と会社の違いは？ ……… 50
(2) 個人事業主のメリット ……… 50
(3) 会社のメリット ……… 52
(4) どちらを選択すればよいか？ ……… 53

2 どの会社形態を選ぶか（株式会社、合同会社等） ……… 54
(1) 法人の種類と特徴 ……… 54

(2)	株式会社	56
(3)	合同会社	57
(4)	有限責任事業組合	59
(5)	一般社団法人・財団法人	60

3 共同経営者（パートナー）がいる場合（株式持ち合いの方法、役員の分担方法） 63
- (1) 株式持ち合いの方法、役員の分担方法 63
- (2) 資本政策 65

4 株式会社設立の手続 67
- (1) 会社を設立する者（発起人） 67
- (2) 会社設立の2つの方法（発起設立と募集設立） 67
- (3) 発起設立のスケジュール 67
- (4) 定款の作成 70

5 各種届出 74
- (1) 各種許認可 74
- (2) 開業に関する届出 75
- (3) 電子申告に関する届出 84
- (4) 雇用に関する届出 85

6 設立時におけるワンポイントアドバイス 91
- (1) 本店所在地 91
- (2) 資本金 93

7 各施策の利用 94
- (1) 創業期（シードステージ・スタートアップステージ） 94
- コラム 購入かリースか 100

第4章　事業の展開 101

1 契約書を必ず作ろう 102
- (1) そもそもなぜ契約が必要なのか 102
- (2) なぜ契約書を作るのか 103
- (3) 契約書の具体的チェックポイント 104

- コラム 実印と印鑑証明書を要求する意味～二段の推定 ……………… 105
- コラム 定型約款に関する規定の新設 ………………………………… 108
- (4) 継続的契約における契約の種類（基本契約と個別契約）………… 122
- (5) まとめ～契約書の重要性～最終チェックは専門家に！ ………… 122

2 知的財産権を活用しよう …………………………………………… 124
- (1) 知的財産権とは何か ………………………………………………… 124
- (2) 自社で開発した知的財産権を活用する場合 ……………………… 136
- (3) 経営者個人の知的財産権を会社で活用する場合 ………………… 138
- (4) 第三者の知的財産権を会社で活用する場合 ……………………… 139
- (5) 他者から知的財産権の利用差止めや損害賠償をうけないために …… 141

3 広告の利用 …………………………………………………………… 143
- (1) 広告活動 ……………………………………………………………… 143
- (2) 広告内容に関する規制 ……………………………………………… 144
- (3) 広告の著作権に関するトラブル …………………………………… 149
- (4) 特定商取引法による広告規制等への対応～販売方法として、インターネット販売を採用する場合 ………………………………… 151

4 代金決済方法 ………………………………………………………… 155
- (1) 代金決済の場面 ……………………………………………………… 155
- (2) 代金決済方法と関連法規制 ………………………………………… 156
- (3) 代金決済の有効な活用 ……………………………………………… 164

5 個人情報保護方針の策定 …………………………………………… 166
- (1) 法改正 ………………………………………………………………… 166
- (2) 個人情報保護方針策定の目的 ……………………………………… 166
- (3) 個人情報保護方針の内容 …………………………………………… 167
- (4) 個人情報保護方針の公開について ………………………………… 170

6 他企業との提携 ……………………………………………………… 171
- (1) 企業提携の種類・方法 ……………………………………………… 171
- (2) 秘密保持契約の留意点 ……………………………………………… 173
- (3) 企業提携関係の留意点 ……………………………………………… 175
- (4) 下請取引関係の留意点 ……………………………………………… 182

第5章　人材の活用方法 ……… 191

1　人材の集め方 ……… 192
(1)　契約の形態にはどのようなものがあるか ……… 192
2　人材を集めるルート ……… 196
(1)　自ら募集する方法 ……… 196
(2)　ハローワークや職業紹介業者を利用する場合 ……… 200
3　契約形態による違い ……… 202
4　雇用における注意点 ……… 207
(1)　残業対策 ……… 207
(2)　従業員のヘルスケアに関して ……… 209
(3)　従業員のメールやSNSの閲覧等 ……… 210
(4)　問題社員が入ってきたら ……… 212
5　優遇税制等の活用 ……… 214
(1)　税制における優遇措置 ……… 214
(2)　雇入れ関係の助成金 ……… 220
(3)　優遇税制と助成金の違い ……… 223
6　休暇の定め方 ……… 224
(1)　年次有給休暇 ……… 224
(2)　産休、育休、介護休業 ……… 225
(3)　その他 ……… 226

第6章　会社の成長と手続 ……… 227

1　次のステージのために知っておきたいこと ……… 228
2　出資における必要な知識 ……… 229
(1)　種類株式を知ろう ……… 229
(2)　種類株式の内容 ……… 230
(3)　ベンチャー投資について使われる可能性がある種類株式 ……… 232
3　会社の機関設計 ……… 235
(1)　機関設計 ……… 235
(2)　各段階における機関設計 ……… 236

4 成長したら登記手続をしよう ··· 239
　(1) 登記の必要性 ··· 239
　(2) どのような分野で登記が必要になるのか ······························ 239
　(3) 登記手続をする場面 ·· 240

第7章　実際にビジネスを始めてみよう！ ························· 245

1 ビジネスの具体例を見てみよう ··· 246
2 喫茶店を始める ·· 247
　(1) 喫茶店とは ·· 247
　(2) 実際に始めるには ·· 247
　(3) 競合他社に負けないためには ·· 249
　(4) 異業種とのコラボレーション ·· 251
3 小売業を始める ·· 253
　(1) 小売業とは ·· 253
　(2) 実際に始めるには ·· 254
　(3) 競合他社に負けないためには ·· 257
　(4) 異業種からの参入 ·· 259
4 大学発のものづくりベンチャーを始める ································ 261
　(1) 製造業とは ·· 261
　(2) 実際に始めるには ·· 262
　(3) 競合他社に負けないためには ·· 264
　(4) 注目されてきている大学発ベンチャー ································ 265
5 個人向けマッチングプラットフォームの事業を始める ············ 267
　(1) WEB関連の事業とは ·· 267
　(2) 実際に始めるには ·· 267
　(3) 競合他社に負けないためには ·· 270
　(4) 特徴のあるプラットフォーマー ··· 271

執筆者紹介 ··· 273

第1章

あなたのアイディアを活かしましょう

1. アイディアを眠ったままにしない
2. ビジネスモデルを具体化する
3. ビジネスの体制を構築する
4. サステイナブル（持続可能）な運営のために

1 アイディアを眠ったままにしない

(1) 行動を始めない限り「いつか」は永遠に来ない

　あなたが、なにか新しいビジネスのアイディアを思いついても、それを形にするために行動を始めない限り、ビジネスにはなりません。「いつかやろう」と考えているアイディアは、その「いつか」を迎えることのないまま、眠ったままになってしまうことが多いです。

　近年、インターネット上の多様なサービスを、ほぼ無料で利用できるようになったことから、採算のとれるビジネスのほとんどが、1人からごく少人数で、最小限度の投資で始められるようになりました。こうした環境の変化を受けて、世の中にイノベーションを起こしたいという方から副収入を得たい方まで「なんのためにビジネスをするのか」という理由こそ違いますが、ビジネスを始めようという人が増えています。

　この章では、アイディアをビジネスへと形作り、その後も維持していくために、どのようなことを考えていけば良いのか、またどのような問題が出てくるのか、法律や税との接点を含めて、概観をしていきます。

(2) アイディアを形にする初めの一歩

　例えば、あなたがこだわりのコーヒーを出すカフェをオープンしたいと思ったら、どうすれば良いでしょうか。

　いろいろなカフェをめぐって、味や内装を研究し、カフェの店舗を借りて、内装工事を済ませて、保健所にも届出をして、さあオープンして客足も順調！と物事がうまく進めば良いですが、店舗を借りれば、保証金や月々の家賃もかかりますし、内装工事にもお金がかかります。開業資金を借り入れる場合には、金融機関との金銭消費貸借契約が必要になります。せっかくオープンしても、来店してくれる人が少ないと、これらの支出や労力は大きなリスクになってしまいます。

起業を成功させるためには、リスクをとるべき場合には積極的にリスクをとる一方、避けることができる不要なリスクがある場合には、リスクを最小限にするための手段を考え、実行することが必要になります。

　そこで、自分がビジネスにしたいアイディアを、小さな一歩から始めてみる方法があります。具体的には、上記の例であれば、人の集まる場所に出かけて、コーヒーを入れてみて、感想や、いくらであれば購入する気になるかを聞いてみる、ということです。

　アイディアを実現して、ビジネスとして育てていく上で一番大事なのは、「こうしなければいけない」「ああしなければ、成功しない」という頭の中での思い込みよりも、そのビジネスの商品やサービスの顧客となるべき人とのコミュニケーションを通じて、顧客の課題（「片付けるべき用事」）とそれに対する解決策を検証していくことに尽きます。

　もっと簡単に言えば、買ってもらえるものを売る、というのがビジネスの基本です。そのために、顧客の声を聞くのです。

　もっとも、その過程は簡単なことではありません。自分の好きなこと、自分がやりたいことでなければ、ビジネスへの情熱が続かず、途中で挫けてしまうことが多いです。ですから、起業をする上では、そのビジネスが、自分の好きなこと、やりたいことと重なっているかも、大事な要素になります。

(3)　初めの一歩の具体化（MVP: Minimum Viable Product）

　顧客とのやり取りをするためには、顧客にそのサービスなり、製品なりについて、具体的なイメージを持ってもらう必要があります。

　自分の理想がすべて盛り込まれたサービスについて、意見や感想を求めるよりも、一番顧客にとって大事なポイント（痛みが一番大きい「片付けるべき用事」）に絞って、ニーズを検証していく方が、アイディアをビジネスに近づけやすいのです。

　そこで、顧客の声を聞くために、一番重要な機能や価値だけでも、その製品やサービスを利用してくれるかどうかに絞って、初めの一歩を形にする必要があります。それは、具体的な完成品になっていなくても、一番重要な機能や価値を伝えることができるプレゼンテーションの資料

でも良いですし、製品のごく少量の試作品でも良いのです。

　なお、顧客の意見をすべて言うとおりに聞くのが、成功するビジネスにつながるかというと、そうとも限りません。一部の起業家たちが世の中にイノベーションを起こすのは、まだ世の中に認識されていない顧客のニーズ、誰も気づいていない痛みに、その起業家が最初に気づいて、世の中を変えるサービスとして、アイディアを形にしていくからです。その意味では、あなたが世の中にイノベーションを起こそうと考えているのであれば、自分の心の声に従って、こだわりを実現する製品やサービスを作り上げていく方が良いでしょう。

　とはいえ、最初からうまくいくアイディアなんて、ほとんどありません。顧客になってくれそうな人に意見や感想を聞いた途端、それまで自分が重要だと思っていた機能や価値が、顧客にとっては重要ではなかったりすることがあると思います。コーヒーには、味わいが大事だと思っていたら、実は香りの方が大事という意見が多いかもしれません。

　でも、それで自信をなくす必要はありません。あなたのアイディアは、まだ形になりきるまでの過程にあるだけです。ビジネスを立ち上げる段階では、失敗はつきものですが、その失敗を踏まえて次の行動を起こし続ける限り、それは意味のある失敗なのです。

　顧客やユーザーが、どんなことを痛みに思っているか、その片付けるべき用事を片付けてもらうために、どれだけの対価を払っても良いと思うかは、顧客の痛みがどれだけ切実かによります。

　そして、顧客からの感想や意見を聞きながら、どのような製品やサービスを作り上げていくか考え直し、少しずつ、アイディアを変化発展させていくことで、単なる頭の中のアイディアに過ぎなかったものが、ビジネスへと形を変えていきます。

　顧客となる人からのフィードバックを受けたら、最初のアイディアに固執せず、柔軟にそれまでのアイディアを検証して、それまでのアイディアを土台にしながら変更していく。その一連の流れをどれだけ素早く繰り返していけるかで、ビジネスの顧客となる人が見つかります。

2 ビジネスモデルを具体化する

(1) ビジネスモデルを考える

　顧客の課題を解決する商品やサービスを開発できたということになっても、それだけではビジネスとしては不十分です。

　そのビジネスにはどれだけの顧客がいて、商品やサービスをどのように顧客のもとへ届けるのか、顧客のもとに届ける上で重要なことは何か、他方でビジネスとして売上をどのように形作るかということについても考える必要があります。また、それらを反復可能な形で実現できるようにしなければ、ビジネスにはなりません。基本は、どのように商品やサービスに価値を感じてもらって、対価を支払ってもらうかということに尽きます。

　価格については、複数の価格帯を用意するのも重要です。また、その支払い方法についても、1回限りなのか、継続して支払いをしてもらえるような仕組みを作ることができるかを検討することになります。

(2) 市場の大きさと成長性を考える

　あなたの商品やサービスが、顧客にとって喜んでお金を支払っても良いと思えるものでなければ、ビジネスは大きくなりません。この時に大事なのは、最初から市場として想定できる人々全員が、そうである必要はないということです。

　商品やサービスがあなたの頭の中の完成形ではなくとも、最も重要と思われる機能に絞り込んだ試作品（とはいえ、販売に耐えるもの）について、お金を支払ってくれる人がいるのであれば、その顧客は、あなたの商品やサービスの熱烈なファンになって、同じような課題に困っている他の潜在的な顧客に対して、あなたの商品やサービスを紹介してくれるはずです。また、市場を考えるときには、既存の市場に参入するのか、

新しい市場に参入するのか、潜在的な顧客がどの程度いるのか、市場の成長がどの程度のものか、競合と比べて、どの程度顧客を取り込むことができるのかという観点から考えるべきです。一般的には、新規市場を新しく開拓するには時間もコストもかかるので、あなたが初めてビジネスを立ち上げるという場合には、顧客がどんな課題に直面しているのか、それがどの程度大事で、その解決がどれだけ切実かを調べることで、今後ビジネスがどの程度成長するかを想定することができます。

(3) ビジネスモデルのリーガルチェック

いくらビジネスとして顧客がいることがわかっていても、そのビジネスに関連する法律について、知らないままでいることはできません。

必要とされる許認可や届出、顧客や流通に関わる関係者との間の契約書、そのビジネスからどのようなリスクが発生するのかについて調べる必要があります。

ビジネスが成長した段階で、そのビジネスに法的な問題があるということがわかると、対応も大変です。適切なタイミングで専門家に相談した方が良いです。特に新しいビジネスを立ち上げる時には、早い段階で相談をすることで、未然にトラブルを防ぐことができます。

3 ビジネスの体制を構築する

(1) ビジネスの体制における資源

　一般に、ビジネスにおける資源は、ヒト、モノ、カネ、チエと言われています。

　ヒトは、自分のビジネスにおける人的な資源には、創業者自身や、アドバイザー、従業員等が該当します。

　モノは、ビジネスに必要とされる設備や施設、商品の製造に必要な原材料等を意味します。近年では、IT系の起業に関しては、クラウドコンピューティングの活用や、コワーキングスペースを利用することで、オフィスや設備に関するコストを下げることができるようになってきました。また、商品を販売するにしても、いきなり実店舗を作るのではなく、ECサイトを利用することで、立ち上げ時のコストを下げることができるようになっています。

　カネは、ビジネスを行う上で最も重要なものです。資金が尽きてしまうと、ビジネスはそこで終わってしまいますので、どのようにビジネスに必要な資金を調達するか、手元の資金がどれだけ残っているかキャッシュフローを把握することが大事です。

　チエは、知的財産や営業秘密を含む様々な情報です。これらを守るために、特許や商標の登録をしたり、秘密保持契約を締結したりすることが考えられます。

(2) 会社という組織

　個人事業主として起業するのではなく、会社を作ることの大きな意味は、個人と会社の資産を分けることができるという点にあります。会社法では、従来1,000万円以上の資本金と、3人の取締役が必要でしたが、会社法の改正により、資本金の制限もなくなり、取締役1名からの株式

会社を設立できるようになりました。

　法律上は、株式会社以外にも、合同会社、合資会社、合名会社や、一般社団法人等をビジネスの器にすることができますが、将来的に金融機関との取引のしやすさ等を考慮すると、今からビジネスを立ち上げる際に、会社という形態を選ぼうと思った場合には、株式会社を設立するのが最も簡易です。

(3) 商品やサービスの流通経路

　商品やサービスを顧客に届けるために、カフェや自社の提供するウェブサービスであれば直販ということになりますが、物販であれば、実店舗における直販やプラットフォーム型のECサイトを通じた販売等、様々な流通経路が考えられます。

　このように、商品やサービスの流通経路は、ビジネスの発展に応じて将来的に変更される場合もあり、適切な体制を構築する必要があります。

4 サステイナブル（持続可能）な運営のために

(1) 絶え間ないビジネスモデルの修正

　アイディアを形にして、ビジネスモデルを作り上げ、それを実行する体制を構築しても、テクノロジーや環境の変化により、市場、すなわち顧客のニーズは常に変化しつづけます。例えば、当初の顧客層とは別の顧客層が、商品やサービスに別な価値を感じて購入することもあります。
　ですから、ビジネスが立ち上がった後も、継続的に顧客の声を聴き、どのような価値が求められているかを分析して、機能等を追加していくということが、重要になってきます。

(2) 会社組織の発展

　ビジネスを行うために、会社を設立した場合には、ビジネスの発展に応じて、従業員の数も増えていくことがあります。これに伴い、立ち上げ時には、業務内容が明確に分けられていなかったものを新規開発部門やマーケティング部門等、組織を構築して責任者を設けたり、雇用形態を多様化させるとともに雇用契約書を整備したり、就業規則を設けることが必要になってきます。

(3) キャッシュフロー（資金繰り）の管理

　既にビジネスの体制における資源のところでも説明しましたが、ビジネスが存続するために一番重要なことは、資金繰りです。ビジネスの価値は、売上にはありません。売上ではなく、利益とキャッシュフローこそが、ビジネスを持続的に発展させていく上で、重要視されます。
　特に、利益は、「利益＝売上－コスト」という形で表すことができます。様々な企業が売上を大きくするために努力していますが、場合によって

は売上を上げるために、売上以上のコストがかかる場合もあったり、貸借対照表上では黒字であっても、資金繰りがうまくいかずに倒産する企業もあったりします。ですから、ビジネスを継続的に運営していこうと思う場合には、資金繰りを中心に、ビジネスの数値を管理すべきです。

　万が一、市場の冷え込みや売上の減少等により、資金繰りが悪化する場合には、事業再生や、最悪の場合、破産という法的手続を行わざるを得なくなることもあります。

(4) ビジネスの出口戦略

　ビジネスを立ち上げた後には、大きく3つの方向性があります。1つは、ビジネスを大きくして、株式上場（IPO; Initial Public Offering）を目指す。もう1つは、M＆Aでビジネスを売却する。最後は、ビジネスを自動化する方向です。

　あなたが、世の中を変えるためにビジネスを立ち上げたアントレプレナーである場合には、会社を大きくして株式上場をすることを考えているかもしれません。また、事業を立ち上げて、軌道に乗ってしまうと、また新しいビジネスを立ち上げたくなるという場合には、M＆Aで事業を売却して、また起業をするということも考えられるでしょう。

　自分のビジネスを保有しながら、アウトソーシングを利用したり、業務を標準化したりすることで、自分がいなくてもビジネスが進む仕組みができれば、自由な時間を確保しながら経済的にも安定した生活を送ることができるということになります。

　もっとも、株式上場を目指す場合には、上場時の審査において、法務や会計税務について厳しく内容を見られることになるので、ビジネスの創業時から株式上場を考えているのであれば、積極的に法務や会計税務について、専門家を利用することが重要になってきます。

第2章

ビジネスプランを作ろう

1 ビジネスプランはなぜ必要か
2 ビジネスプランの基本的な考え方
3 ビジネスプランの作成
4 事業者が最低限知っておくべき会計
5 事業者が最低限知っておくべき税金

1 ビジネスプランはなぜ必要か

　起業する際には、以下のような場合にビジネスプラン（「事業計画書」とよばれることもあります。）の提出が求められ、審査を受けることがあります。

> 【ビジネスプラン・事業計画書の提出が求められる場合】
> ・起業にあたって開業資金等を金融機関から融資を受ける場合
> ・ベンチャーキャピタル等のファンドから出資を受ける場合
> ・都道府県等中小企業支援センター、地域中小企業支援センター等の公的機関から支援を受ける場合
> ・日本政策金融公庫が実施する新創業融資制度（優れたビジネスプランを持つ新規事業者等に対して、一定額の無担保無保証の融資を認める制度）のような優れたビジネスプランを持つベンチャー企業を優遇する制度を利用する場合

　このような場合は、説得力のあるビジネスプランを作成し審査に通ることが必要不可欠になります。

　ビジネスプランの提出が求められていない場合であっても、無計画で場当たり的なビジネスが失敗する可能性が高いことは言うまでもありません。ビジネスを円滑に進めて成功するためには、自分が思い描くビジネスのイメージをビジネスプランという形で具体化して、これに沿って実行していくべきです。

　ではビジネスプランはどのように作成すべきでしょうか？

2 ビジネスプランの基本的な考え方

　公的機関や日本政策金融公庫等から公的な支援を受けるにあたって提出が求められる場合は定型的な書式がある場合が多いですが、金融機関や民間のファンドに提出する場合は統一的なフォーマットがあるわけではありませんし、ビジネスプランの作成方法についても様々な考え方があります。

　経営戦略論・マーケティング論で講じられている一般的な方法に基づくビジネスプランの作成方法を紹介します。

【ビジネスプラン作成の一般的なステップ】

(1) 企業イメージの確立
　　事業の概要を考える
　　何を実現したいか？動機・目的は？

(2) 経営環境の分析
　　外部環境分析：機会と脅威の分析
　　内部環境分析：自社の強みと弱みの分析

(3) 基本戦略の決定
　　誰に、何を、どのように提供するかを決める

(4) 具体的計画の決定
　　①マーケティング計画
　　②組織・人員計画
　　③仕入・生産計画
　　④資金計画と利益計画
　　⑤事業スケジュール

3 ビジネスプランの作成

(1) 経営環境の分析

ア　SWOT分析

　実現したいことが決まったとして、しゃにむに努力すれば結果が出るというものではありません。経営環境を正しく分析して戦略を立てることが重要です。

　このような分析のツールとして有名なのが「SWOT分析」です。SWOT分析では、経営環境を、自社の外部にあって自社ではコントロールできない「外部環境」と自社内部のもので自社でコントロールできる「内部環境」に分けて、次のように分類して整理します。

【SWOT分析】
●外部環境分析
　・機会（Opportunities）
　　うまく活用すれば業績が拡大につながる企業外部をとりまく状況
　・脅威（Threats）
　　そのまま放置すると業績悪化を招く企業外部をとりまく状況
●内部環境分析
　・強み（Strengths）
　　競争相手よりも勝っている点
　・弱み（Weaknesses）
　　競争相手よりも劣っている点

(ア) 外部環境分析

外部環境は、大きく以下のように分類できます。

【外部環境】
①マクロ環境：経済状況、政治動向、法令等
②市場環境　：選択した事業分野の現状・将来性、顧客の動向等
③競争環境　：現在の競合、将来の新規参入の可能性

この要因ごとに、起業しようとする事業の業績拡大につながる「機会」となる事象、業績を悪化させる「脅威」となる事象を抽出します。

ここで注意すべきは、同一の外部環境でも、行おうとする事業によっては「機会」になることも「脅威」になることもあるということです。例えば、①マクロ環境についてみれば、経済がデフレ傾向にあり消費マインドが低下しているという経済環境は、高級品を販売する事業者にとっては「脅威」かもしれませんが、低価格帯の商品を販売する事業者にとっては「機会」になり得ます。よって、「機会」か「脅威」かは、一般論ではなく、自分が行おうとする事業を拡大する要因になるかどうかという観点から検討する必要があります。

また、②市場環境についても、起業したい市場が成長市場である場合、成長市場であること自体は「機会」と捉えることができますが、成長市場は多数の者が新規参入し競争が激化することが予想されますので、③競争環境の点から捉えれば「脅威」と言えます。逆に、縮小傾向にある市場であっても、自社が独自の技術を有していて競合相手がの撤退が始まっているような場合は、②市場環境の点を捉えれば「脅威」、③競争環境の点を捉えれば競合相手が減っていることから「機会」とみることができます。

(イ) 内部環境分析

企業の内部環境としての経営資源は「ヒト、モノ、カネ、情報」に分類するのが一般的です。ここで、内部環境を具体化すると、次のように

なります。

> 【内部環境】
> ①ヒト（経営者の資質・経験、従業員の能力・モチベーション、顧客や外部協力者とのネットワーク等）
> ②モノ（商品・サービスの品質等、知的財産権　店舗の立地等）
> ③カネ（資金力等）
> ④情報（ノウハウ・技術力等）

　一般に、これから起業する段階の企業が、資金力等の「カネ」の面で「強み」があることは稀でしょう。

　起業段階で「強み」となりうるのは、経営者自身の資質の経験や外部とのネットワークといった「ヒト」、提供する商品・サービスの優位性といった「モノ」、ノウハウや技術力といった「情報」面であることが多いので、これを生かしたビジネスを展開する必要があります。

(ウ)　SWOT分析の事業戦略への生かし方

　SWOT分析を事業戦略に生かす際の基本は「機会」に自社の「強み」をぶつけるということになります。

　しかし、成熟し今後成長が見込まれない市場や衰退傾向にある市場といったように市場環境からみれば「脅威」とみることができる市場であっても、独自の技術力等の「強み」を生かしてニッチ分野で生き残りを図るという方法もあります（成長市場に群がるよりもこのような手法のほうがむしろ成功事例が多いとも言われています）。

表2-1　【SWOT分析を生かした事業戦略】

	機　会	脅　威
強み	強みを生かす戦略	縮小戦略 or ニッチ戦略
弱み	弱みを克服する戦略	新規参入しない or 撤退

イ 5フォース分析

　外部環境分析の箇所で述べたとおり、成長市場は、新規参入者も多数見込まれるなど競争が激しいため必ずしも収益性が高いとは限りません。業界自体の収益性を総合的に分析する必要があります。

　業界の収益性を総合的に分析する手法として、ハーバード大学のマイケル・ポーターの5フォースモデルが有名ですので、紹介します。

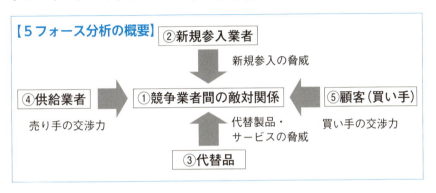

　我々は、業界の構造を考えるとき、その①業界内部の競争者間の競争のことだけを考えてしまいがちですが、5フォース分析は、内部の競争者以外に収益性に影響を与えるものとして、供給業者、顧客、新規参入業者、代替品を挙げたことに特徴があります。

　具体的には、②新規参入業者については、開業費用や技術コスト、法令などの敷居が低い市場は、次々に新規参入者が登場してきます。

　③代替品については、特定の市場で優位性を築いても、代替品や代替サービスが登場するとユーザーはそちらに流れてしまいます。携帯電話やデジカメで優位性を築いた日本の家電メーカーが、スマホの登場でモバイル市場での優位性を失いつつある現状等が典型例です。

　④供給業者の交渉力については、特定の業者しか供給ができない部品の場合は、部品の供給業者の交渉力が高まり、価格の引き下げ交渉等ができなくなり、コストダウンが難しくなります。

　⑤買い手の交渉力については、ブランド品など訴求力が高い商品は低価格競争に巻き込まれるリスクは小さいですが、日用品等どれを買っても大差ない場合、低価格競争に巻き込まれるリスクが高くなります。

(2) 基本計画の策定

 以上のような、経営環境や参入する業界の構造分析を踏まえて、基本計画を策定することになります。ここで、①誰に（who）、②何を（what）、③どのように（how）提供するかを具体化する必要があります。
 まず、「①誰に」、つまり対象顧客層が明確化しなければ、ビジネスプランを審査する側に、いい加減なビジネスだと思われてしまいます。
 また、「②何を」についても、特定の商品にこだわったビジネスプランでは、ビジネスプランを審査する側はその商品が飽きられた場合は、その企業の寿命も終わりなので融資等の支援は難しいと判断される危険があります。そこで、顧客のどのようなニーズに対応するのか、という視点を盛り込む必要があります。
 「③どのように」についても、オリジナリティをアピールし、どのような独自技術で競争相手や新規参入者と差別化するのかを具体化しなければ、ビジネスプランを審査する側から融資等の支援の対象とみてもらえない可能性があります。

(3) 具体的計画の決定

 次に、基本計画を踏まえて、具体的計画を展開する必要があります。①商品・サービスをどのように顧客に届けるかの計画（マーケティング戦略）を立て、②マーケティング戦略実施の組織や人の配置（組織・人員計画）、③提供するものが商品であればその仕入方法（仕入計画）、製品であればその生産方法を決め、④計画を実現するための資金をどのように調達し（資金計画）、調達した資金をどのように返済して利益を残すかの計画（利益計画）を立てるという流れが一般的です。

ア　マーケティング計画
 マーケティングを考えるにあたっては以下の「4P」を決める必要があるとされています。
① 製品（Product）
 基本計画で設定した対象顧客層のニーズに適合した商品・製品・サー

ビスを提供する計画を立てることが必要になります。
② 価格（Price）
価格については、コスト、競争業者の価格、顧客の需要等を考慮して決めることになります。

コスト割れの価格設定をした場合事業の継続は困難になります。現実には競争業者の価格を参照しつつ、原価割れにならない価格を設定するのが一般的でしょう。

③ 販売チャネル（Place）
販売チャネルについては、店舗販売、ネット販売、セールスマンによる直接販売をいかに組み合わせるかを具体化する必要があります。

④ 販売促進（Promotion）
何をするかによりますが、チラシによる広告、ネットのホームページ、ダイレクトメール、訪問営業、イベントや講習会の開催等の方法を適宜組み合わせることになります。

イ　組織・人員計画
事業活動を行うのに必要な人をどのように確保するかも問題となります。正社員として雇用するか、アルバイトを利用するか、派遣を利用するかです。一般に正社員のほうが高いモチベーションが期待できますが、以下のような差異が生じます。

例えば、派遣は雇用やアルバイトより費用は高いですが、人件費を流通変化できるので損益分岐点を下げる効果があります。また期限の定めのない雇用契約を締結すれば、解雇権濫用法理の関係で余剰人員となった場合のリストラは難しくなりますが、有期雇用や派遣の打ち切りは比較的容易です。

ウ　仕入計画・生産計画
(ｱ)　仕入計画
商品を販売する場合や製造業を行う場合、材料・部品等の仕入計画としての①仕入れる商品、②仕入先、③仕入価格、④仕入条件（現金か掛か、支払サイト）を決める必要があります。特に仕入価格は利益に、仕入条件は資金繰りに影響します。

(イ) 生産計画

　生産計画は、製造業においては要となるものです。

　しかし、専門的なものであるため、一般に金融機関等に提出するビジネスプランに詳細に書き込むことは稀です。

　ビジネスプランレベルでは、生産リードタイム、在庫・資材管理の方法、外注管理（外注費は変動費化できるので損益分岐点に影響します）等の利益・資金繰りに影響する部分を主に記載すれば足りるでしょう。

エ　資金計画と利益計画

　金融機関やファンド等資金を供給する側が最終的に気にするのは会社が利益キャッシュフローを生み出すことができ、投資したお金を回収できるのかという点ですので、資金計画・利益計画は各計画と連動した合理的なものにする必要があります。

(ア)　資金計画
① 開業資金と当面の運転資金の算出

　開業にあたっては、以下のような資金を予め手当する必要があります。

【開業時に用意すべき費用】
●開業資金
　・店舗・事務所にかかる費用
　　　保証金・不動産屋の仲介手数料、内装費用、電話設置費等
　・設備・備品にかかる費用
　　　机・椅子、IT機器、事務用品
　・広告・宣伝・挨拶状等の費用
●当面の運転資金
　　仕入代金、家賃、水道光熱費等

---

② 資金の調達方法の検討

　まず、①のうちどの程度を自己資金で賄えるかを算出します。
　また、リースで調達可能なものはリースも検討します。ただし、リー

スを増やした場合、固定費が増大するので後々に損益分岐点が上昇することは覚悟する必要があります。自己資金でもリースでも賄えない部分は借入等を活用することになります。

(イ) **利益計画（損益計画、収支計画などと呼ばれることもあります）**

金融機関等に提出するビジネスプランの場合、借入金が返済可能であることを示す必要があります。借入金を返済するには、返済資金を確保できるだけの売上を挙げる必要があります。では、返済資金を確保するのに必要な売上はどのように算出するのでしょうか？

①目標利益を計算する

$$目標利益 = \frac{借入金の年間返済額 - 年間の減価償却費}{1 - 実効税率（概算約40\%）}$$

年間の減価償却費は、資金計画のところでリース以外の方法で取得する設備投資額が決まれば概算できます。

②予想粗利率を算定する

$$予想粗利率 = \frac{売上原価}{売上}$$

在庫が一定で期首も期末も変わらないと仮定すれば、売上原価≒仕入額なので仕入計画をきちんと行い仕入価格が決まれば概算できます。

③経費（販売費及び一般管理費）を見積もる

年間の経費の金額を見積もります。人員計画が固まれば、人件費は概算できますので、店舗や事務所の賃料やリース代、電話代、水道光熱費その他の雑費等を概算します。

④必要売上高の算定

目標利益・予想粗利率、経費見積が出せれば、返済資金を確保するた

めの必要売上高は次ページのとおり算定できます。

$$必要売上高 = \frac{経費見積額 + 目標利益}{予想粗利率}$$

　ビジネスプランに記載する利益計画上の売上高は、裏付けとなるデータは必要ですが、少なくとも上記の計算に基づく必要売上高を超える金額の売上が出る内容でなければなりません。

オ　事業スケジュール
　ビジネスはすぐに軌道に乗るわけではないので創業準備から事業が軌道に乗るまでの現実的なスケジュールを立てなければなりません。

4 事業者が最低限知っておくべき会計

(1) 預金口座の開設

　法人設立の登記手続が終わると、次に法人の銀行口座（信用金庫、郵便局等含む）を開設します。取引が始まると、入金も支払も銀行口座を通して取引することがよいでしょう。銀行取引は領収書などの手元の資料以外に、銀行において出入りの記録がなされ、手元の通帳にも記帳されますので取引を正確に記録したり、後で取引を確認することが容易になります。取引を示す客観的な資料にもなります。また、小売店などでの個人相手の商売を除き、法人相手の取引では預金取引が基本とされますので、預金口座を持つことは必須といってもよいでしょう。預金口座の情報は、例えば自社が販売先に対して発行する請求書に記載して、その預金口座宛に振込を依頼することになります。

(2) 取引の記帳の基本

　個人事業者も法人も、青色申告を選ぶと良質の決算ができる他に、税務上もメリットがあります（個人の場合は青色控除65万円の利用、法人は青色欠損金の繰越控除など）。

　青色申告を行うためには、複式簿記の原則に従って、整然かつ明瞭に、仕訳帳と総勘定元帳を記録し、決算を行うことが必要とされています。このうち日々の取引を記録する仕訳帳は、紙ベースで記録することももちろん認められますが、あとで集計したり決算時に決算書を作成したりすることまで考慮しますと、市販されている会計ソフトなどを利用するのが効率的と思われます。

(3) 借方と貸方

前記のように、青色申告を行うためには、複式簿記により取引を記録することが必要です。

会計の科目は、大きく5つのカテゴリーに分かれます。具体的には（ⅰ）資産、（ⅱ）負債、（ⅲ）資本（貸借対照表の科目）、と（ⅳ）収益、（ⅴ）費用（損益計算書の科目）の5つです。

複式簿記では、どのような取引でも左側と右側に科目と金額を記載し、左の金額の合計と右の金額の合計は必ず一致する仕組みが採られています。左側を借方（かりかた）、右側を貸方（かしかた）と呼びます。

5種類の科目のうち、プラスの資産と費用は借方に、プラスの負債、資本、収益は貸方に記載します。借方、貸方は理論よりも実践として覚えてしまいましょう。例えば、預金に10万円入金された場合は、預金は資産の科目ですので、借方に10万円と記載します。

例：
（借方）預金　100,000　／（貸方）売上　100,000

反対に預金から3万円出金した場合は、借方にマイナス3万円と書かずに、借方の反対側、すなわち貸方に3万円を記載します。

例：
（借方）広告宣伝費　30,000　／（貸方）預金　30,000

(4) 小口現金

なお、小さな取引のために毎回銀行口座を経るのは煩雑ですので、少額の現金を手元に置き、小口現金として、日々の少額の経費の支払などに使用することができます。小口現金も資産の一種ですので、小口現金が増えるときは借方、減るときは貸方となります。

> 例：預金から5万円引き落として、手元の小口現金とした（この結果、預金は5万円減少）。
> （借方）小口現金　50,000　／　（貸方）預金　50,000

⑸ 売上

　企業の経済活動でもっとも重要な科目が、売上といえます。売上は企業の成長や利益の源泉であり、経費や人件費の支払の原資となり、銀行借入がある場合は元本と利息の返済の財源となります。

　創業した会社（個人事業の開業を含む）が、初めて売上を計上できるまでには、営業計画や経営計画の策定、商品の仕入、サービス内容の確定、人々の協力などが必要となるでしょう。広告宣伝を出したり、有望な先に営業活動をしてまわったり、ホームページを作って宣伝をしたり、前の仕事の人脈や知人などを頼ったり、さまざまな営業活動を経てえられる売上は、会計の複式簿記上どのように記帳されるでしょうか。

　前述の5つのカテゴリーのうちでは、売上は収益の1つに含まれます。収益は貸方の科目ですので、たとえば次のような仕訳となります。

> 例：20万円の商品を売上げ、支払は翌月払とした。
> （借方）売掛金　200,000　／　（貸方）売上　200,000

⑹ 売掛金

　企業が売上を計上すると、売上代金を顧客から受け取るという債権が発生します。売上により発生した債権は売掛金という科目を用います。売掛金は債権ですので、資産のカテゴリーとなるため、借方の科目です。

　売掛金は売上から回収までに一時的に発生する勘定科目で、代金回収が終わると消えることになります。

> 例：前述の売上20万円について、請求書を発行し、翌月、販売先より預金に20万円振り込まれた。
> （借方）預金　200,000　／（貸方）売掛金　200,000

　売掛金は、支払サイト（回収するまでの通常の期間）を超えて未収の状態のままになるのはよいことではありません。売上を計上できても、資金が入ってこなくては、売上の意味がありませんし、税金がかかる場合は納税資金も不足してしまうことになりかねません。

　売掛金は、販売先毎に管理し、適時に回収するように心がけましょう。会計ソフトでは、売掛金の科目の中の補助科目として、得意先（販売先）別の売掛金を管理できるようになっているものもあります。もちろん、別途、紙ベースのノートやエクセルなどで管理しても問題ありません。

　PCなどのソフトのみの管理では、消えてしまうと大変なので、時々プリントアウトするなどして確実に保存できるようにしておきましょう。

(7)　未収金

　未収金も、債権の一種で、資産のカテゴリーとなります。売上以外から発生したものを未収金と呼ぶことが一般的です。

> 例：自社の不要な備品を5千円で売却し、支払は後日とした。
> （借方）未収金　50,000　／（貸方）備品　50,000

(8)　固定資産

ア　固定資産の取得

　固定資産は、比較的金額が大きく、長期間使える資産をいいます。会計上は、1年以上使用できる資産とされ、金額的には税法の基準に合わせて10万円以上としている場合が多いようです。固定資産は、有体物で目に見える有形固定資産（土地、建物、備品、車両etc）と、物理的な

形のない無形固定資産（ソフトウェア、特許権、営業権、借地権etc）に分かれます。無形資産が有体物ではないといっても、契約書等の根拠資料があることが通常です。

最近ではオフィス家具やPC、複合機など性能が向上しているのに比較的安いものも多くあります。自社の判断基準で、管理上必要な場合、10万円より少額な備品についても固定資産として管理することもできます。ただし、税務上は会計帳簿で固定資産として記録すると、10万円未満の少額でも固定資産として取り扱われ、税金負担が増す場合がありますので、税理士などに相談するのがよいと思います。

> 例：自社のパソコン１台15万円を購入し銀行振込で支払った。
> （借方）備品　150,000　　／（貸方）預金　150,000

イ　固定資産の費用化

固定資産は、前述のように有形固定資産と無形固定資産に分けることができますが、会計上は取得した固定資産をいつ費用になるかの観点から、時の経過に伴って物理的価値が減少するため減価償却する減価償却資産と、時の経過に伴って物理的価値が減少せず減価償却しない非減価償却資産とに分けることができます。

後者の非減価償却資産の代表としては、土地が挙げられます。土地は、時の経過によっては土地の持っている機能が低下することがないためです（時価の下落による価値の低下はありますが、固定資産の時価の上下は通常会計上の取引とはしません）。

備品などの減価償却資産は、定められた耐用年数により毎年規則的に減価償却を行い、減価償却費として毎年の費用になります。減価償却は、固定資産の取得日・稼働日、取得価額、耐用年数、残存価額、減価償却の方法（定額法、定率法etc）が決まれば、毎年の減価償却を計算して会計上の仕訳にすることができます。

耐用年数は、企業毎の個々の資産を使用している実情によりそれぞれ合理的に耐用年数を見積もるのが最も論理的といえますが、取得した固定資産を今後何年使用するか未来のことを合理的に見積もることは、実

際には難しいことです。多くの企業では、税法の定めている具体的な資産毎の耐用年数（法定耐用年数）を用いているようです。

　減価償却の方法については、税法に従い、建物と無形固定資産が定額法（取得価額に一定の償却率を乗じて、耐用年数にわたって毎年同じ金額を償却費とする方法）、建物以外の有形固定資産が定率法（期首の固定資産の簿価に一定の償却率を乗じて償却費とする方法）を採ることが一般的です。一般に、定率法の方が定額法よりも初期の償却費が多く計上される傾向にあります。参考までに、国際会計基準を採用している会社は定額法を原則としている場合が多いようです。なお、固定資産の簿価（帳簿価額）は、取得価額から、減価償却累計額（前年までの減価償却費と今年の減価償却費の合計）を差し引いて求められます。固定資産の簿価は、固定資産の取得価額のうちまだ償却されていない金額と見ることもできます。

　残存価額についても、税法に従い、有形固定資産の場合は１円、無形固定資産の場合は０円まで償却することが一般的のようです。

⑼　創立費・開業費

ア　創立費

　創立費は、会社を設立するため必要となった設立費用のことをいいます。具体例として、法人設立の登記にかかる登録免許税、定款作成費用、定款の認証料（公証人役場）、定款の印紙代、設立時前の事務所賃借料、株式募集等の広告費用、株式申込書・目論見書の作成・印刷費、設立事務所の使用人給与、創立総会の費用、発起人の報酬などがあります。創立費の発生する期間は、設立準備から会社設立までとなります。創立費は、まだ会社の機関ができる前に発生する費用ですので一定の歯止めをかけるため、定款の認証手数料、定款の印紙税、登録免許税などを除き、定款に記載しなければ効力がないとされています。創立費は、会社設立前に発生した費用ですが、第１期の費用に計上することができます。なお、一旦繰延資産という資産に計上して、設立年度から５年間（または５年以内）で定額法により償却することができますが、換金性という意味では財産的価値がないため、一時の費用とすることが一般的といえる

でしょう。

イ　開業費

　開業費は、会社の設立から営業開始までにかかった費用であり、具体的には、事務所の賃借料、通信費、交通費、水道光熱費、消耗品費、営業開始までの使用人給与、広告宣伝費、借入がある場合の支払利息などがあります。創立費と同様、繰延資産として資産計上した上で営業開始から5年償却することも可能ですが、全額一時の費用とするのが一般的です。

⑽　事務所のスペース代

　個人事業の場合も会社設立の場合も業務を行うスペースが必要となるでしょう。開業当初は、自宅などのあいているスペースを利用することもできますが、事務所を賃借したり、建物や区分所有権を購入する選択もあります。それぞれどのような違いがあるでしょうか。

　自宅スペースを利用するメリットは、賃貸料等の固定費がかからないことが挙げられます。意識しないと仕事とプライベートの空間が混ざってしまいがちですが、部屋単位で事業用のスペースを見取り図等で面積をきっちりと分けて、経費の按分計算もできるようにしておきましょう。

　一方、事務所専用のスペースを賃借する場合は、入居時に負担する保証金や前払い家賃、月々の家賃がかかりますが、仕事とプライベートをはっきりと分けることができ、来客にも対応しやすくなるでしょう。

```
例：事務所を賃借し、1か月分家賃20万円と保証金120万円を支
　　払った。
　（借方）支払家賃　　200,000　　／（貸方）1,400,000
　　　　　保証金　　1,200,000
```

　会計仕訳では、支払家賃は費用、保証金は資産に計上します。保証金は、締結した賃貸借契約の内容に従い、退去時に全額返却される場合は資産に残し、償却分がある場合は契約期間にわたって毎年の費用に按分することになります。なお開業時に事務所を購入するのは郊外を除いて

金額がはり一般的でないため、省略します。

⑪ ホームページ作成費

　会社を設立するときに、自社の紹介や商品・サービスの宣伝などのため、ホームページを作成することもあるでしょう。最近ではスマートフォンの普及により、PCとスマホと両方で見ることができるようなホームページも多いようです。ホームページを上手く使えば、外部に高額の広告宣伝費を支払わなくても、広く宣伝することも可能になり、またホームページ上で人材の募集なども可能になります。

　ホームページの開設に係る作成費は、特に外部のホームページ制作会社に依頼する場合、少額でない金額がかかることもありますが、ホームページ作成費を、支出時の一時の費用にするか、固定資産に計上する必要があるか1つポイントとなります。この点、税務上は、ホームページは一旦作られても自社の宣伝や新商品の紹介などで頻繁に更新されるのが一般的であり、この場合1年以上の耐用年数があるとはいえないため、原則として一時の費用にできるとされています。

　ただし、ホームページ上で広告宣伝に加え自社商品の販売機能を持たせたプログラムを含んでいるような場合は、無形固定資産として5年償却の取扱いとされています。会社が自己の判断で、ホームページ制作費を固定資産に計上し、5年償却することは自由です。この場合は、貸借対照表の資産の部にホームページ作成代が計上されることになります。

⑫ 買掛金

　買掛金は、売上の売掛金に対応する科目であり、仕入を行う時に発生します（現預金払を除く）。買掛金は、債務として、負債のカテゴリーに入りますので、買掛金の発生時は貸方に計上され、決済して支払ったときに買掛金が借方に計上されなくなることになります。売掛金と買掛金の支払サイトが異なると、運転資金が必要になる場合があるため、当初の交渉時から支払サイトの管理には注意が必要です（具体的には、売掛金の回収サイトより、買掛金の支払サイトが短い場合）。

⑬ 未払金

未払金は、未収金に対応する科目であり、仕入以外の取引から発生した債務をいうことが一般的です。

> 例：事務用の机と椅子を20万円で購入し、翌月払とした。
> （借方）備品　200,000　／（貸方）未払金　200,000

⑭ 借入金

開業当初は特に、なるべく自己資金や他の株主から拠出された資本金で支払を賄うのが安全ですが、一定の設備投資や仕入の必要な業種、当初から店舗や工場を構えるのが必要な場合は、借入金による資金調達を行うことも選択肢としてあります。地方自治体などの公的機関などで創業支援の融資なども行われているところがありますので、必要に応じて相談してみるのもよいでしょう。

借入を行うためには、今後の数年間の事業計画などを客観的に信頼できる内容で立てることが必要です。借入の融資を受けた場合、金融機関から、融資額、金利、返済期間、支払日毎の支払額と元本利息の内訳、借入残高等が記載された借入の返済表が通知されます。借入に関する仕訳は、①借入時、②毎回の返済時、③決算時、④完済時に分けることができます。

借入金は負債のカテゴリーに入りますので、借入金の増加は貸方、元本返済による減少は借方に記載されます。また支払利息は、費用のカテゴリーであり、発生したときは借方に記載されます。

> 例：銀行から500万円の融資を受け、普通預金に振り込まれた。
> （借方）普通預金　500万円　／（貸方）借入金　500万円

> 例：返済スケジュールに基づき、今月分の返済額15万円（内訳、

元本13万円、支払利息2万円）を支払った。
（借方）借入金　　130,000　／（貸方）普通預金　150,000
　　　　支払利息　 20,000

　この仕訳のように返済額のうち、支払利息は費用となり税金を節約する効果がありますが、元本返済は費用にならないため、元本返済は税金を減らす効果がない点に留意が必要です。

⒂　人件費

　会社の創業時にすぐに人を雇用する場合と、ある程度売上が見込まれてから雇用する場合といろいろなケースがあると思われます。

　人を雇用する場合、毎月どのような支出が発生するかは、人材募集前に見積りを立てておくのがよいでしょう。外部の紹介機関に依頼する場合は、ハローワークなどを除き人材募集費がかかりますが、広く優秀な人材を募集できるというメリットがあります。

　給料・賞与の支払いの他に、通勤に必要な交通費、社会保険料などの法定福利費がかかります。また、源泉所得税と本人負担の社会保険料を給与振り込みから控除して、税務署等に納付する手続も必要となります。特に、1人で開業する場合は、思った以上に事務負担がかかりますので、本業の売上や仕入、会社の営業活動に支障が出ないようにあらかじめ考慮する必要があるでしょう。本業に注力するために、外部の専門家を上手く活用することも推奨されます。

　人件費は、会計上は費用のカテゴリーとなりますので、発生時は借方に記載することになります。

　取締役の役員報酬をいつから支払うかも重要な決定事項です。売上の見込みが立たないうちに、役員報酬を支払い始めると、今後毎月同額を予定通り支払うことができるのか、慎重な検討が求められます。

⒃　資本金

　会社を設立するときに資本金の額を決める必要があります。資本金は、

自己資金であり、仮に借入をしない場合は、設立時の設備資金と運転資金を賄える金額以上が必要といえます。なお、資本金をいくらにするかにより、税務上の影響もありますので、資本金の決定にあたっては必要となる資金の額に加えて税務上の検討も加えるのがよいでしょう。最低資本金は1円でも会社設立が可能ですが、すぐに資金不足となり創業者からの仮受などが必要になります。設立当初は、株主や取締役から資金を借り入れることもやむを得ないといえますが、発生した場合でもできるだけ早期に返済して株主や取締役に対する仮払、仮受の関係は解消することが大事です。

消費税上、資本金が1000万円以上の法人は、設立初年度から消費税申告となることも大きな違いとなります。

また通常はないでしょうが、5億円以上の資本金の場合は、公認会計士または監査法人による外部監査が必要となります。

資本金は資本のカテゴリーとなりますので、増加時は貸方、減少時は借方に記載されます。

> 例：会社を設立して、株主より資本金500万円が振り込まれた
> 　（借方）預金5,000,000　／　（貸方）資本金5,000,000円

⑰ 配当

配当は、通常一事業年度が終わり、株主総会による決算確定時に、株主総会の決議で株主に対する配当を決議することで決定します。配当可能利益があることが配当の条件ですが、配当するかしないかは会社の自由ですので、社内留保して将来の設備投資や将来の配当に回すことも可能です。配当は、資金流出の伴う支払ですが、会計上は費用にならず、税引後利益からなされる点が、通常の支出と異なります。余程成功した事業を除いて、設立年度から配当ができることは少ないでしょう。

5　事業者が最低限知っておくべき税金

　ビジネスをする上でついて回るもの、切っても切り離せないものが「税金」です。サラリーマンとして働いている限りは、自らの所得税や住民税は、原則、毎月の給料から自動的に源泉徴収（特別徴収）されます。そのため、自ら税を計算したり納税したりということは、ほとんどありません。

　しかし、ビジネスの世界では、原則自分自身で、ビジネスで得た儲け（利益）を計算し、税金を納付しなければなりません。また、儲け（利益）にかかる税金以外にも、消費税や源泉所得税といった税金や、償却資産税や印紙税といった聞きなれない税金も納付する必要が出てくる場合があります。

　ここでは、ビジネスをする事業者が知っておかなければいけない税金の概要について説明します。ちなみに税理士に依頼すると、日々の経理から決算を行い、利益を確定し、納付すべき税金を計算するという、本来自分で行う事務を代理で行ってくれます。

　事業者が納めなければならない税金は、数多くあります。その税金を、
　　・利益にかかる税金
　　・預かり金の性格を持つ税金
　　・その他
に分類し説明していきます。

(1)　利益にかかる税金

　まず、利益にかかる税金について見ていきます。

ア　法人税

　利益にかかる税金とは、「事業の利益の一部を納める税金」という捉え方でいいと思います。その代表が法人税です。

①法人税とは

　法人税とは、「法人の所得金額を課税標準にして課税される国税」と定義されます。定義の最後に「国税」と入っています。これは国に納める税金であることを示しています。国に納めるといっても、具体的には、日本全国各地域にある「税務署」に、法人自らが「申告書」という書類を期限までに提出し、申告書の中で自ら計算した税額を期限までに納めるという手続きを取ることになります。この手続きの流れを一般に「申告納税方式」と言い、税務署ではなく法人自らが、法律の範囲内で納税額を計算するというところに大きな特徴があります。

②企業利益と課税所得

　上記の法人税の定義の中に、「所得金額を課税標準にして」という部分があります。この部分は具体的に何を示しているのでしょうか。
　まず「課税標準」ですが、課税標準とは税額計算の基礎となる金額と定義されます。法人税に限らずほとんどの税金が、

$$課税標準 \times 税率$$

で計算されます。つまり法人税は、所得金額に税率を掛けて計算されることになります。ここで言う所得金額を、課税標準たる所得ということで、「課税所得」という言い方をします。では、この課税所得はどのように計算するのでしょうか。
　課税所得を計算するスタートは企業会計で計算された利益（企業利益）です。企業利益は収益から費用・損失を差し引いて計算し、課税所得は益金から損金を差し引いて計算されます。収益と益金、費用・損失と損金が全く同じものであれば問題ないのですが、企業会計と法人税では、何のために利益や所得を計算するかという「目的」が異なるため、それぞれ少しズレています。よって、実際には下図のとおり、会計で計算した企業利益に調整を加え課税標準を計算することになります。

図2-1　企業利益と課税所得

企業利益	=	収益	−	費用・損失
‖		↓調整①		↓調整②
課税所得	=	益金	−	損金

調整①の例…受取配当金の益金不算入
調整②の例…交際費の損金不算入

③申告の手続き

　課税標準が計算されたら、税率を掛けて法人税額を計算します。現在の法人税率は25.5％です。ただし中小法人（期末資本金が１億円以下の法人。ただし資本金５億円以上の法人の100％子法人等を除く）の年800万円以下の所得については、15％の税率となります。

　このような計算を所定の書類に記入し、まとめたものを「確定申告書」と言い、原則、法人の決算日の翌日から２か月以内に、所轄の税務署に提出します。提出の際には、企業会計で作成された貸借対照表、損益計算書、その他の明細書などを添付する必要があります。

　また、計算した法人税額を納付する期限も、法人の決算日の翌日から２か月以内です。基本的には所定の納付書を記入し、その納付書にて金融機関や税務署にて納付することになります。

　現在では、申告書の提出や納税が、それぞれインターネット経由で行うことができます。詳しくは所轄の税務署や税理士にご相談ください。

④復興特別法人税

　東日本大震災からの復興のための施策を実施するために必要な財源を確保するために、復興特別法人税制度が創設されています。復興特別法人税は、基本的には、計算された法人税額の10％になります。よって通常の法人税と復興特別法人税を合計すると、その税率は28.05％（中小法人の年800万円以下の所得については、16.5％）になります。なお、この復興特別法人税は、平成26年４月１日から平成26年３月31日までの２年の間に開始する事業年度のみが対象となる制度（予定）です。

　ちなみに、上で通常分と特別分の法人税率を合計していますが、実際の復興特別法人税の申告や納付については、通常の法人税とは別の申告書で申告し、別の納付書で納付することになります。復興特別法人税がある期間は、通常の法人税を含めて事務手続きが煩雑になりますので注意してください。

イ　所得税

　今まで説明してきた法人税は、法人を設立してビジネスを行った場合にかかる国税でした。法人を設立せず個人格でビジネスを行う場合には、

法人税に代わり所得税がかかります。

①所得税とは

　所得税とは、「個人の所得に課税される国税」と定義されます。定義だけを見れば、法人か個人かの違い程度しかありませんが、実態は大きく異なります。

　法人（のうち、その大半を占める株式会社）は、ある事業をする目的のために作られるものであるため、法人税の枠組みとしては、益金マイナス損金イコール所得という比較的単純なものになっています。しかし、個人は多様な経済活動を行うため、所得税の枠組みとして、法人税のような単純なものにはできません。所得税法では、所得を以下の10個に分類し、それぞれに所得の計算方法が定められています。

> ・利子所得　・配当所得　・不動産所得　・事業所得　・給与所得
> ・退職所得　・山林所得　・譲渡所得　・一時所得　・雑所得

　ビジネスによる儲けは、上記の所得のうち事業所得に分類されます。ちなみにサラリーマンの給料は、上記の所得のうち給与所得に分類されます。

　事業所得の計算は、法人税における課税所得の計算と大差なく、

　　事業所得 ＝ その年中の総収入金額 － その年中の必要経費

となります。

②申告の手続き

　所得税の申告手続きは、毎月2月16日から3月15日に、前年1年分の申告を、所轄の税務署に行います。一般的に「確定申告」といえば、この個人の申告のことを指すことが多いです。

　ここで注意しなければならないのは、事業所得のみの申告、とか給与所得のみの申告、などという方法ではなく「Ａさんの申告」という人物単位での申告になるということです。Ａさんに複数の所得があった場合、各所得は別々に計算しますが、最終的には各所得を合計して納税額を計算し申告する必要があります。所得税の税率は、次の速算表を参考にし

てください。

表2-2 所得税の速算表

課税総所得金額		税率	控除額
超	以下		
	195万円	5 ％	― 円
195万円	330万円	10	97,500
330万円	695万円	20	427,500
695万円	900万円	23	636,000
900万円	1,800万円	33	1,536,000
1,800万円	4,000万円	40	2,796,000
※4,000万円		45	4,796,000

※課税総所得金額4,000万円超については、平成27年分から適用されます。
　それまでは税率40％です。

　また、計算した所得税額を納付する期限も、3月15日までです。基本的には所定の納付書を記入し、その納付書にて金融機関や税務署にて納付することになります。なお、振替納税という制度を利用すると、4月の下旬頃（日にちは毎年変わります）に、自分の通帳から納税額が自動引き落としになります。
　現在では、申告書の提出や納税が、それぞれインターネット経由で行うことができます。詳しくは所轄の税務署や税理士にご相談ください。

③復興特別所得税
　法人税と同じ理由で、復興特別所得税という制度が創設されています。復興特別所得税は、計算された所得税額の2.1％と復興特別法人税よりは低率になっていますが、平成25年から平成49年までの25年間という長期にわたって課税されることになっています。

ウ　住民税・事業税
　法人税や所得税が国に納める税金であるのに対し、都道府県や市町村に納める税金が住民税や事業税です。これらの税金は地方税法という法

律に規定されています。一般に法人に対するものを法人住民税・法人事業税、個人に対するものを個人住民税・個人事業税と呼びます。

①法人の住民税・事業税

　法人の住民税・事業税をまとめたものが下図です。これらの申告・納付は、国税の法人税と同じく、法人の決算日の翌日から２か月以内に、所轄の都道府県及び市町村の担当部署（東京23区については都税事務所のみ）に対して行います。それぞれの税率は、各都道府県や市町村によって若干の違いがありますので、該当する都道府県や市町村のホームページで確認してください。

図2-2　法人の所得にかかる地方税

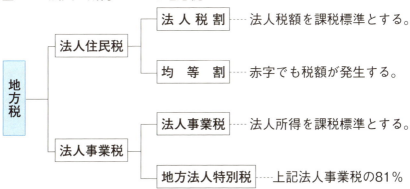

　ここで注意しなければならないのは、法人住民税の均等割です。国税の法人税も含めた均等割以外の税金は、法人所得が赤字の場合には納税額がゼロになりますが、均等割だけは税額が発生します。税額は、最低７万円／年（都道府県２万円、市町村５万円）です。この税額も、法人の規模や各都道府県や市町村によって若干の違いがありますので、該当する都道府県や市町村のホームページで確認してください。

②個人の住民税・事業税

　個人の住民税・事業税につきましては、詳しくは該当する都道府県や市町村のホームページで確認していただきたいのですが、次ページのよ

うな特徴があります。

- 所得税の確定申告書を税務署に提出していれば、個人住民税・個人事業税の申告は原則不要
- 個人住民税も個人事業税も、ある年度の課税額は前年度の所得をもとに役所が計算する
- 個人事業税は、その名のとおり事業をしている個人にのみ課税される
- 個人住民税にも均等割がある（最低4千円／年、平成26年度から平成35年度までは5千円／年）

(2) 預かり金の性格をもつ税金

　預かり金の性格を持つ税金とは、事業者自らが負担するわけではなく、税金を負担する者から税金相当額を一旦預かり、事業者が納税するという性格を持つ税金です。これらの税金は、事業主体が法人か個人かという違いによる手続の違いはありません。その代表が消費税です。

ア　消費税
①消費税とは
　「うちの売上が年間3,000万円だから、消費税は150万円納めるの？」初めて消費税の納税義務者となった会社の社長さんから、このような質問を受けたことがあります。消費税は、ほとんどの人がお店などで払ったことがある馴染みのある税金ではありますが、この社長のように勘違いをされている方も少なくないようです。
　消費税の仕組みを1つの商品に着目し単純化したものが、次ページの図です。消費税10円は、全額その商品を使う消費者が負担し、メーカー、卸売、小売の各業者とも1円も負担していないことが分かると思います。また、小売に着目すると、売上200円に対して消費税は3円納付であり、最初の社長の質問が間違っていることも理解していただけると思います。
　図2-3では目一杯単純化しているため示されていませんが、各事業者

は、商品の仕入以外にも様々な消費税がかかる経費を支払っており、それらも税務署からの支払いから差し引くことができます。例えば、図2-3でのメーカーは「5円－0円」と差し引く金額がゼロ円になっていますが、実際には材料費や工場電気代などの諸経費を支払っているため、差し引く額がゼロ円ということはあり得ません。

図2-3 消費税の仕組み（税率5％）

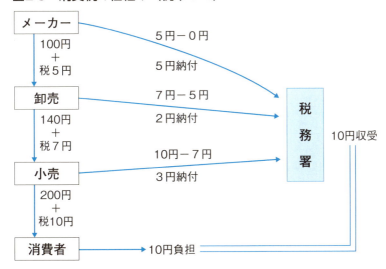

②消費税の計算方法

　消費税額の計算方法ですが、売上などに上乗せして預かった消費税額から、仕入や諸経費に上乗せして支払った消費税額を差し引き、差額を税務署に納めます。これが消費税の原則的な計算方法になります。ちなみに、仕入や諸経費に上乗せして支払った消費税額のほうが、売上などに上乗せして預かった消費税額より多い場合には、その差額が税務署から還付されます。

　実際に預かった消費税と支払った消費税を集計しようとすると、それぞれを集計するための作業量に大きな違いがあることに気づきます。どういうことかというと、預かった消費税が含まれる科目は、売上を筆頭に雑収入など、多く見積もっても10科目程度です。しかし支払った消費

税が含まれる科目は、仕入や材料費、水道光熱費など数十科目に及びます。つまり事務的には、支払った消費税額の集計のほうが、預かった消費税額の集計より圧倒的に大変なのです。

このような事務作業を考慮して、課税売上高（消費税を預かる売上等）が5,000万円以下の小規模事業者については、預かった消費税の集計のみで納税額が計算できる制度（簡易課税制度）が選択で認められています。簡易課税制度を選択した場合、支払った消費税の集計はせず、「みなし仕入率」というものを使って、預かった消費税から自動的に納税額を計算します。実際のみなし仕入率は、次の表のように業種によって異なります。

表2-3　みなし仕入率

種別	みなし仕入率	主な業種
第1種事業	90%	卸売業
第2種事業	80%	小売業
第3種事業	70%	農林漁業、鉱業、建設業、製造業、電気・ガス・熱供給・水道業
第4種事業	60%	第1種～第3種及び第5種事業以外の事業、たとえば飲食店業
第5種事業	50%	運輸通信業、飲食店業以外のサービス業

簡易課税制度を選択しようとする事業者は、適用する課税期間の開始の前日（要するに前期末）までに、届出書を所轄の税務署に届け出ます。また届出後は、2年間は継続して適用する必要があります。

③消費税の納税義務者

前々期の課税売上高が1,000万円を超える事業者は、当期に消費税の納税義務者となります。新規開業および開業2期目の場合には、当然ながら前々期は存在しませんので、消費税の納税義務はありません。しかし次ページの条件に該当する場合は、消費税の納税義務者となります。

- 資本金が1,000万円以上の法人→１期目から納税義務者
- １期目の上半期の課税売上高または給与等の支払額が1,000万円超→２期目から納税義務者

④申告・納付の手続き

　消費税の申告納付ですが、法人の場合、国税の法人税と同じく、法人の決算日の翌日から２か月以内に、所轄の税務署に対して消費税の申告書を提出し、同日までに金融機関や税務署で納付することになります。

　個人の場合も、所轄の税務署に対して消費税の申告書を提出し、金融機関や税務署で納付することになります。しかし、申告納付の期限が個人の所得税の確定申告の期限（毎年３月15日）より少し長く、毎年３月31日となっています。

⑤納付に対応するためには

　設立後２期連続で赤字の法人が、３期目に消費税の納税義務者となり、その納税額にビックリする、という話をよく耳にします。確かに課税売上高が数千万円規模の会社でも、消費税の年間納税額は数十万円から、業種によっては100万円を超えてきます。今まで法人住民税均等割（最低７万円／年）しか払ってこなかった法人にしてみれば、巨額な納税ということになります。

　巨額な納税にビックリしないためには、決算での納税額をあらかじめ予想し、その資金を計画的に貯めておく必要があります。納税額の予想方法には色々あります。１つの例を示しますと、図2-3の小売は、200円の売り上げに対して３円の消費税納付ですので1.5％の納付率ということになります。よって毎月の売上の1.5％相当額を貯めていくという方法があります。実際の納付率の計算は、前期の決算の数値で行うのが正確な予想に近いのではないでしょうか。

イ　源泉所得税

　「源泉所得税」という言葉を目にして、サラリーマンをしていた方々は、

「給料の手取りを減らす憎い項目」を思い出したのではないでしょうか。ビジネスを始めて給料を支払う側になったら、今度は従業員の給料から定められた金額を差し引いて税務署に納める必要があります。また、あまり馴染みがないかもしれませんが、給料以外の支払に対しても源泉徴収しなければいけない場合が出てきます。

①給料の源泉徴収

源泉徴収制度は、先に説明した所得税（国税）の手続きの1つです。従業員の給料から定められた金額を差し引き税務署に納めるため、会社の負担はありません。従業員の所得税の前払という性格があります。

会社の負担が無いからといって源泉徴収を疎かにすると、事業者に加算税等の余計な税金が発生しますので、正しい源泉徴収を行う必要があります。

従業員の給料に対して源泉徴収すべき所得税額は、「源泉徴収税額表」に記載されています。源泉徴収税額表は国税庁のホームページに掲載されています。

源泉徴収した所得税額は、翌月10日までに所定の納付書に記載して、金融機関や税務署で納付することが原則です。ただし、給与の支給人員が常時10人未満であるような小規模事業者については、毎月の事務負担を考慮して、税務署に申請書を提出することにより、以下のとおり年2回の納付となります。

・1月～6月までに源泉徴収した所得税→7月10日
・7月～12月までに源泉徴収した所得税→翌年1月20日
※復興特別所得税がある期間は復興特別所得税を含みます。

②給料以外の支払の源泉徴収

実は、従業員への給料の支払以外にも源泉徴収をしなければならない支払があります。例を挙げると、税理士への支払（税理士法人への支払いを除く）や、デザイン料や原稿料などの支払、変わったところでは借りた事務所の大家が外国人（外国に居住）だった場合の家賃の支払など、

いろいろな場合があります。

　源泉徴収の対象となる支払が発生し源泉徴収した所得税額は、翌月10日までに所定の納付書に記載して、金融機関や税務署で納付することが原則です。ただし給料の源泉所得税を年2回払いにしている事業者は、税理士への支払など一定のものは給料と同様年2回納付になりますが、その他のものは原則的な納付となります。

　このように、支払方法も（毎月か年2回か）複雑で、さらに源泉徴収しなければならない支払か否かの判断も難しく、源泉徴収すべき金額も一律ではありません。この給料以外の源泉徴収については、判断が難しい場合が多いので、該当しそうな支払が発生しそうな場合には、税理士や所轄の税務署に相談してください。

ウ　住民税の特別徴収

　住民税の特別徴収制度も、給料の源泉徴収と同じく、従業員の給料から天引きして市区町村へ納めるため、事業者の負担はありません。ただし前記個人住民税の部分にて説明したとおり、個人住民税は前年度の所得をもとに本年度の税額を計算するため、すでに税額が確定しています。よって従業員の住民税の立替払という性格になります。

　市区町村が納税額を記載した納付書を1年分送ってくる（毎月5月頃）ので、事業者は対象となる月分を翌月10日までに納付するのが原則です。ちなみに、都道府県分の住民税もその中に含まれているので、都道府県に別途納付する必要はありません。

　住民税の特別徴収でも、給料の源泉徴収と同じく、給与の支給人員が常時10人未満であるような小規模事業者については、市区町村に申請書を提出することにより、以下のとおり年2回の納付となります。

> ・6月〜11月までに源泉徴収した所得税→12月10日
> ・12月〜5月までに源泉徴収した所得税→6月10日

(3) その他

ビジネスを始めると様々な税金を納める必要があることが、ここまででも理解いただけたと思います。ここでは、条件によっては納める必要がある税金のうち、主なものをピックアップして説明します。

ア　固定資産税（償却資産）

一般的な固定資産税は、毎年1月1日に土地や建物を所有していた場合に課税される市町村税です。当然ながら、ビジネスの一環として土地や建物を所有すれば、固定資産税が課税されます。

しかし事業者については、土地・建物・(自動車税が課税される)車両以外の固定資産を1月1日に所有している場合、別途、固定資産税が課税されます。これを一般に「償却資産税」といいます。

事業者は、1月1日に所有している対象固定資産を1月31日までに各市町村（東京23区は都税事務所）に申告をします。市町村は、対象資産の金額を計算（減価償却に類似し、時の経過によって徐々に金額は小さくなる）し、課税標準額を計算します。課税標準額に税率（1.4％）を掛けたものが税額です。ただし、課税標準額が150万円未満の場合は、課税されません。

イ　自動車税等

ビジネスの一環として自動車を取得・所有する場合、自動車税等様々な税金がかかります。ただしこれらの税金は、日々の生活のために自動車を取得・所有する場合と何ら変わりません。自動車にかかる税金は以下のとおりです。現状、ハイブリット車などの低公害車に対して様々な特例措置が設けられていますので、購入を検討する場合は特例措置も考慮に入れて比較検討することをお勧めします。

- ・自動車税（都道府県）→毎年4月1日の所有者に課税
- ・軽自動車税（市町村）→毎年4月1日の所有者に課税
- ・自動車取得税（都道府県）→自動車を取得した際に課税
- ・自動車重量税（国）→自動車の取得時や車検時に課税

ウ　印紙税

　印紙税は、該当する文書に対して課税されます。一般的には、対象となる文書に印紙を貼付け、消印などをすることにより納付します。該当する文書及び貼付ける印紙の額は、国税庁のホームページで確認することができます。

　印紙を貼付ける文書で一番目にするのは、領収書ではないでしょうか。長年３万円以上（100万円以下）の領収書には200円の印紙を貼付けていましたが、平成26年４月１日より５万円未満の領収書には印紙税が課されないことになります。余計な印紙を貼らないよう注意して下さい。

エ　事業所税

　事業所税は、人口30万人以上の都市が、都市環境の整備及び改善に関する事業に要する費用に充てるために、課税する市町村税です。該当する事業者は、法人の場合は事業年度終了の日から２か月以内に、個人の場合は翌年の３月15日までに、該当する市町村（東京23区の場合は都税事務所）に申告・納付する必要があります。

　事業所税の概要は下図のとおりです。ビジネスを始めた当初から事業所税の対象となること自体想定しにくいのですが、事務所のある都市が事業所税の対象都市なのか程度は、市役所のホームページ等で調べておく必要があるかもしれません。

表2-4　事業所税の概要

区分	課税標準	税率	免税点
資産割	事業所床面積	600円／㎡	1,000㎡以下
従業者割	従業者給与総額	0.25%	従業員100人以下

第3章

運営主体（個人・法人）をどうするか

1 個人事業主にするか会社にするか
2 どの会社形態を選ぶか
　　（株式会社、合同会社等）
3 共同経営者（パートナー）がいる場合
　　（株式持ち合いの方法、役員の分担方法）
4 株式会社設立の手続
5 各種届出
6 設立時の税務上の注意点
7 各施策の利用

1 個人事業主にするか会社にするか

(1) 個人事業主と会社の違いは？

　自分で事業を起こそうと考えたとき、「個人事業主」としてはじめるか、最初から「会社」としてはじめるか、迷うところでしょう。
　個人事業主と会社でどう違のか、概略を簡単な表にまとめてみました。

表3-1　個人事業主と会社の違い（概略）

	個人事業主	会社
開業にかかる手間	少ない	多い
開業にかかる費用	少ない	多い
社会保険	加入義務なし	加入義務あり
税務申告・会計	比較的簡単	難しい
社会的信用度	低い	高い
金融機関からの借入	比較的難しい	比較的容易
節税する方法	少ない	多い

(2) 個人事業主のメリット

ア　開業の簡便性

　個人事業主として事業を始める最大のメリットは、その簡便性にあるといえるでしょう。
　手続きとして必要になるのは、税務署に「個人事業の開業・廃業等届出書」などの書類を提出するだけです。これらの書類は、税務署の窓口で依頼すれば、必要な書類がすべてセットになったものをもらえます。
　提出する税務署は、原則として「住所地」、つまり自宅を管轄する税務署になりますが、「納税地の変更に関する届出書」を提出することに

より、事業所を管轄する税務署に提出することもできます。利便性や、開業資金の融資を受ける条件などを確認した上で、どちらにするかを選びましょう。

イ　開業費用の少なさ

　開業にかかる費用や手間も、会社を設立して開業するのに比べると、はるかに少なくてすみます。

　個人事業主として開業するには、上記の書類を税務署へ提出するだけで、公的な届出はすべて終了です。費用も、自分で税務署に出向き、書類に記入するのであれば、控えをとっておくコピー代に100円かかる程度でしょう。

　しかし、会社を設立するとなるとそうはいきません。定款の認証手数料や定款に貼付する収入印紙代、設立登記をするための登録免許税などがかかり、株式会社の場合ではこれらの実費のみで25万円近くが必要になります。他にも、会社の印鑑登録をするための実印作成費用など、かなりの金額が初期費用として必要になります。また、設立登記を自分でせずに司法書士に依頼すると、実費込みで30万円以上の出費となるでしょう。

ウ　社会保険の加入義務

　個人事業主の場合、自分一人で事業をするのであれば、労働保険、社会保険共に加入義務はありません。住所地の市区町村で、国民健康保険と国民年金に加入することとなります。もし従業員がいる場合、労働保険（雇用保険、労災保険）には加入する必要がありますが、従業員が5人未満である場合には、社会保険（健康保険、厚生年金保険）に加入する必要はありません。

　会社になると、これらの取り扱いが異なってきます。従業員がいればもちろん労働保険に加入しなければなりませんが、もし従業員がいなくて社長一人の会社であっても、社会保険に加入しなければなりません。

　健康保険料や厚生年金保険料は、実際に納付する金額の半分を労働者、もう半分を会社が負担することになっています。会社負担分の支払はかなり重く感じると言われます。

エ　税務申告・会計の容易さ

　個人事業の税務申告は、所得税の「確定申告」によって行います。最近は、帳簿をつけるのにも優れたパソコンソフトが多数市販されていますので、それを用いれば自分で一年間の利益を計算し、国税庁の「確定申告書作成システム」などで確定申告書を作成することも可能でしょう。

　会社の税務申告は、設立時に定めた任意の決算期に合わせて、決算日後2ヶ月以内に申告書を提出する必要があります。その申告書は、個人の確定申告書に比べると相当に複雑で難しく、ボリュームもあるものです。税理士に依頼するのが一般的ですが、そうなると当然、税理士への報酬が発生します。また、都道府県民税・市町村民税には「均等割」と呼ばれるものがあり、例えば東京23区の場合、最低でも年間7万円を納めなくてはなりません。赤字会社であっても納める必要があります。これは個人事業主にはない負担です。

(3) 会社のメリット

ア　社会的信用度が高い

　会社は、個人事業主に比べて煩雑な手続きと費用をかけて起業しています。つまり、それだけ「本気度」が高いと一般的には評価されるでしょう。

　また、大手企業と取引する際には、会社でないと直接取引に応じてくれない、つまり取引口座を開いてもらえないケースも多く見られます。

イ　金融機関からの借入が比較的容易

　個人事業主の場合、金融機関から借入をしようとすると、第三者保証人を要求されるケースが多く見られます。保証人を家族以外に依頼するのは大変に高いハードルといえるので、結果的に保証人が見つからず、融資を受けることをあきらめなくてはならない、といった結果につながりかねません。

　会社の場合は、資本金という一定の資力が登記されていることや、事業とプライベートで資金がきちんと分けられていること、厳格な経理処理に基づいて決算書が作られることなどから、金融機関においては一般

的に信用度が高くなります。また保証人についても、代表取締役が保証人となることで融資を受けることができるケースが多いです。

ウ　節税する方法が多い

　会社の場合、経営者に役員報酬を支払うことができます。役員報酬では「給与所得控除」という、給与所得者向けのみなし経費を収入から差し引いた金額に、所得税や住民税が課税されます。しかし個人事業主の場合は、収入金額から実額の必要経費を差し引いた金額に、所得税や住民税が課税されます。つまり、会社と個人事業主で「収入金額−必要経費」が同額であり、会社では残額と同額を役員報酬で支払っていたとすると、給与所得控除の金額分、所得税と住民税が節税できます。

　また、生命保険料についても見てみましょう。会社が役員や従業員について加入した生命保険の保険料は、一定の条件を満たす場合、会社の経費とすることができます。金額の制限もありません。個人事業主の場合は、生命保険料控除を受けることができるに止まります。

(4)　どちらを選択すればよいか？

　個人事業主と会社を比較したとき、個人事業主のメリットは会社のデメリット、会社のメリットは個人事業主のデメリット、ということができます。

　自らのビジネスプランを考えたときに、どちらの形態がふさわしいか、十分に検討することが必要です。

　目先の節約よりも、会社にしてどんどん事業を大きくしていくのも一つのプランでしょう。また、当初は簡便な個人事業主として起業し、事業が軌道に乗ったところで会社に改組する、ということも可能です。

　それぞれのメリットをよく考えて、自らが最も大事にすることは何か、一度立ち止まって検討してみてはいかがでしょうか。

2 どの会社形態を選ぶか（株式会社、合同会社等）

(1) 法人の種類と特徴

　起業の形態として個人事業ではなく法人を選ぶ場合、法律に規定された多種多様なメニューの中から起業の目的や目標に沿った法人形態を選択する必要があります。そこでまず、「法人」にはどのような種類があるのか、それぞれどのような特徴があるのかを見ていきましょう。

　なお、以下で述べる「組合（民法上の組合、有限責任事業組合等）」は法人ではなく、法人格（法人の名前で取引や財産帰属の主体となる資格）はありませんが、「個人事業」と対比する意味から便宜的に法人と一緒に説明します。

　法人は、大きく分類すると、株式会社を代表格とする「営利法人」（いわゆる「会社」）とNPO法人や一般社団・財団法人等の「非営利法人」に分けられます。両者の大きな違いは出資者や設立・運営メンバー（社員といいます）に対して利益を分配すること（営利）を目的としているかどうかにあります。

　本書はビジネスすなわち「営利事業」を立ち上げる人に向けた本ですので、以下では会社を設立する場合を中心として説明し、その他の法人及び組合については必要に応じて説明することにします。

　会社には①株式会社、②合名会社、③合資会社そして平成18年に施行された会社法により新設された④合同会社（LLC）があります。なお、有限会社は平成18年の会社法施行に伴い有限会社法が廃止されたため、現在新たに設立することは認められていません。そして、統計によれば平成27年及び平成28年に設立された会社等の件数は表3-2のとおりとなっています。

表3-2　会社等の設立件数

形態	平成27年	平成28年
①株式会社	88,803	90,405
②合名会社	119	93
③合資会社	93	58
④合同会社（LLC）	22,223	23,787
有限責任事業組合（LLP）	387	355
一般社団法人	5,572	6,074
一般財団法人	344	322

　この統計を見ると、やはり起業の際の法人形態としては①株式会社が圧倒的に多いですが、次いで、④合同会社（LLC）が年間2万件以上設立されていることが注目されます。

　起業に際してこれらの形態が多く選ばれる理由は、それぞれの法人形態を対比してみるとよく理解できます。

表3-3　法人形態の対比

	株式会社※注	有限会社（廃止）	合名会社	合資会社	合同会社（LLC）	有限責任事業組合（LLP）	一般社団・財団法人
法人格	あり	あり	あり	あり	あり	なし	あり
出資者・社員の数	1名以上	1名以上	1名以上	2名以上	1名以上	2名以上	2名以上（社団法人）
出資者等の責任	有限責任	有限責任	無限責任	無限責任＋有限責任	有限責任	有限責任	—
利益配当	可	可	可	可	可	可	不可
役員	取締役	取締役	社員	社員	社員	組合員	理事
役員報酬の支払い	可	可	可	可	可	不可	可

出資者と業務執行者の関係	分離	一致	一致	一致	一致	完全一致	―
定款認証	要	要	要	要	不要	不要	要
課税	法人税	法人税	法人税	法人税	法人税	構成員課税	法人税
決算公告義務	あり	なし	なし	なし	なし	なし	あり
株式会社への組織変更	―	可	可	可	可	不可	不可

※株式会社は、株式譲渡制限を設ける場合を前提とします。

(2) 株式会社

それぞれの形態のメリット・デメリットを明らかにするため、まず最も一般的な形態である株式会社の特徴から見ていきましょう。

株式会社の特徴を列挙すると、

- **有限責任**…構成員（株主）は出資の限度で責任を負います。例えば株式会社に100万円の出資をして株主となった場合、会社が多額の債務を抱えて倒産しても100万円の出資が回収できなくなるだけでそれ以上の責任を負うことはありません。

前述の統計にあるように、社員が無限責任を負う合名会社と合資会社の設立数が全体からみてごくわずかである理由はこの点にあります（民法上の組合も無限責任です）。

起業にあたって出資者が会社の負債について全ての責任を負うことを前提とするのはリスクが大きすぎます。したがって、合名会社と合資会社を起業の形態として敢えて選択する理由は乏しいといえるでしょう。

- **内部規律**…定款とともに会社法の規定に従って内部規律を設定して株主総会等を運営する必要があります。会社法によって規制を受けることにより運営の自由さが失われる反面、取引先や融資をしようとする金融機関等に対して、一定のルールに従って運営されているという安心感を与えられるというメリットがあります。

- **意思決定**…会社の意思決定に際して、原則として出資の割合に応じた議決権を持ちます。つまり、出資者の多数の意思が経営に反映されることになります。
- **利益配当**…出資の割合に応じた利益（剰余金）配当を受けます。
- **所有と経営の分離**…会社の所有者である株主と経営に携わる取締役の立場が法律上分離されています。これにより株主は経営責任から自由になるため、多数の人に株主になってもらい多くの出資を集めて資金調達を図ることが可能になります。

このように、会社法の規制に従って比較的公正な運営がなされることが期待できる株式会社は、合理的な選択肢といえるでしょう。

(3) 合同会社

合同会社は、平成18年に施行された会社法で新たに認められた会社形態です。これは、アメリカでベンチャー企業の立ち上げに多く利用されるLLC（Limited Liability Company）になぞらえて日本版LLCなどと呼ばれ、持分会社（出資者の地位に着目した会社形態）の一種です。

社員が無限責任を負う合名会社や合資会社と異なり、合同会社は社員全員が有限責任社員となります。また、自由な内部自治が認められていることから、株式会社と異なり出資比率に関わらず、利益分配の割合を定款で自由に定めることができます。これにより、たとえ出資比率が低くても会社業務に役立つ能力を持つ社員に対して十分な利益配当を行うことができるようになります。このように、合同会社は株式会社の有限責任と合名会社・合資会社の持つ自由な内部自治というメリットを併せ持つ会社形態ということができます。また、合同会社は、設立にあたり公証役場での定款認証が不要であること等、設立の手続が簡素で設立時の費用を抑えられるというメリットもあります。

このような合同会社の特性を活かせる起業例として、①優良な技術開発につながる研究をしている研究者に大企業が研究資金の多く（例えば80％）を出資して、その研究が成果を上げ利益が出たときには研究者と出資企業との間で貢献度に応じた利益分配（例えば50％ずつ）を行うといった、出資割合と利益分配に差異を設けるケース、②これまでの有限

会社のように一人もしくは人的な繋がりが深い者同士が各人の個性や能力をベースとして起業するといった、内部関係を重視するケースが考えられます。

その反面、①定款自治を原則としており運営・経営の実態が外部から分かりにくいことが、取引開始や融資を受けるにあたり不利に働く可能性がある、②一般的に知名度が低い会社形態であることから、業種・業態によっては人材募集の際に信用が得られず優秀な人材が確保しづらくなる可能性がある、③出資者が直接経営にあたることから意見の対立が生じた場合に収拾がつかなくなるおそれがある、といったデメリットが生じることが考えられます。

しかし、合同会社は比較的新しい会社形態であることから、今後さらに設立数が増加すれば、知名度不足の問題はいずれ解消される可能性があります。最近は、アマゾンの日本法人といった外資系企業を中心として大企業が（株主総会を経由しない）スピーディーな意思決定を目指して株式会社を合同会社に組織変更するケースがみられ、合同会社の新たな展開として注目されています。運営・経営の実態についても株式会社の最低資本金制度（以前は株式会社は設立時に1,000万円の資本金を用意する必要がありました）が廃止された現在では一人株式会社と実質的な差異はほとんどないともいえます。事業規模が拡大して、より多くの資金や人材を確保する必要が生じたときには株式会社へ組織変更するという方法もありえます。

起業時にシンプルかつ自由な組織を作るという観点からは、合同会社は起業の際の有力な選択肢といえます。

表3-4　合同会社のメリット・デメリット

	メリット	デメリット
出資者の責任	有限責任	
内部規律	定款で自由・柔軟に定めることができる	透明性が株式会社に劣り、信用が得られにくくなる可能性

出資者と業務執行者（社員）の一致	自由かつ迅速な意思決定が可能	出資者間の意見対立により収拾がつかなくなる可能性
利益分配	定款で自由・柔軟に定められる	事業が発展するに伴い利害対立が生じる可能性
業務執行者の任期	制限なし（株式会社は最長10年）	
決算公告	必要なし	
設立時の費用	公証役場の定款認証（費用5万円程度）不要、設立登記費用が安い（6万円、株式会社は15万円）	
会社運営（取引会社・融資・人材募集等）		一般的に知名度が低いことが不利に働く可能性

(4) 有限責任事業組合

　有限責任事業組合（Limited Liability Partnership）は法人格を有しません。また、構成員（組合員）に対して利益配当はできますが、事業の遂行に対する対価として報酬（給与）を支払うことはできません。

表3-5　合同会社（LLC）と有限責任事業組合（LLP）の比較

	合同会社（LLC）	有限責任事業組合（LLP）
法人格	あり	なし
設立時の人数	1名以上	2名以上
利益配当	自由	自由
報酬（給与）	支払可能	支払不可

株式会社への組織変更	可	不可
課税	法人税	（個人）所得税

　有限責任事業組合には法人格がないことから、組合事業に関する損益について、法人税ではなく構成員（組合員）に対する直接課税がされます（パス・スルー課税）。これにより、組合員が別の事業を営んでいる場合、その事業の所得と損益通算されることにより節税メリットが生じる可能性があります。なお、有限責任事業組合は合同会社と異なり株式会社への組織変更は認められていません。

　以上の点から、有限責任事業組合は、資本力に富む大企業とベンチャー企業や大学研究者との連携等、短期的なプロジェクトとして事業を行う場合に向いているといえ、長期的・継続的な発展を目指す起業にはあまり向いていない企業形態といえるでしょう。

(5) 一般社団法人・財団法人

　平成20年に「一般社団法人及び一般財団法人に関する法律」が制定・施行され、これらの法人の設立ができるようになりました。このうち、一般社団法人は、非営利活動を行う人的集合体に法人格を与えるものです（起業というテーマになじまない一般財団法人の解説はここでは控えます）。

　非営利団体といっても、NPO法人のように事業の目的が公益的な事業に限定されず、収益事業を行うことができますし、構成員（社員）の運営活動に対して報酬を支払うこともできます。また、一定以上の非営利性を確保していれば、収益事業以外の所得に対して課税がされない場合があります。

　このように、一般社団法人は、過疎、障害者支援、少子高齢化、貧困・環境問題等の社会的課題を解決するための取り組みをビジネスとしての事業性を確保しながら行う「ソーシャルビジネス」（社会的企業）を起業する際に適した形態といえます。

　なお、「ソーシャルビジネス」（社会的企業）を起業する際に適した形

態としては、一般社団法人のほか、前述のNPO法人もこれに該当します。

以下では、一般社団法人とNPO法人の違いを表にまとめましたので、両者を比較して、自らのビジネスプランに適した形態を選択する際の参考にしてください。

表3-6　一般社団法人とNPO法人の比較

	一般社団法人	NPO法人
法人設立までの流れ	1. 目的等を記載した定款を作成、 2. 公証人による定款の認証を経て、 3. 必要に応じて設立時役員等を選任、 4. 設立の登記を行うことで成立	1. 定款、役員名簿、事業計画書等を作成、 2. 設立総会を開催、 3. 所轄庁（都道府県又は政令指定都市）へ設立認証の申請を行い、 4. 所轄庁による申請書類縦覧、審査を経て認証後、登記を行うことで成立
活動内容	制限なし	特定非営利活動（特定非営利活動促進法に定められた20種類の分野に該当する活動であり、不特定かつ多数の者の利益の増進に寄与することを目的とするもの）を行うことを主たる目的とし、宗教活動・政治活動等を主たる目的としない
非営利性	社員に剰余金等の分配を受ける権利を与える旨の定款の定めは無効	・社員に利益を分配してはいけない ・役員報酬を受け取ることができる役員は、役員総数の3分の1以下

組織	設立時に、社員2名以上、理事1名以上必要	設立時に、社員10名以上、理事3名以上、監事1名以上必要
役員の親族等の制限	なし	・各役員について、その配偶者もしくは三親等以内の親族が2人以上含まれないこと ・当該役員並びにその配偶者及び三親等以内の親族が、役員総数の3分の1を超えて含まれないこと
情報開示義務	なし	・事業報告書等を作成し、全ての事業所に備え置き、社員及び利害関係者に閲覧させる義務あり ・事業報告書等を所轄庁に提出する義務あり
法人税	全所得課税 （ただし、非営利型法人の場合は、収益事業のみ課税）	収益事業のみ課税

3 共同経営者(パートナー)がいる場合 (株式持ち合いの方法、役員の分担方法)

(1) 株式持ち合いの方法、役員の分担方法

　職場の同僚、親族、友人知人などと共同経営で起業することを考えている方も多いと思います。「仲間とともにビジネスをして発展していきたい」というのが起業を志した理由であることも多いでしょう。

　しかし、多くの利害関係が複雑に絡み合うビジネスの実際では、思いや希望だけでは解決できない問題が起こり得ます。共同経営による企業を成功させるためにはどのようなことに注意すべきでしょうか。

　共同経営には一般的に、以下のようなメリット・デメリットがあるといわれています。

〔メリット〕
・仲間とともに事業を成功させたいという思いを実現できる。
・自分とは異なる性質・属性の人と協働することにより相乗効果を発揮することができる。
・より多額の起業資金を集めることができ、規模の大きい事業を立ち上げることができる。
・役割を分担することにより効率的な運営ができる。

〔デメリット〕
・会社の運営方針等で意見の食い違いが生じ、意思決定に支障が生じる可能性がある。
・権限や役割分担に対する不満から対立が生じる可能性がある。
・利益分配等で金銭面のトラブルが生じる可能性がある。
・会社にとって必要不可欠な経営資源(技術・技能、取引先、運営資金等)を有している共同経営者の離脱、離反、死亡等により会社運営が行き詰まる可能性がある。

これらのメリットを享受して、デメリットを極力回避するには、起業にあたり、共同経営者全員で①各人の役割分担と権限、②報酬の支払及び利益の分配方法について十分かつ明確に取り決めておくことが不可欠です。
　各人の役割分担と権限のうち、役割分担については、起業を志す仲間同士のことですから各人の能力や得意分野に応じて比較的明らかにしやすいところだと思います。
　一方、権限については、株式会社の場合、会社の意思決定に関する権限は出資比率（持株数）に応じた多数決によって行われる株主総会にあり、業務執行に関する権限はトップである代表取締役を中心として有するのが一般的です。そうすると、出資比率の大きい多数株主の意見と起業時からリーダーシップを発揮して会社設立後は業務執行を取り仕切る代表取締役の意見に食い違いが生じ、ときにはそれが対立関係にまで至ってしまう可能性があります。
　起業に際しては様々な状況がありますので、一概には言えませんが、株式会社の場合は、共同経営者間の出資比率（持株数）は均等とし、各共同経営者が取締役に就任して取締役会で代表取締役を選ぶという形をとるのがもっともバランスの良い設定といえるでしょう。
　また、出資比率の均等化が困難であったり、権限を集中・分散させたりする必要がある場合は、前述の合同会社の形態を選択することも考えられます。

　起業の場面ではビジネスプランの策定ばかりに注力してしまいがちですが、当初のパートナーシップに関する取り決めをあいまいにしたために共同経営がうまくいかない事態に陥れば、ビジネス自体が崩壊してしまいます。そうなれば元も子もありません。
　ビジネスは常に晴れの日ばかりではありません。共同経営はときにリスクとなり得ることも十分に意識して、共同経営による起業の場合は共同経営者間できちんと話し合い取り決めをしておくべきでしょう。

(2) 資本政策

ア 資本政策の策定手順

　資本政策とは、会社が、どのようなタイミングで、いくらの資金を株式という形で調達するか、その際の株主構成をどうするかに関する計画をいいます。

　資本政策を策定するためには、まず、事業計画を立てる必要があります。そして、その事業計画を実現するために必要な資金を調達するための資金計画を立てる必要があります。資金計画では、どのタイミングでいくらの資金が必要か、必要資金のうち、どの程度が自己資金及び自社の収益でまかなえるか、どの程度を外部から借入又は株式の方法で調達する必要があるかを分析します。

　そして、株式の方法で調達する資金について、資本政策を策定することになります。

イ 資本政策の重要性

　会社は、長期的、安定的に成長していくために、資本政策について綿密な検討を行う必要があります。

　すなわち、株主の権利は、大きく分けて、自益権（株主が会社から直接経済的利益を受ける権利）と共益権（株主が会社経営に参与したり取締役等の行為を監督是正したりする権利）の二類型に分類することができます。自益権の主なものは、剰余金の配当請求権であり、共益権の主なものは、株主総会の議決権です。

　投資家からの投資を受け入れ、株式を与えるということは、これらの株主としての権利を与えるということを意味しますので、誰にどれだけこれらの権利を与えてしまってよいかを、会社設立の段階から慎重に検討して資本政策を策定することが必要となります。

　一度株式を与えてしまうと、普通株式の場合は基本的に相手方の同意がない限り譲り受けることができなくなりますし、後で譲り受けようと思った時には株価が上がっており多額の資金を用意する必要が生じる場合もあります。

　つまり、この資本政策はいったん実行してしまうと、後から修正することが困難な場合が多いので、会社設立の段階から慎重に検討して資本

政策を策定することが重要となります。
ウ　資本政策の具体的方法
　資本政策を実行する具体的方法としては、株式の譲渡、株主割当増資、第三者割当増資、新株予約権の発行、株式の併合、株式の分割などがあります。

具体的方法	その内容
株式の譲渡	株式を特定の人から特定の人に譲り渡すこと
株主割当増資	会社が募集株式の発行等[※]を行う際に、各株主に対し、持株数に比例して「株式の割当てを受ける権利」を与える方法
第三者割当増資	会社が募集株式の発行等[※]を行う際に、株主に「株式の割当てを受ける権利」を与えるのではなく、縁故者に対してのみ募集株式の申込みの勧誘及び割当てを行う方法
新株予約権の発行	会社が、新株予約権（＝権利者が、予め定められた期間内に、予め定められた価額を会社に対して払い込めば、会社から一定数の当該会社の株式の交付を受けることができる権利）を発行すること
株式の併合	数個の株式を合わせてそれより少数の株式とする（例えば、5株を合わせて、1株とする）会社の行為
株式の分割	発行済株式を細分化する（例えば、5株を6株にする）会社の行為

※募集株式の発行等：「株式の発行」と「自己株式の処分」を合わせて、「募集株式の発行等」といいます。

4 株式会社設立の手続

(1) 会社を設立する者（発起人）

　発起人とは、会社の設立を企画し、定款と呼ばれる会社の根本規則を作成し、これに署名又は記名押印した者をいいます（署名：書面に氏名を表示する者が自筆で自分の氏名を書き込む方法。記名：書面に氏名を表示する場合に、あらかじめワープロで打ち込んだり、ゴム印を押したりする方法）。発起人は、1人でも複数でもかまいません。

　自然人のほか、株式会社などの法人も発起人になることができます。

　なお、発起人は会社が成立することによってその役割を終えます。発起人は、設立に際して発行される株式を必ず1株以上引き受ける（取得する）必要がありますので、会社成立後は株主となります。

(2) 会社設立の2つの方法（発起設立と募集設立）

　会社法上、株式会社の設立方法には、①発起設立と②募集設立の2つの方法があります。

　①発起設立とは、設立に際して発行される株式の全部を発起人が引き受けて設立する方法です。また、②募集設立とは、設立に際して発行される株式の一部を発起人が引き受け、残りの部分につき一般の株主を募集して設立する方法です。

　本書では、実務上多く用いられる発起設立を前提に、より詳しい設立手続の流れを説明します。

(3) 発起設立のスケジュール

　株式会社の設立を発起設立の方法で行う場合、発起人は次ページのスケジュールで手続を進めることになります。

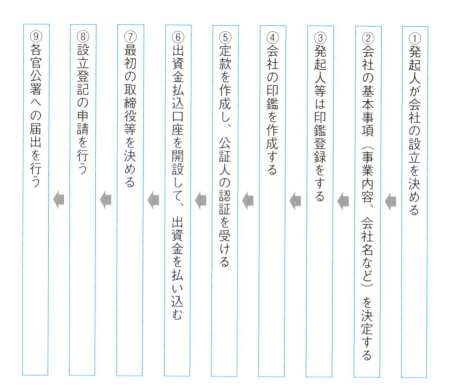

①発起人が会社の設立を決める
　発起人が、1人又は複数で会社の設立を決定することにより、会社設立手続がスタートします。
②会社の基本事項（事業内容、会社名、本店所在地など）を決定する
　発起人が、会社の基本事項（事業内容、会社名、本店所在地など）を決定します。
③発起人等は印鑑登録をする
　定款の認証（⑤）、設立登記（⑧）等の設立手続の過程において、発起人や取締役になる人は実印が必要となりますので、まだ実印の登録をしていない場合には、それぞれが住民登録をしている市区町村役場で印鑑登録の手続を行う必要があります。
④会社の印鑑を作成する
　会社にも実印が必要となります。会社の代表者が使用する印鑑ですから、代表者印ともいいます。代表者印には、一般的に、会社名とともに

「代表取締役印」という文字が入ります。この代表者印は、設立登記の申請を行う（⑧）際に必要となります。

なお、代表者印を作成する際に、同時に、用途に応じて会社で使用する他の印鑑も揃えておくと便利です。代表者印のほかに一般的に準備する印鑑としては、社印（社名のみを彫った印鑑で、社判、角判ともいいます。請求書や領収書など取引業務全般で使用します）や銀行印（銀行口座開設の際に届け出る印鑑）が挙げられます。

⑤定款を作成する

定款とは、会社の組織・運営に関する根本規則です。定款の作成について、本章 **4**(4)定款の作成で詳しく説明します。

作成した定款は、本店所在地を管轄する法務局等の公証人の認証を受けることによって初めて効力を生じます。

⑥出資金払込口座を開設して、出資金を払い込む

発起人は、会社成立後に株主になりますが、設立登記を行う前に、その引き受けた株式の発行価額の全額を払い込む必要があります。そして、発起人により払い込まれた株式の発行価額が、原則として株式会社の資本金となります。

出資は金銭で行うのが原則ですが、金銭以外の財産（動産、不動産、債権、有価証券、知的財産権、事業の全部又は一部など）を出資の対象とすることも可能です。これを、現物出資といいます。

⑦最初の取締役等を決める

最初の取締役（「設立時取締役」といいます）等を選任します。選任された設立時取締役と設立時監査役は、株式の払込みが完了しているか等の調査を行います。

⑧設立登記の申請を行う

本店所在地を管轄する登記所（登記事務をつかさどる法務局等）に設立登記をすることによって、法的に株式会社が成立します。

株式会社は、成立することにより法人格が与えられ、権利義務の帰属主体となりますので、「株式会社○○」名義で契約や不動産登記ができるようになります。

⑨各官公署への届出を行う

各官公署への届出については、本章 **5** 各種届出で説明します。

(4) 定款の作成

ア 定款とは

定款とは、会社の組織・運営に関する根本規則です。

会社は、会社法に従って運営されなければなりませんが、より細かい点については自らが定めた定款に従って運営することが認められています。そこで、会社を設立するにあたっては、会社の実情に即した、使い勝手のよい定款を作成する必要があります。

イ 定款に記載する事項

定款に記載する事項には、①絶対的記載事項、②相対的記載事項及び③任意的記載事項の3種類があります。

①絶対的記載事項

絶対的記載事項とは、会社の目的や商号など定款に必ず記載しなければならない事項です。絶対的記載事項の記載がないと定款は無効となってしまいます。

1	目的	この記載は、①営利事業であること（営利性）、②違法な事業でないこと（適法性）、③事業内容が客観的かつ正確に確定できる程度に明確・具体的であること（明確・具体性）が要求されます。
2	商号	商号とは会社の名称のことです。商号の中に「株式会社」の文字を含む必要があります。
3	本店の所在地	本店の所在する独立の最小行政区画（市町村、東京都の特別区については区）までを記載すれば足ります。
4	設立に際して出資される財産の価額又はその最低額	設立に際して発起人から出資される金銭その他の財産の価額又はその最低額を記載します。会社法には最低資本金の定めはないので、何円と定めてもかまいません。約束した出資の履行をしない者が出る場合等に備えて、確定額ではなく下限（最低額）を定める方法が認められます。

| 5 | 発起人の氏名又は名称及び住所 | 発起人の住所は印鑑証明書の記載と一致するように正確に記載します。 |

このほか、会社の成立時（設立登記時）までに、「発行可能株式総数」を定めなければなりません。

②相対的記載事項

相対的記載事項とは、記載されなくても定款が無効となることはないが、記載がないとその効力が認められない事項です。したがって、会社にとって必要と思われる事項は、漏れなく記載しておく必要があります。

現物出資	金銭以外の財産を出資する場合、その出資者名、財産名、価額、割当株式数を記載します。
取締役会、監査役等の設置	株式会社の機関としては、株主総会と取締役1人だけで足りますが、取締役会（取締役3人以上必要）や監査役を置く場合には、定款に記載する必要があります。
株券の発行	会社法では株券不発行を原則としていますので、株券を発行する場合にはその旨を記載します。
株式の譲渡制限	会社として好ましくない者が新たに株主となることを阻止するため、株式の譲渡を制限する場合は、譲渡による株式の取得につき取締役会の承認を要する旨を記載します。
相続人等に対する株式の売渡請求	譲渡制限株式について相続等があった場合に、相続人等に売渡の請求ができる旨を記載します。
取締役選任についての累積投票の排除	取締役の選任を累積投票（各株主に対し、選任される取締役の数と同数の議決権を与え、株主はその議決権を1人に集中して行使することも、2人以上に分散して投票することもできるとする制度）によらないことを定めることができます。

取締役及び監査役の任期の伸長	非公開会社（発行する全部の株式につき譲渡制限を設けている会社）にあっては、取締役・監査役の任期を、選任後10年以内に終了する事業年度のうち最終のものに関する定時株主総会の終結時まで伸長できます。

③任意的記載事項

　任意的記載事項とは、定款に記載せず、株主総会決議や取締役会の制定する規則等により定めても効力が生じるが、事柄を明確にする等の目的で定款に規定される事項のことをいいます。

　定款に定めた以上、その事項を変更するには厳格な定款変更手続によらなければならないことを考慮すれば、本当に定款に盛り込むべきか、慎重に検討する必要があります。

株券の不発行	会社法の原則どおり株券を発行していない場合にも、それを明確にする目的で定款に記載する場合があります。
定時株主総会の開催時期	毎事業年度の終了後一定の時期に招集される定時株主総会の開催時期について記載します。
議決権の代理行使	定款をもって合理的な範囲内で代理人資格を限定することは有効と解され、他の株主に代理人資格を限定することは有効と解されています。
取締役及び監査役の員数	取締役や監査役の員数につき、上限や下限を定める場合があります。
代表取締役、役付取締役	取締役会設置会社の場合、取締役会は取締役の中から代表取締役を選定しなければなりません。なお、役付取締役については、その地位を明確にするため、定款で規定を設けておく場合が多いといえます。

事業年度に関する定め	事業年度は、取締役・監査役の任期や剰余金配当の時期と関連するので、これを定款で定めておくのが一般的です。
配当金支払義務の除斥期間	株主の配当請求権は民法の規定に従って10年の時効によって消滅しますが、10年の期間は長いので、会社の事務処理の都合を考慮して定款で3年又は5年の除斥期間を定めておく場合が多いといえます。

5　各種届出

　事業を開始する前に、その事業の開始に必要な許認可を確認し、遅滞なく許認可が取得できるよう、準備を始めます。

　会社を設立・個人事業を開業したら、税金を納めるための届出を行い、従業員を雇えば、社会保険・労働保険の加入手続きを行います。申請・届出は、提出先に持参または郵送するか、電子証明書を取得していれば、電子申請などで行います。

(1) 各種許認可

　法令や条例により、実際に営業を開始する前までに関係諸官庁へ許認可の申請が必要な業種があります。

　許認可業種にもかかわらず無許可・無認可で営業すると、罰則が適用されたり、営業停止などの処分を受けたりすることがあります。会社の目的として掲げた事業が許認可業種なのかどうかは、早い段階で官庁などに確認しましょう。

主な業種の届出先等

業種	受付窓口	申請先	適用されるおもな法律
飲食店等	保健所	知事	食品衛生法
建設業	都道府県庁	国土交通大臣または知事	建設業法
深夜酒類提供飲食店等	警察署	公安委員会	風俗営業法
古物営業	警察署	公安委員会	古物営業法

宿泊業	保健所	知事	旅館業法
一般旅行業	運輸局事務所	観光庁長官	旅行業法ほか
国内旅行業	都道府県庁	知事	旅行業法ほか
酒類販売業	税務署	税務署長	酒税法
宅地建物取引業	都道府県庁または地方整備局長等	知事または国土交通大臣	宅地建物取引業法ほか
診療所	保健所	保健所長	医療法
美容院・理容院	保健所	知事	美容院・理容院法
クリーニング店	保健所	知事	クリーニング業法
行商人	保健所	知事	食品製造業等取締条例

(2) 開業に関する届出

ア 法人を設立した場合の法人税・住民税・事業税関係の届出

法人を設立したら、必要に応じて、次のような届出書や申請書を提出します。

税目	提出書類	提出期限等	提出先
法人税	法人設立届出書	会社設立の日から2月以内	納税地（本店所在地）を所轄する税務署長
	青色申告の承認申請書	設立の日から3月を経過した日と、設立第1期事業年度終了の日とのうちいずれか早い日の前日	
	棚卸資産の評価方法の届出書	最初の確定申告書の提出期限（設立第1期事業年度終了の日の翌日から2月以内）	

	減価償却資産の償却方法の届出書		
	有価証券の一単位当たりの帳簿価額の算出方法の届出書		
	申告期限の延長の特例の申請書	申告期限延長の特例を最初に受けようとする事業年度終了の日	
	事前確定届出給与に関する届出書	設立の日以後2月を経過する日	
法人住民税・法人事業税	法人設立・設置届出書	開業後、速やかに提出(自治体により期限は異なります)	都道府県税事務所、市町村
	法人税に係る申告書の提出期限の延長の処分等の届出書	申告期限延長の特例を最初に受けようとする事業年度終了の日から22日以内	都道府県税事務所、市町村
	事業税等に係る申告書の提出期限の延長の承認等の申請書	申告期限延長の特例を最初に受けようとする事業年度終了の日	事務所等の所在する都道府県税事務所

法人設立届出書

　法人を設立したら、「法人設立届出書」を提出します。この法人設立届出書には、次の書類を添付します。
イ　定款等の写し…設立時に作成した定款のコピー。
ロ　株主等の名簿の写し…株主の氏名または名称と住所、それぞれの株主が保有する株式の数、それぞれの株主が株式を取得した日、株券発

行会社である場合には、株券の番号を記載した株主名簿を作成します。
ハ　設立趣意書
ニ　設立時の貸借対照表…現金出資を受けた法人の場合には、資産の部には現金預金の額、負債・資本の部には資本金の額（資本準備金がある場合は、資本準備金の額）を記載した貸借対照表を作成します。
ホ　合併等により設立されたときは被合併法人等の名称及び納税地を記載した書類（合併契約書の写し、分割計画書の写しなど）

青色申告の承認申請書

　法人税の確定申告書を青色申告で提出する場合には、「青色申告の承認申請書」を提出します。青色申告の承認を受けていないと、欠損金の繰越、特別償却・特別控除などの税制上の特典が受けられなくなります。青色申告の承認申請書の提出が上記の提出期限を過ぎてしまうと、青色申告法人となるのは提出した日の属する事業年度の翌事業年度からとなり設立第1期では青色申告の税制上の特典は受けられなくなります。

棚卸資産の評価方法の届出書

　棚卸資産の金額を算定する方法を最終仕入原価法による原価法以外の評価方法により計算しようとする場合には、「棚卸資産の評価方法の届出書」を提出します。法定評価方法である最終仕入原価法による原価法で評価する場合には提出の必要はありません。

減価償却資産の償却方法の届出書

　建物以外の有形減価償却資産の償却方法として、定額法を選択する等の場合には、「減価償却資産の償却方法の届出書」を提出します。有形減価償却資産の償却方法として定率法を選択する等、法定償却方法により償却する場合には提出する必要はありません。

有価証券の一単位当たりの帳簿価額の算出方法の届出書

　有価証券の譲渡原価を総平均法で算出する場合には、「有価証券の一単位当たりの帳簿価額の算出方法の届出書」を提出します。有価証券の譲渡原価を移動平均法で算出する場合や、有価証券を保有しない場合に

は提出する必要はありません。

申告期限の延長の特例の申請書

　法人税の確定申告書の提出期限は、原則として事業年度終了の日の翌日から2か月以内となっています。しかし、定款の定めにより定時株主総会が申告期限までに開催されず、決算が確定しないなどの理由がある場合において、「申告期限の延長の特例の申請書」を提出したときには、確定申告書の提出期限が1か月延長されます（特別の事情がある場合には、確定申告書の提出期限につき税務署長が指定する月数延長されます）。

　この申請書により法人税の申告期限の延長が認められた場合でも、納付することとなる法人税には、延長した期間に応じて一定率の利子税が課されます。

　また、消費税の確定申告書の提出期限については延長の制度がないため、この申請書を提出していても、事業年度終了の日の翌日から2か月以内に申告・納税を行わなければなりません。

事前確定届出給与に関する届出書

　役員報酬として役員に支給する給与として損金とすることができるのは、定期同額給与と事前確定届出給与と一定の利益連動給与に限られています。事前確定届出給与を損金としようとする場合、「事前確定届出給与に関する届出書」を提出します。この届出書を提出しなかった場合でも、定期同額給与に該当する役員報酬は損金とすることができます。

法人設立・設置届出書（事業開始等申告書）

　法人を設立したら、税務署に加え、本店（支店がある場合には、それぞれの支店）の所在する都道府県及び市町村にも履歴事項全部証明書・定款の写しなどを添付して「法人設立・設置届出書」を提出します。

　本店（又は支店）が東京都23区内に所在する場合には、東京都の都税事務所への提出となり、区への提出は必要ありません。

法人税に係る申告書の提出期限の延長の処分等の届出書

　税務署に申告期限の延長の特例の申請書を提出した場合、都道府県税事務所と市町村に「法人税に係る申告書の提出期限の延長の処分等の届

出書」を提出します。この届出書には、税務署へ提出した申告期限の延長の特例の申請書の控えのコピーを添付します。

事業税等に係る申告書の提出期限の延長の承認等の申請書

　事業税等の確定申告書の提出期限は、原則として事業年度終了の日の翌日から2か月以内となっています。しかし、定款の定めにより定時株主総会が申告期限までに開催されず、決算が確定しないなどの理由がある場合において、都道府県税事務所に「事業税等に係る申告書の提出期限の延長の承認等の申請書」を提出したときには、確定申告書の提出期限が1か月延長されます（特別の事情がある場合には、確定申告書の提出期限につき都道府県税事務所長が指定する月数延長されます）。

イ　個人事業を開業した場合の届出

　個人事業を開業したら、必要に応じて、次頁のような申請書や届出書を提出します。

個人事業の開業・廃業等届出書

　新たに事業を開始した個人は「個人事業の開業・廃業等届出書」を提出します。

所得税の青色申告承認申請書

　青色申告の承認を受けようとする場合には、「所得税の青色申告承認申請書」を提出します。青色申告の承認を受けると、最高65万円の青色申告特別控除、青色事業専従者給与の支給、貸倒引当金の計上、純損失の繰越しと繰戻し、その他の特例の適用を受けることができます。

税目	提出書類	提出期限等	提出先
所得税	個人事業の開業・廃業等届出書	事業開始等の日から1月以内	納税地（住所地、納税地の変更に関する届出をした場合には居所地、事業所等の所在地）を所轄する税務署
	所得税の青色申告承認申請書	原則、承認を受けようとする年の3月15日まで（その年の1月16日以後に開業した場合には、開業の日から2月以内）	
	青色事業専従者給与に関する届出・変更届出書	青色事業専従者給与額を必要経費に算入しようとする年の3月15日まで（その年の1月16日以後開業した場合や新たに事業専従者を有することとなった場合には、その日から2月以内）	
	棚卸資産の評価方法の届出書	事業を開始した場合は確定申告期限（開業した年の翌年3月15日）まで	
	減価償却資産の償却方法の届出書		
住民税・事業税	個人事業開始申告書など	開業後、速やかに提出（自治体により期限は異なります）	都道府県税事務所、市区町村

青色事業専従者給与に関する届出・変更届出書

　青色事業専従者給与額を必要経費に算入しようとする場合には、「青色事業専従者給与に関する届出・変更届出書」を提出します。

　青色申告の承認を受けない場合、事業専従者である生計を一にしてい

る配偶者その他の親族に支払う給与相当額として所得から控除できる金額は、1人につき最大で50万円（専従者が配偶者である場合は86万円）となりますが、青色申告の承認を受けている場合には、青色事業専従者給与として事前に届け出た金額を経費計上できることとなります。

現金主義による所得計算の特例を受けることの届出書

　青色申告者が現金主義によって計算することを選択する場合には、「現金主義による所得計算の特例を受けることの届出書」を提出します。

　「収入とすべき権利の確定した金額」は、年末までに現実に金銭等を受領していなくともその年の収入とし、その年において債務の確定した金額（債務の確定によらない減価償却費などの費用もあります）を必要経費とするのが基本ですが、小規模事業者としての青色申告者である個人は、現金の出し入れを基準として収入や費用を計上する、現金主義を選択することができます。

　ただし、現金主義をとると、青色申告特別控除の控除額は最大10万円となるため、注意が必要です。

所得税の棚卸資産の評価方法の届出書

　棚卸資産の評価方法の届出をする場合には、「所得税の棚卸資産の評価方法の届出書」を提出します。法定評価方法である最終仕入原価法による原価法で評価する場合には提出の必要はありません。

所得税の減価償却資産の償却方法の届出書

　減価償却の償却方法の届出をする場合には、「所得税の減価償却資産の償却方法の届出書」を提出します。

　有形減価償却資産の償却方法として定額法を選択する等、法定償却方法により償却する場合には提出する必要はありません。

所得税の有価証券の評価方法の届出書

　事業所得の基因となる有価証券を取得した場合には、「所得税の有価証券の評価方法の届出書」を提出します。有価証券の評価方法として総平均法を選択する場合には提出する必要はありません。

個人事業開始申告書

　個人事業を開始したら、税務署に加え、都道府県税事務所、市町村に「個人事業開始申告書（自治体により名称が異なる場合があります）」を提出します。

ウ　法人・個人の消費税関係の届出

　法人・個人の消費税に関しては、必要に応じて、次のような届出書を提出します。

　消費税の届出は、提出するか否かによって、以後数年単位で納税額・還付額に大きな差が生じるものがあります。ただし、開業初年度の設備投資が多額であった場合や、国内で製造や仕入をした商品の輸出事業である場合には、消費税の課税事業者となると消費税の還付が受けられることがあります。消費税の制度をよく理解し、提出するかしないかの判断は慎重に行う必要があります。

税目	提出書類	提出期限等	提出先
消費税	消費税の新設法人に該当する旨の届出書	速やかに	納税地を所轄する税務署
	消費税課税事業者選択届出書	適用を受けようとする課税期間が事業を開始した日の属する課税期間である場合には、その課税期間中	
	消費税簡易課税制度選択届出書	適用を受けようとする課税期間が事業を開始した日の属する課税期間である場合には、その課税期間中	
	消費税課税期間特例選択・変更届出書	課税期間の特例の適用を受け又は変更しようとする期間が事業を開始した日の属する期間である場合には、その期間中	

消費税の新設法人に該当する旨の届出書

　資本金の額又は出資の金額が1,000万円以上の法人を設立した場合には、「消費税の新設法人に該当する旨の届出書」を提出します。

　ただし、法人設立届出書に消費税の新設法人に該当することとなった事業年度開始の日を記載した場合にはこの届出書を提出する必要はありません。また、個人事業においては提出する必要はありません。

消費税課税事業者選択届出書

　資本金1,000万円未満で設立した法人が消費税の課税事業者となることを選択する場合、及び個人事業者で消費税の課税事業者となることを選択する場合には、「消費税課税事業者選択届出書」を提出します。

　開業初年度の設備投資が多額であった場合や、国内で製造や仕入をした商品の輸出事業である場合など、消費税の課税事業者となると消費税の還付が受けられる場合があります。

　課税事業者選択届出書を提出した場合には、一定期間消費税の申告・納税義務が発生するので、初年度に消費税の還付を受けても、翌課税期間以後の納税額が大きくなることがあるので、この届出書を提出するか否かの判断は慎重に行う必要があり、税理士への相談をおすすめします。

消費税簡易課税制度選択届出書

　実際の課税仕入れ等の税額を計算することなく、課税売上高から仕入控除税額の計算を行うことができる簡易課税制度を選択しようとする場合には「消費税簡易課税制度選択届出書」を提出します。簡易課税制度の適用を受けた課税期間では、消費税の還付は受けられません。

消費税課税期間特例選択・変更届出書

　課税期間の短縮を選択又は変更しようとする場合には、「消費税課税期間特例選択・変更届出書」を納税地の所轄税務署長に提出します。

　消費税の課税期間は、原則として事業年度と同一ですが、特例として3か月ごと又は1か月ごとに短縮することができます。

　この届出書を提出した場合、課税期間の特例の適用を受けた日から2年間は、課税期間の特例の適用をやめること、又は3か月ごとの課税期

間から1月ごとの課税期間へ若しくは1月ごとの課税期間から3か月ごとの課税期間へ変更することはできませんので、申告の手数、申告にかかる費用などを十分に検討して届出を行う必要があります。

(3) 電子申告に関する届出

　法人税・所得税・消費税などの国税はe-Taxを利用して、住民税・事業税などの地方税はeLTAXを利用して、インターネットを通じて申請・届出や申告・納付を行うことができます。

	提出書類	提出期限等	提出先
e-Tax	電子申告・納税等開始（変更等）届出書	e-Taxを利用する直前	納税地を所轄する税務署（インターネット上で作成・提出できます）
eLTAX	利用届出（新規）	eLTAXを利用する前	都道府県税事務所、市区町村（インターネット上で作成・提出できます）

電子申告・納税等開始（変更等）届出書

　国税の電子申告・電子納税を利用する場合、電子申告・納税等開始（変更等）届出書を提出します。

　電子申告（申請・届出）の利用には電子証明書（税理士が送信する場合は、税理士の電子証明書で可）が必須ですが、電子納税の利用には電子証明書は不要で、ペイジーを利用してインターネットバンキングやATMで、また、ダイレクト納付利用届出書を提出（インターネット上では提出できません）すると、提出から約1か月後には日付を指定して預金引落で税金を納付することができます。源泉所得税を毎月納付しなければならない等の場合には、電子納税の利用をおすすめします。

利用届出（新規）

　地方税の電子申告・電子納税を利用する場合、「利用届出（新規）」をインターネットを通じて提出します。電子申告（申請・届出）の利用に

は電子証明書（税理士が送信する場合は、税理士の電子証明書で可）が必須です。eLTAXには、対応していない自治体や、申告には対応しているが、申請・届出や納付には対応していない自治体、また、税目により対応しているものとしていないものがある自治体などがあるため、事前の確認が必要です。

(4) 雇用に関する届出

　法人を設立して、役員報酬を支払う場合や人を雇用して給与を支払う場合には、税務・労務の各種届出を行う必要があります。

ア　源泉所得税関係

　会社や個人が、人を雇って給与を支払ったり、税理士などに報酬を支払ったりする場合には、その支払金額から、支払金額に応じた所得税及び復興特別所得税を差し引き、支払った月の翌月の10日までに国に納めます。源泉事務を行う事業所は次のような届出書・申請書を提出します。

提出書類	提出期限等	提出先
給与支払事務所等の開設届出書	支払事務所開設の日から1か月以内	事務所等の所在地を所轄する税務署
源泉所得税の納期の特例の承認に関する申請書	特例を受けようとする月の前月末まで	

給与支払事務所等の開設・移転・廃止届出書

　給与の支払者が、給与等の支払事務を取り扱う事務所等を開設した場合には、「給与支払事務所等の開設・移転・廃止届出書」を提出します。
　個人が、新たに事業を始めるために事務所等を設けた場合は、「個人事業の開業・廃業等届出書」の提出をもって「給与支払事務所等の開設・移転・廃止届出書」の提出にかえることになっていますので、提出する必要はありません。

源泉所得税の納期の特例の承認に関する申請書

　源泉所得税の納期の特例の承認を受けようとする場合には、「源泉所得税の納期の特例の承認に関する申請書」を提出します。

　給与と税理士などに支払った報酬から控除した所得税及び復興特別所得税は、支払った月の翌月の10日までに国に納めるのが原則ですが、給与の支給人員が常時9人以下である場合には、納期限を半年ごととする、源泉所得税の納期の特例の制度の適用を受けることができます。

　この特例の適用を受けていると、その年の1月から6月までに源泉徴収した所得税及び復興特別所得税の納期限は7月10日に、7月から12月までに源泉徴収した所得税及び復興特別所得税の納期限は翌年1月20日になります。

　税務署長から納期の特例申請書の却下の通知がない場合には、この納期の特例申請書を提出した月の翌月末日に、承認があったものとみなされ、承認を受けた月に源泉徴収する所得税及び復興特別所得税から、納期の特例の対象になります。

　例えば、1月中に納期の特例申請書を提出した場合、1月に支払った給与や報酬から控除した所得税及び復興特別所得税の納期限は2月10日のままですが、2月から6月までに支払った給与や報酬から控除した所得税及び復興特別所得税の納期限は7月10日となります。

イ　社会保険

　常時従業員（事業主のみの場合を含む）を使用する法人事業所または常時5人以上の従業員が働いている個人事業所は、厚生年金保険及び健康保険の加入が法律で義務づけられています。加入が法律で義務づけられている事業所以外の事業所であっても、一定の要件を満たした場合は、加入することができます。

　厚生年金保険及び健康保険へ加入する事業所は、次ページのような届出書を提出します。

提出書類	提出期限等	提出先
新規適用届	要件を満たす事実発生から5日以内	事業所の所在地を管轄する年金事務所
被保険者資格取得届		
被扶養者（異動）届出書		

新規適用届

　厚生年金保険及び健康保険に加入すべき要件を満たした場合、または要件を満たさない場合でも加入を希望する場合には、「新規適用届」を提出します。

　履歴事項全部証明書（法人の場合）または事業主の世帯全員の住民票（個人の場合）と保険料の口座振替を希望する場合には保険料口座振替納付申出書を添付します。添付書類のうち、履歴事項全部証明書及び住民票（コピー不可）は、提出日から遡って90日以内に発行されたものを用意してください（事業所の所在地が登記上の所在地等と異なる場合は、別途「賃貸借契約書のコピー」など事業所所在地の確認できる書類の添付が求められます）。

被保険者資格取得届

　事業所が新たに健康保険及び厚生年金保険に加入すべき従業員を採用した場合には、「被保険者資格取得届」を提出します。

　原則として添付書類は必要ありませんが、「資格取得年月日」に記載した日付が、届書の受付年月日から60日以上遡る場合等、届出が遅れると賃金台帳や株主総会議事録などの添付書類が必要となります。

　届出書には被保険者の基礎年金番号を記載する箇所があります。被保険者となる者の年金手帳を確認し、記載します。

健康保険被扶養者（異動）届

　従業員の家族に健康保険の被扶養者になるための条件を満たす人がある場合には、「健康保険被扶養者（異動）届」を提出します。

　収入要件確認のための書類（非課税証明書や年金額の改定通知書の写

しなど）などの添付が必要となります。被扶養者の状況により、添付書類が変わります。

ウ　労働保険

労働保険とは労働者災害補償保険（一般に「労災保険」といいます）と雇用保険とを総称した言葉です。

保険料の申告・納付は労働保険と労災保険を一つの申告で行います。労働者（パートタイマー、アルバイト含む）を１人でも雇用していれば、業種・規模の如何を問わず労働保険の適用事業となります。事業主が労災保険の保険関係成立届を提出していない期間中に労働災害が生じ、労災保険給付がある場合は、遡って労働保険料を徴収（併せて追徴金を徴収）するほかに、労災保険給付に要した費用の全部又は一部が徴収され、届出が遅れると思わぬ費用負担が生じる可能性があります。労働保険に加入する事業者は次のような届出書等を提出します。

提出書類	提出期限等	提出先
保険関係成立届	保険関係が成立した日の翌日から10日以内	所轄の労働基準監督署
概算保険料申告書	保険関係が成立した日の翌日から50日以内	所轄の労働基準監督署、所轄の都道府県労働局又は日本銀行（代理店、歳入代理店（全国の銀行・信用金庫の本店又は支店、郵便局）でも可）
雇用保険適用事業所設置届	設置の日の翌日から10日以内	所轄の公共職業安定所
雇用保険被保険者資格取得届	資格取得の事実があった日の翌月10日まで	所轄の公共職業安定所

保険関係成立届

労働者（パートタイマー、アルバイト含む）を１人でも雇用した場合には、労働保険の適用事業となり、「保険関係成立届」を提出します。

概算保険料申告書

　保険関係成立届を提出したら、「概算保険料申告書」を提出し、保険料を納付します。

　概算保険料は保険関係が成立した日から翌3月31日までに労働者に支払う賃金の総額の見込額をもとに計算し、申告・納付します。

雇用保険適用事業所設置届

　雇用保険の適用事業となった場合は、「雇用保険適用事業所設置届」を提出します。

雇用保険被保険者資格取得届

　雇用保険の被保険者となる者を採用した場合は、「雇用保険被保険者資格取得届」を提出します。

　過去に雇用保険の被保険者であった者の資格取得届には、被保険者番号を記載する箇所があります。被保険者となる者の雇用保険被保険者証を確認し、記載します。

> **コラム**
>
> ## 各種届出のオンライン・ワンストップ化の実現へ
>
> 　本項にありますように、事業を開始する前に様々な手続が必要になります。しかし、株式会社の設立を含めたこれらの手続（以下「法人設立手続」といいます。）は、諸外国と比べても必要な手続数が多く、手続ごとに窓口が異なり、それぞれ個別に手続が必要であり、しかも日数が長くかかるとされ、起業をする人にとっては大きな負担となっております。
>
> 　そこで、起業を後押しすべく、国としても法人設立オンライン・ワンストップ化検討会で検討を続け平成30年5月に「法人設立手続のオンライン・ワンストップ化に向けて」という形で議論をまとめ、法人設立手続をオンラインよる一括申請も選択できるようにする手続の具体的検討が進んでおります。

1　法人の設立登記手続の簡素化

法人の設立登記に関しては、

①電子定款に関する株式会社の原始定款の認証の合理化（従前の公証人による面前での面談による定款認証の他に、電子署名が付された電子定款の活用）

②商業登記電子証明書の普及を前提とする法人設立における印鑑届出を任意とする制度の実現

③法人設立登記の24時間以内の処理の実現（現行の10日程度から最短で1日以内へ）

④金融機関による登記情報提供サービスの閲覧やマイナンバーカードの活用による法人の銀行口座開設手続の改善

これらの変更により法人設立登記にかかる申請者及び関係機関の手間と時間の削減による迅速化を図るものとされています。

2　マイナーポータルを活用したワンストップサービスの提供

現状でも、法人設立手続（主として法人登記完了後の手続）については、政府が提供するオンラインシステムにより申請することは可能です。

具体的には、登記申請については法務局の「登記ねっと」、開業に関する届出・深刻感する届出は国の税務署の「e−Tax」、地方自治体の税事務所の「eLTAX」、雇用に関する届出は労働基準監督署・ハローワーク・年金事務所の「e−Gov」とあります。

ただ、これらのシステムは相互に関連しておらず、起業する人が、それぞれ個別に手続を行う必要があります。

この不便さを解消すべく、マイナポータルを活用してワンストップサービスの提供を活用する方向で一括申請の準備が進んでいます。

政府の目標としては、平成31年度中（2019年度中）に、上記2で法人登記手続完了後の手続に関しオンライン・ワンストップ化を実現し、平成32年度中（2020年度中）に法人登記手続も含めた全手続をオンライン・ワンストップ化の実現をするとしています。

6 設立時における ワンポイントアドバイス

(1) 本店所在地

　新規事業につき会社を設立する場合、代表者の自宅を本店所在地と決めるケースが多いのですが、事業所や店舗が他の市区町村にあると、道府県民税、市町村民税の均等割り（決算が赤字であっても納税しないといけない法人住民税）を、本店所在地と事業所や店舗がある数だけ申告・納税しなくてはなりません。
　また、事業所や店舗を本店所在地と決めて登記をした後に、その事業所や店舗を移転した場合には、定款を変更して、法務局に変更登記、税務署などに異動届出書を提出しなくてはなりません。
　本店所在地については、均等割りの税金負担と変更登記などの手続・費用を考えて決定してください。

ア　自宅を事業所として開業した場合の経費・登記

　自宅を事業所と兼ねて開業した場合に、『賃料を払うと会社の経費にできますか？』と質問を受けることがあります。
　事業所の使用料として合理的妥当な金額であれば、会社の経費にできますが、賃料を受取る側の個人（社長など）は不動産所得を確定申告することになります。個人の税負担を考慮して検討してください。
　また、事業所として使用するための改装費や備品代、水道光熱費なども合理的に会社負担相当額を算出できれば、経費とすることが可能です。
　なお、代表者の自宅を会社の本店の所在場所とした場合、本店の所在場所は登記事項ですので、会社の登記事項証明書に代表者の自宅住所が本店の所在場所として記載され、代表者の自宅住所が公表されることになります。
　もっとも、株式会社の代表取締役の住所は、もともと登記事項ですので、その意味では新たな情報が公表されることにはなりませんが、いず

れにせよ、自宅を本店としている事実は明らかとなることになります。

イ　他の物件を賃借して事業所とする場合の賃貸借契約

　建物を賃借する場合の賃貸借契約の種類としては、大きく分けて、普通建物賃貸借契約と定期建物賃貸借契約の２種類があります。それらの違いを以下の表にまとめましたので、これを参考に、自らのビジネスプランに適した種類の契約を選択してください。

	普通建物賃貸借契約	定期建物賃貸借契約
契約方法	契約方法は問わないので、書面でも口頭でも可能	・公正証書等の書面により契約をする必要がある ・賃貸人は予め賃借人に対し、契約更新がなく、期間満了により建物賃貸借契約が終了することにつき、その旨を記載した書面を交付して説明する必要がある
建物賃貸借期間	１年以上（期間を１年未満とする建物賃貸借契約は、期間の定めがないものとみなされる）	１年未満でも可能
契約更新	賃貸人からの更新拒絶には正当事由が必要とされ、正当事由がない限り契約は更新される	契約更新はなく、期間満了により終了（当事者が建物賃貸借契約の再契約をすることは可能）
賃料水準	一般に、定期建物賃貸借契約の場合より、高額	契約更新ができないため、一般に、普通建物賃貸借契約の場合より、低額

　なお、建物賃貸借契約においては、普通建物賃貸借契約か定期建物賃貸借契約かにかかわらず、賃借人の賃貸人に対する一切の債務の履行を

担保するために、連帯保証人が賃貸人との間で連帯保証契約を締結する場合が多いといえます。この場合の連帯保証契約は、根保証契約（＝一定の範囲に属する不特定の債務を主たる債務とする保証契約）に該当しますので、連帯保証人が法人ではなく個人である場合には、極度額を設定する必要があります。極度額の設定方法としては、「極度額○○円」という具体的な金額とするほか、「賃料の○か月分」とすることも考えられます。なお、この場合の賃借人の連帯保証人に対する根保証の委託は、主たる債務の範囲に事業のために負担する債務が含まれる根保証の委託に該当しますので、賃借人は、連帯保証人に対して、以下の事項に関する情報を提供する義務を負います。

・財産及び収支の状況
・主たる債務以外に負担している債務の有無並びにその額及び履行状況
・主たる債務の担保として他に提供し、又は提供しようとするものがあるときは、その旨及びその内容

(2) 資本金

上記(1)で説明した法人住民税の均等割額は、資本金1,000万円以下が一つの基準となっています（東京都では最低7万円、ただし事業期間12か月）。

消費税については、期首（設立時）の資本金を1,000万円未満で設立すると、最大2年間消費税の免税事業者になることができます。逆に1,000万円以上の場合は、設立1期目から消費税の課税事業者になり申告が必要となります。行う事業内容や取引条件により資本金が1,000万円以上必要な場合もありますので、事業計画や必要資金などを考えて検討してください。

7　各施策の利用

　ここでは、事業の成長過程ごとに資金調達の手段を紹介します。主として①創業時（シードステージ・スタートアップステージ）の資金調達手段を厚く書き、②事業化（アーリーステージ）・③成長初期・後期（ミドルステージ・レイターステージ）の段階については、調べる手がかりとなるべく各手段を紹介する程度にとどめています。また、最後に新たな資金調達手段として④クラウドファンディングを紹介しています。
　各施策の利用・検討に際しては、上記①から④の資金調達の手段の理論的な面を踏まえて検討することになります。

(1) 創業期（シードステージ・スタートアップステージ）

　創業期（シードステージ・スタートアップステージともいわれます）は、創業前の準備検討期であり、具体的な顧客対象や製品・サービスの内容、これらを提供するためのビジネスモデルの概要が完成する段階です。ここでは起業、起業後事業が軌道に乗るまでの時期とします。
　この時期は、事業としては赤字ですが、事業活動を営む上で必要な運転資金や設備投資が必要な時期です。つまり、資金は必要ですが、事業収入は少ないので企業内での内部留保が少なく、対外的には信用がほとんどない状態ですので、金融機関等から貸付金を得ることが厳しい時期です。
　このため、この時期は、信用が少なくても受けることができる融資を検討する必要があります。具体的には、ア起業・創業に関する制度融資、イ補助金・助成金、ウその他民間の創業者支援による資金調達の利用を検討することになります。
　なお、最後に自己資金について簡単に触れます。

ア　創業者支援に関する制度融資

日本政策金融公庫や地方公共団体が担っています。

①　日本政策金融公庫による制度融資

日本政策金融公庫（以下「公庫」といいます）の創業者向けの制度融資は、新創業融資制度といいます。新企業育成を目的とし、新たに起業する人、起業して間もない人が対象の無担保・無保証人での融資です。

この制度は、原則として、不動産等の物的担保も不要、連帯保証人等の人的担保も不要、代表者による個人保証も不要、信用保証協会の保証も不要としており、一般的に実績・信用がない創業者向けの融資といえます。

ただ、公庫による他の新規事業向け融資（新規開業資金）に比して限度額が低い（新規開業資金7,200万円、新創業猶予制度3,000万円）というデメリットもあります。

ただ、大規模な事業を予定せず、保証人等の担保のあてがない場合には、新創業融資制度でよいのではないでしょうか。

公庫による創業支援としては、新創業融資制度のほか、新規開業資金、女性・若者／シニア起業家支援資金などがあります。

②　地方公共団体による制度融資

地方公共団体による制度融資とは、都道府県や市区町村などの地方公共団体、信用保証協会、銀行などの金融機関の三者が連携して公的資金を融資する制度です。

これは、産業の活性化を図る観点のもと、起業前・起業直後で実績も信用も乏しい厳しい経営環境にある創業者向けに設けられた支援です。

仕組みとしては、地方公共団体が直接創業者に対し融資するのではなく、地方公共団体が預託金を金融機関に提供し、その預託金を元に金融機関が、信用保証協会が創業者を保証することを条件に融資を行うというものです。

この制度は、融資条件・融資内容が各地方公共団体によって異なりますが、おおむね通常の融資よりも金利は低く、据置期間（金利のみを支払い、元本の支払いをしなくてよい期間）も比較的長いことから、創業

時の資金調達手段として検討すべきものといえます。

　申し込みの手順としては、関係機関が多くありますので、複雑そうに見えますが、手順としては概ね①地方公共団体の窓口で相談・融資あっせんを申し込む②地方公共団体から紹介状を得る③紹介状を持って金融機関に融資を申し込む・審査を受ける④信用保証協会に信用保証の申し込みをする・審査を受ける⑤すべてをクリアして金融機関から融資実行となります。

　この制度は、各地方公共団体によって異なりますので、インターネットにて「地方公共団体名（都道府県、市区町村）＋制度融資」で検索されお住まいの地域の制度融資を調査されることをおすすめします。

　その他、地方公共団体には、外郭団体（公益財団法人となっていることが多い。独立行政法人中小企業基盤整備機構のHP http://www.smrj.go.jp/index.html参照）によるベンチャー企業・中小企業支援センター等があります。

　これらによるオフィスの貸出などの支援も検討すべきでしょう。

イ　補助金・助成金
① 　補助金

　補助金とは、主として経済産業省や中小企業庁が、創業を考えている人やベンチャー企業の円滑な事業活動を、資金調達、情報提供等で支援するものです。

　これは、公募により事業者を集め採択された事業者に交付され、返済不要ですので、補助の趣旨に合致する場合には、積極的に応募し取得を検討すべきです。

　補助金交付の主体としては、上記の経済産業省や中小企業庁の他、地方公共団体や産業振興を目的とする公益財団法人（東京都であれば、公益財団法人東京都中小企業振興公社など）になります。

　補助金は、上記のように返済不要という大変魅力的なメリットがありますが、条件が単に「創業者」というものではなく、国の政策等や補助金交付主体の目的に合致する必要があり、その性質上種類も大変多いので、自分の事業にあった補助金を見つけるのは容易ではありません（誰かが親切に教えてくれるというものではありません）。また、募集期間

も2〜3週間程度と短いものが多いです。そのため、中小企業基盤整備機構が運営する中小企業のためのポータルサイト「J-Net21」などを活用し、常に情報を確認しておくことが必要となります。さらに、国・地方公共団体のお金は原資が税金ですので、その性質上、使途は限定されますし、申請書類をまとめるなど手間と時間がかかります。もっとも、事業計画等は融資を受ける場合にも必要となりますので、事業計画等の書類作成はデメリットとはいえないかもしれません。

② 助成金

助成金とは、主として厚生労働省が、中小企業支援策として、事業者に対し、雇用調整や新規雇用、従業員の能力開発などのために、人件費等の一部を負担し、それらを促すための支援金をいいます。

これも、補助金同様返済の必要がありません。この点で、資金的余裕がない創業時には取得を検討すべきです。

平成30年9月現在、この雇用関係助成金としては、雇用調整助成金、特定求職者雇用開発助成金、人材開発支援助成金などがあります。

ただ、いつどのような助成金が登場するかわかりませんので、上記のように常に最新の情報を検索することをおすすめします。

③ 検討の着眼点

これらの補助金・助成金を検討する際の着眼点としては、①受給対象、②要件、③補助率・助成率、④上限額等が挙げられます。これらの着眼点に事業内容や自己資金等を踏まえて補助金や助成金を選ぶことになります。

ウ 民間の創業支援

個人投資家によるエンジェル投資や支援会社によるアクセラレータープログラムといったものがあります。

エンジェル投資は民間の個人投資家による創業支援で、アクセラレータープログラムはアクセラレーターといわれる民間の事業会社などが主催する創業支援企画です。

公的機関以外にも創業支援の方策があることを知っていただくために

記載しました。

エ　その他の借入金・出資金

　創業資金の調達手段として、起業家やその配偶者・親族、知人からの借入金や出資金があります。

　創業段階においては、返済等の要求が厳しくない上記のような借入金・出資金をできるだけ多く確保することが重要です。

　ただ、その方法ですが、借入金とするか出資金とするかは、資本政策と関係して重要ですので、よく検討することが必要です。

　例えば、出資金を受け入れ、株式を交付することがあります。確かに返済不要という点では魅力的です。ただ、事業が軌道に乗りさらなる資金調達を要する場合、その方法として株式新規発行や自己株式処分による資金調達は有効な手段となりますが、創業時に株式のかなりの割合が経営陣以外の投資家に渡り、経営陣がコントロールし難い株式が多いと、それらの手段がうまくいかず、資金調達を断念することがあるからです。

創業期における起業支援のまとめ

　創業資金としては、自己資金のほか
①日本政策金融公庫の創業者向けの制度融資の利用
　　新創業融資制度、新規開業資金、女性・若者／シニア起業家支援資金など
②地方公共団体による制度融資
　　但し、地方公共団体によって違うので、「地方公共団体名（都道府県、市区町村）＋制度融資」で検索し事前に内容を確認する。
③国や地方公共団体等による補助金や助成金の活用
　　但し、種類がたくさんあり、募集期間も短いので、中小企業基盤整備機構が運営する中小企業のためのポータルサイト「J-Net21」などを活用し、最新の情報を確認しておく。
　　また、都道府県や市区町村の中小企業支援センター（名称はいろいろ）の利用
④その他民間による創業支援も視野に入れておく。
⑤補助金・助成金を検討する際には、①受給対象、②要件、③補助率・助成率、④上限額等を着眼点とし、さらに、事業内容や自己資金を踏まえて選ぶ。
⑥その他の借入金・出資金も創業資金。ただし、資本政策との関係が重要。

購入かリースか

　個人事業や会社の開業時に、比較的高額な固定資産が必要になる場合があります。例えば、プリンター・コピー・FAX・スキャンの機能を持つ複合機は、共通して必要な備品といえます。複合機の導入は自社での購入とリース会社からのリースのどちらにするのがよいでしょうか。ほかにも、パソコン、車両などについても購入又はリースの選択などがあります。また、身近なところでは、植物や観賞用熱帯魚の水槽なども挙げられます。

　資金の負担面では、購入とリースとでどちらが有利でしょうか。結論からいいますと、すべての企業のすべての資産にどちらが必ず有利とはいえず、会社の資金状況や、その物品を何年使う見込みか、途中で器財を変更する予定があるか、メインテナンスは自社で可能か、リース期間中の解約はできるか、できても違約金はいくらかかるか、売却するといくらで売れるかなどを考慮して決めることになります。金銭以外にも、メインテナンスに自信のないものはリースが管理しやすいでしょう（例えば操作の難しい機械や熱帯魚など）。

　一般論でいうと、最初の資金負担をできるだけ抑えたい会社の場合はリースを、将来の資金負担をできるだけ抑えたい場合は購入を選ぶのがよいでしょう。リース会社からリースを受ける場合は、当初購入する資金は必要ありませんが、リース期間にわたって毎月リース料を支払うことになります。リース料は、リース物件の純粋な購入金額の他に、リース会社の課した金利、メインテナンス料、リース会社の販管費・利潤が載せられていることが通常です。このため、総額ベースでは、リース料の総額が購入した場合の金額より大きくなるのが通常です。

　最近では、複合機でも高機能で安い種類が発売されていますので、開業時は無理のない金額の範囲で購入し、会社の売上や人員が増えてから高速で高機能な複合機をリースする選択もあるでしょう。

　リースは、レンタルと違い、賃借契約といっても契約解除が原則できない期間があるのが通常です。その場合、もし、リース期間の途中でリース資産が不要になったり、他の器具に替えたくなっても、リース料を払い続けなくてはなりません。

　ところで会計上、税務上は、購入した場合と同様の効果を生じさせるリース契約は、リース資産を購入したのと同様の会計処理を行うことになります。リース資産を購入したとされる場合は、リース資産を資産に計上し、毎年の費用は減価償却して費用化することになります。消費税の税額控除も、毎月のリース料の支払時ではなく、リース契約当初にリース物件の引き渡しを受けたときに購入と同様に全額課税仕入となりますので、リース契約をする場合は、煩雑な会計処理を強いられることにならないか、事前に税理士に相談するのがよいでしょう。

第4章

事業の展開

1. 契約書を必ず作ろう
2. 知的財産権を活用しよう
3. 広告の利用
4. 代金決済方法
5. 個人情報保護方針の策定
6. 他企業との提携

1 契約書を必ず作ろう

(1) そもそもなぜ契約が必要なのか

　事業を行う場合、様々な人と「契約」を結びます。営業所を作るためにオフィスの賃貸借契約を結び、従業員を雇い入れるために雇用契約を結び、商品を仕入れそれを販売するために売買契約を結ぶなど、事業の全ては契約によって成り立っていると言っても過言ではありません。

　しかし、そもそもなぜ契約という制度が必要なのでしょうか。

　契約の基礎は、言うまでもなく、当事者間が交わした約束にあります。しかし、**契約は単なる約束ではなく、「法律上の制度」であることを十分理解しなければなりません。**

　例えば、AがBに対しある商品を売ると約束したが、Bがいつまで経っても代金を払ってくれない場合、もし契約という制度がなければ、Aは約束を守らないBを道義的に非難したり、究極的には自力救済、すなわち暴力に訴えてでもお金を払わせるしか方法がないことになります。

　もっとも、実際にはこのような約束は、「契約」として法律的に保護されます。その結果、Aは、Bの行為を売買契約上の代金支払債務の不履行として裁判に訴え判決を得れば、強制執行という国の制度を使い、Bの財産を差し押さえるなどして、Bの意思に反してでも強制的に代金を取り立てることができます。他方で、Bからすれば、そのように国家により強制的に代金を回収されてしまうのであれば、裁判までいかなくとも、おいそれと約束を破ることはできなくなります。

　このように、**契約は、単なる当事者間の道義的な約束ではなく、国家権力により権利を強制的に実現できるという効果を与え、他方で、義務を守らせる動機となり、事前に紛争を予防するという意味で、現代の経済社会において必要不可欠な制度となっています。**

(2) なぜ契約書を作るのか

　もっとも、契約自体は、契約するかどうか（締結の自由）、誰と契約するのか（相手方選択の自由）、どのような内容の契約にするのか（契約内容の自由）、さらには契約書を作るかどうか（契約方式の自由）でさえも、当事者が自由に決めることができるのが原則です（契約自由の原則。民法91条参照）。単なる口約束であっても、民法上は、有効に契約が成立します。

　しかし、実際には、契約で定めた権利を実現するためには、裁判が必要ですが、単なる口約束を裁判所に理解してもらうのは容易なことではありません。「約束した」「していない」の水掛け論では、そもそも契約の内容どころか、果たして契約自体が成立しているかどうかを証明することでさえままならないことも多々あります。

　そんなときに、**裁判上何よりも確実で決定的な証拠となるのは、「契約書」**です。契約書は、当事者が行った法律行為そのものを直接証明する文書であり（これを「処分文書」といいます。P105コラム参照）、契約書に、何時、誰と契約したのか、どのような内容を契約したのかが定められ、これに当事者の署名捺印があれば、裁判で契約そのものの成立を否定したり、その内容を争うことは極めて難しくなります。

　その意味で、事業を行う場合には、**取引の各場面において、契約書を作成することは必須の作業**となります。さらには、単に作成するだけでは足りず、**究極的にはそれが裁判に証拠として提出されることを念頭に置いて、ポイントを押さえた内容の契約書を作成する必要があります**。インターネットや書籍から入手できるひな形や既存の取引で利用した契約書を用いて単に契約書を作成すれば良いというわけではなく、契約内容が、**自分に有利なようにきちんと修正する作業**が必要となるのです。

　具体的には、概ね以下の点がポイントになるでしょう。

①契約の当事者について〜誰と契約をしたのかが明確にされているか
②契約締結日について〜契約が何時成立したかが確定されているか
③契約の目的・対象について〜基本的合意内容が明確に定まってい

るか
④契約の履行方法について〜どのように約束の内容が実現されるかが定まっているか
⑤契約の不履行について〜契約の内容が履行されない場合の効果が明確に定められているか
⑥契約の終了について〜その契約は、いつまで当事者を拘束するか
⑦裁判管轄について〜契約の内容に争いが生じた場合、何処の裁判所で争うことになるか
⑦その他〜上記以外に契約で特に定めておくべきことは何か

　以下、事業者において典型的な契約の一つである**継続的売買に関する取引基本契約書**をモデルに、上記契約書作成のポイントを解説します。

(3) 契約書の具体的チェックポイント

ア　契約の当事者・契約締結日について〜誰と、いつ契約をしたのかが明確にされているか

> A山太郎（以下「甲」という）とX株式会社（以下「乙」という）は、甲乙間での継続的売買取引に関し、以下のとおり取引基本契約を締結する。
> 　　　　　〜〜〜〜〜〜〜〜〜〜〜　（中略）　〜〜〜〜〜〜〜〜〜〜〜
> 　本契約の成立を証するため、本書2通を作成の上、甲乙各自署名捺印し、各1通を保有する。
> 平成30年○月○○日
> 甲　北海道札幌市△△1－2－3－456
> 　　　**A　山　太　郎**　印（自署）
> 乙　鹿児島県鹿児島市□□7－8－9　☆☆ビルディング1011
> 　　　X株式会社
> 　　　代表取締役　B　川　花　子　印（記名押印）

【契約の当事者について】

　契約書の最初のポイントは、誰と誰との間で契約が結ばれたのか、という当事者の特定の問題です。上記の例では、A山太郎という「個人」と、X株式会社という「法人」との間で契約が結ばれています。重要な

のは、A山太郎は、あくまでX株式会社と契約したのであって、社長のB川花子個人と契約したのではないということです。

　実際のところ、この点を曖昧にしたまま漫然と取引をしている例が多々見受けられます。しかし、うまくいっているうちは良いのですが、X会社が契約を守らない場合、A山太郎は、どんなにB川花子が金持ちで豪邸に住んでいても、**B川花子の財産に強制執行することはできず、あくまでX株式会社の財産から回収することしかできません**。その意味で、契約当事者が誰かは、極めて慎重に確認することが必要となります。

　その確認の方法ですが、契約当事者が個人の場合、住民票や運転免許証等の本人確認書類にて住所及び当事者名を確認し、他方、法人の場合、最低限、商業登記簿謄本（全部事項証明書）の記載から当該法人の正式名称・本店所在地・代表取締役の氏名を確認する必要があります。

　なお、特に契約金額が大きくなる場合など、重要な契約を締結する際には、契約の相手方が本人であることの確認と、後に契約の成立・内容を裁判で争う場合に備え、**実印による押印と印鑑証明書の交付**を求めることが有用です。

コラム

実印と印鑑証明書を要求する意味〜二段の推定

　売買契約書のように、当事者の法律行為そのものが記載されている文書を「処分文書」といいます。処分文書は、裁判上、「その成立が真正であること」が証明されれば（民事訴訟法228条1項）、記載された法律行為の存在が直接証明されることになるため、このような処分文書の成立の真正は裁判で激しく争われます。この点、売買契約書のような「私文書」の場合、民訴法228条4項は、本人又はその代理人の「署名」又は「押印」があるときは、当該文書が真正に成立したもの、いいかえれば、作成者の意思に基づいて作成されたものと推定されるとしています。

　そこで、本契約書を見ると、「**A山太郎**」という「署名」（自署）があるため、それだけで、A山太郎の意思に基づいて作成されたも

のと推定されます（一段の推定）。

　これに対し、「X株式会社代表取締役B川花子」は、単なる印刷された記名に押印がなされただけですので、「それは確かに私の会社のハンコの印影だが、私が押したのではなく、私の意思に基づいて作成されたものではない」と逃げる場合があります。そこで、判例（最判昭和39年5月12日民集18巻4号597頁）要旨は、文書中の印影が本人の印章を押したものである場合には、その本人の意思に基づいて押印したものと推定するとしています。つまり、**契約締結時相手に実印を押してもらい、その印鑑証明書を取得しておけば、相手方は、それが自分のハンコの印影ではないと争えなくなり、その結果、契約書の印影は、判例法理により相手方の意思により押印されたものと推定され、さらに、その押印があることにより、その文書は、民訴法228条4項により真正に成立したものと推定されるため**（いわゆる二段の推定）、相手方は、その売買契約書の成立や内容を争うことが極めて困難になるのです。

【契約締結日について】

　上記例では、「平成30年○月○○日」に、契約が結ばれた旨記載されています。契約が何時成立したかは非常に大事です。**なぜならば、同じような契約書があってその先後関係に争いが生じた場合、後の日付のものが有効であるとされることが多いからです。**もっとも、日付を空欄にしてバックデイトができるような形にしておくことなど言語道断です。契約を結んだ場合、必ずその成立の日付を記入するようにしましょう。

イ　契約の目的について〜約束の基本的内容が明確に定まっているか

第1条（目的）
　この基本契約は、甲乙間の別紙記載の製品（以下、「本件製品」という）の売買に関する基本的事項を定めたもので、甲乙協議して定める個々の売買契約（以下、「個別契約」という）に対して適用する。
第2条（個別契約）
1　個別契約には、発注年月日、品名、仕様、数量、納期、納入場所、検査その他の

> 受渡し条件及び代金の額、単価、決済日、決済方法を定めなければならない。
> 2 個別契約は、乙が甲に対し前項の注文内容を明記した注文書を交付することにより申込みを行ない、甲がこの申込みに対し注文請書を乙へ提出することにより成立する。
> 3 甲が前項の申込みの受領後7日以内に諾否の回答をしない場合、乙は、甲がこれを承諾したものとみなすことができる。

【契約の基本的合意内容（目的・対象）の確定】

次に大事なのは、契約の基本的合意内容（売買契約か、賃貸借かという契約の「目的」及び何を目的物として、いくらの代金を払うのかという契約の「対象」）を確定することです。これは、契約のいわばコアの部分であり、契約書の最も重要な要素です。

民法第三編第二章には、贈与、売買、交換、消費貸借、使用貸借、賃貸借、雇用、請負、委任、寄託、組合、終身定期金、和解という13種類の典型契約が定められ、例えば売買契約の場合、「売買は、当事者の一方がある財産権を相手方に移転することを約し、相手方がこれに対してその代金を支払うことを約することによって、その効力を生じる」と規定されています（民法555条）。そのため、民法の規定によれば、売買契約の締結のためには、最低限、「売主が物を売り、買主が代金を支払う」という契約の目的を定めた上で、具体的に売主が何を売る義務を負うのか、これに対し買主が幾ら支払う義務を負うのかという契約の対象を、品名、単価及び数量等により特定することが必要となります。

もっとも、これらの民法の規定は任意規定であり、前述の契約自由の原則から、当事者間で典型契約と異なる定めをすること、さらには業務委託契約等の民法には全くない非典型契約を締結することも自由です。売買契約で言えば、事業者同士が継続的に取引を行う場合は、取引ごとにいちいち売買契約を締結せず、上記の例のとおり、取引基本契約を結び、商品、代金その他の取引条件については、別途個別契約によるとする例も多く見受けられます。

もっとも、その場合に重要となってくるのは、個別契約の中身であり、紛争を防止するためには、発注書面等に、品名、数量、単価、引渡条件、代金支払期限、方法その他売買につき必要な条件が明確に定められていることが必要です。また、下請法では親事業者が発注書面を下請事業者

に交付することを義務づけていたり（下請法3条）、建設業法では法定の事項を記載した請負契約書の作成と交付を義務づけていたり（建設業法19条）、事業用定期借地権設定契約では公正証書による作成が要求される（借地借家法23条）など、契約によっては、法律上書面の作成が強く要請されている場合もありますので、注意が必要です。

> コラム

定型約款に関する規定の新設

　約款とは、多数取引の画一的処理のため、あらかじめ定型化された契約条項です。代表的なものとして、運送約款、保険約款、ホテル宿泊約款等があります。

　現行民法には約款の規定が存在しないところ、現実の取引社会において、旅客輸送、保険、携帯電話など、定型的な取引が約款を用いて大量に行われています。そこで、改正民法では、約款のうち一定の範囲のものである定型約款についての規定が新設されました（改正民法第548条の2～548条の4）。

　改正民法第548条の2第1項は、定型約款の定義として、「定型取引」（ある特定の者が不特定多数の者を相手方として行う取引であって、その内容の全部又は一部が画一的であることがその双方にとって合理的なものをいう）において、契約の内容とすることを目的としてその特定の者により準備された条項の総体を「定型約款」と規定しています。

　この定型約款が契約の内容となるための要件として、定型取引を行うことの合意をし、かつ、定型約款を契約の内容とする旨の合意をしたとき、または、定型約款を準備した者があらかじめその定型約款を契約の内容とする旨を相手方に表示していた場合が規定され、この要件を充たす場合、定型取引を行う者が定型約款の個別の条項についても合意をしたものとみなされ、定型約款が契約の内容となります（改正民法第548条の2第1項）。

このように、新設された規定は、約款すべてに適用されるものではなく、上記要件を充たす定型約款に限られる点、注意が必要です。起業後、取引相手が不特定多数の者にわたり、定型約款を利用される際は、改正民法第548条の2～4にご留意ください。

ウ　契約の履行方法について～どのように約束の内容が実現されるかが定まっているか

　契約の目的が定められ、当事者双方の基本的義務が明らかになったとして、次に問題となるのはその基本的義務をどのように実現するかです。

第3条（納入）
1　甲は、個別契約に定められた期日・場所・方法に従い、本件製品を納入しなくてはならない。
2　甲は、第1項の期日・場所・方法に従い本件製品を納入することができない場合には、速やかにその旨を書面にて通知しなければならない。
3　納品に関する費用は甲の負担とする。

【引渡しの期日・場所・方法】
　売買契約における売主の基本的義務は、いうまでもなく、買主に対し商品の占有を移転することですが、その際に重要な条件となるのは、商品の引渡し（納入）の「時期」「場所」「方法」です。
　もとより、商品は時期により値段に差異がありますし、のみならず、これらの条件は、当事者間における費用負担（倉庫料、運賃、保険料等）ないし後述の危険負担の配分や、買主による物品の検査義務・契約不適合等の通知義務の発生と結びついているのが通常だからです。
　上記例の第1項は、これらを個別契約で定めるとしていますが、実際に定めるにあたっては、以下の点に注意が必要です。
　引渡しの「時期」の定め方としては、期日（その日）を定める場合、期限（その日までに）を定める場合、期間（何日から何日まで）を定める場合等がありますが、例えば、売主が商品を持っていても買主側の倉庫が空いていないなどのトラブルを避けるため、期日を定めた上で、期日前の納入には買主の承諾を要するとすることもあります。

引渡しの「**方法**」としては、大別して①現物を買主に提供する方法、②現物を倉庫業者等に寄託したまま倉荷証券等を買主に提供する方法、③売主が発行する受寄者宛の荷渡指図書の交付を受けた買主が受寄者から現物を受け取る方法の3種類が考えられます。

引渡しの「**場所**」の定めは、「方法」について現物を買主に提供する方法を選択した場合に非常に重要な意味を持ちます。なぜなら、引渡しに至るまでの運賃、保険料、包装費用等は、契約に別段の定めがない限り、<u>弁済の費用（民法485条）として売主の負担となるところ</u>（上記例の第3項はそれを確認している規定です）<u>かかる費用は、何処を引渡しの場所とするかによって大きく金額が異なるからです</u>。そのため、商人同士の売買では、通常、「発駅貨車積渡し」「着駅オンレール渡し」「買主工場渡し」など、明示の合意がなされます。なお、合意がない場合は業界の商慣習に従い、それもない場合は、債権者の営業所又は住所が引渡しの場所となります（商法516条1項、民法484条後段）。

【納期遅延の場合の通知義務】

前記例の2項では、売主が約定どおりの履行ができない場合、買主の利益を保護する観点から、その旨通知することを定めています。なお、納入の遅延は、当然、債務の不履行ですので、損害賠償の対象となり、あるいは契約の解除の原因となり得ます。

【目的物の検査及び通知義務・瑕疵担保責任】

> 第4条（受入検査・契約不適合責任）
> 1　乙は、甲から本件製品を受け取った場合、遅滞なくあらかじめ定めた方法により受入検査を行わなければならない。
> 2　第1項の場合において、乙が本件製品に直ちに発見することができない、種類、品質又は数量に関して本契約の内容に適合しない状態があること（以下「契約不適合」という）を発見したときは、直ちに甲に対し書面をもってその旨の通知を発しなくてはならない。本件製品に契約不適合がある場合において、買主が6か月以内にその契約不適合を発見したときも、同様とする。
> 3　前項の通知があった場合、甲は、乙の指示に従い、自らの責任と負担により代替品との交換・修補・追加納入もしくは代金減額又はこれらに代え、もしくはこれらと共に乙が被った損害を賠償しなければならない。

> 4 乙が第2項の通知を怠った場合、本件製品に契約不適合の事実はなかったものとみなす。ただし、甲が契約不適合を知っていた場合にはその限りではない。
> 5 第1項の場合において、本件製品が受入検査に合格したとき、又は第3項の場合において、代替品との交換・修補若しくは追加納入が完了したときに、本件製品の引渡しが完了するものとする。

　商品が引き渡された後、その商品に何らかの欠陥ないし数量不足があった場合の売主の責任につき、現行民法は、欠陥を「瑕疵」と表現のうえ、瑕疵担保責任が規定されていました。この民法の瑕疵担保責任の一般原則によれば、買主は、瑕疵等の事実を知ったときから1年以内に契約解除、代金減額、損害賠償の請求をすることができるとされていました（現行民法563条ないし566、570条）。

　この現行民法で規定されている瑕疵担保責任は、改正民法によって、契約不適合責任に変更されました。この変更によって、大きく変わるのは以下の3点です。

　まず、現行民法の「瑕疵」の概念は多義的なものであり、具体的な売買取引で判明した商品の欠陥が「瑕疵」に該当するか必ずしも明らかでないため、そもそも欠陥が瑕疵にあたるか否かの紛争が生じることもありました。そこで、契約実務においては、契約の内容として「瑕疵」とは何かを具体的に定めることが行われていたため、契約実務に沿った「契約不適合」という概念が導入されたものです。

　次に、現行民法の瑕疵担保責任の効果は、損害賠償、代金減額請求および解除のみが認められていたところ、改正民法では目的物の修補、代替物の引渡し又は不足分の引渡し等の履行の追完請求権も認められることになりました（改正民法562条）。

　また、現行民法の瑕疵担保責任では、瑕疵の事実を知ってから1年以内という権利行使期間が規定されていたところ（現行民法570条、566条3項）、改正民法では、買主が契約不適合の事実を知ったときから1年以内にその旨を通知する義務があり、その義務を怠った場合には、履行の追完請求、減額請求、損害賠償及び解除ができなくなります（改正民法566条）。

　なお、事業者同士、すなわち商人間の売買においては、素人と違い契約不適合の事実を発見するのも容易ですし、迅速性も要求されます。そ

こで、商人間の売買で適用される商法では、民法の規定とは別に、買主が目的物（商品）を受け取った後遅滞なくそれを検査し、契約不適合の事実を発見した場合は直ちに、直ちに発見できない契約不適合の場合は発見から6か月以内に契約不適合の事実を売主に通知する義務が課され、その懈怠があると買主は救済を受ける権利を喪失することとされます（商法526条。なお、商法526条は、民法改正に伴う整備として、「瑕疵」を「契約不適合」に改めたうえで従来どおり存続します）。

上記の例は、かかる商法の規定に忠実に定められたものです。

【売主が義務を果たした場合の効果～所有権の移転・危険負担】

> 第5条（所有権の移転・危険負担）
> 1　本件製品の所有権は、前条第5項の引渡しが完了した時点において移転する。
> 2　前項の引渡し前に甲乙双方の責に帰すべき事由によらずして生じた本件製品の滅失、毀損、盗難、紛失等については、甲は危険を負担し、乙は本契約を解除できる。

売主が商品の引渡しという基本的義務を果たしたとして、それによりどのような効果が生じるのかについての定めも重要です。特に商品の「**所有権の移転時期**」、「**危険負担**」については、明確な定めが必要です。

【所有権の移転時期について】

本契約のようないわゆる不特定物（当事者が物の個性を問題とせず、種類、数量、品質等に着目している物）を目的物とする売買契約においては、別段の定めがない場合、原則として目的物が「特定」した時に所有権が移転します。しかし、「特定」に関する民法の規定（民法401条2項）は、極めて煩雑で（例えば、商品を買主に持参しなければならない場合には売主が商品を買主のところに持参したとき、買主が商品を取りに来る場合には売主が買主に引き渡す準備を整え商品を取り分けてその旨を買主に通知したとき、あるいは売主が買主に目的物を指定する権利を与えた場合には買主が上記権利に従い商品を指定したとき、各々「特定」が生じるとされます）、特定の有無自体当事者間で争いになることもあるため、「所有権の移転時期」について契約書上に明示されるのが通常です。

この点、上記例のように売主の引渡しと所有権の移転時期を一致させることが多いですが、引渡し後も代金を支払わなければ（契約の解除無しでも）売主が商品を取り戻すことができるようにするため、所有権の移転時期を代金の支払まで遅らせる場合もあります（所有権留保といいます）。売主か買主かの立場により違いが出てくるため、注意が必要です。

【危険負担について】

　「危険負担」とは、例えば、契約締結後、売主が買主に対して商品を搬送途中、天変地異等、売主及び買主双方の責任なくして商品が滅失した場合、買主は商品を受け取れないにもかかわらず、代金を支払う義務を負うのか、という問題です。

　この点、現行民法では、商品（目的物）が特定物であった場合及び目的物の特定（現行民法401条2項）後は、目的物引渡請求権の債権者である買主が危険を負担し、代金を支払う義務を負うものとされていました（現行民法534条。債権者主義）。

　しかし、この規定のとおりでは買主にとって不合理な結果となることから、実際の売買契約においては、現行民法534条とは異なる合意とされてきました。

　改正民法では、債権者主義を規定する現行民法534条が削除され、特定物や引き渡した後の特定後においても債務者主義すなわち上記事例において買主は代金を支払わずに済むことになりました（改正民法536条1項）。

　なお、新設された改正民法567条において、引渡し後に売主買主双方の責に帰すべき事由によらずして、商品が滅失、毀損、盗難、紛失したときについては、買主は、その滅失等を理由として、履行の追完の請求、代金の減額の請求、損害賠償の請求及び契約の解除をすることができず、また、代金の支払いを拒むことができないと規定されています。

> 第6条（代金支払）
> 1　乙は、本件製品代金を、毎月末締め翌々月末日限り、甲が別途指定する銀行口座に振り込む方法により支払う。
> 2　個別契約にて代金を外貨建てで定めた場合、乙は、個別契約締結日のＺ銀行のＴ.Ｔ.Ｍレートの終値により円換算した金額を支払う。
> 3　振込手数料は、乙の負担とする。

【対価の支払方法】

　売主の基本的義務が買主に対し商品の占有を移転することならば、買主の基本的義務は、いうまでもなく、売買代金を支払うことです。

　「代金額」については、約定の額がどこまでの範囲を含むのか（分割払いの場合、金利を含むのか、包装費用、運賃、保険料を含むか、振込手数料はどちらが負担するか等）、外貨建ての場合には使用通貨、為替の換算方法等を明確にする必要があります。

　事業者にとって最も重要なのは、代金支払の「時期」です。これについては、商品の引渡しと同時と推定する旨の規定もありますが（民法573条）、実際には、売主が引渡義務を先履行し、一定期間買主に対し信用を供与し、後払いとする形の契約が圧倒的に多くなっています。

　上記の例でも、支払時期については、「毎月末締め翌々月末日限り」と、買主は、締日から2か月後に代金を支払えば良いことになっています。商品代金の支払時期が遅いほど買主には有利ですが、売主からすれば、売掛金が計上されても実際に現金が入ってくるまでは運転資金が必要となりますので、キャッシュフローの観点からはできるだけ早い時期に現金を回収したいというのが本音でしょう。また、買主の企業体力に疑問がある場合にも、買主の倒産のリスクに備え、できるだけ回収の時期を早めたいところです。代金の支払時期は、そのようなバランスを前提として当事者間でよく協議して決めるべきでしょう。

　なお、製造委託等における下請事業者との契約の場合、下請法により、下請代金の支払時期を定めなかった場合は物品等の受領日が支払日となり、定める場合は物品等の受領日から60日以内という制限が課されることに注意が必要です（同法第2条の2）。

　支払の「場所」については、上記のような「甲が別途指定する銀行口

座に振り込んで支払う」との定めがない場合、買主は債権者である売主の住所に持参して支払うのが原則となります（民法484条後段）。

エ　契約の不履行について～契約の内容が履行されない場合の対処方法が明確に定められているか

　契約の目的・対象、当事者各々の基本的義務を履行する方法、基本的義務が履行された場合の効果を定めたとしても、実際の取引は、契約書のとおりにうまく行くとは限りません。そこで重要となるのは、契約の内容が履行されない場合の対処方法の定めです。この点、誰のせいでもない契約の不履行があった場合については、「危険負担」の定めがあります。問題は、契約の不履行が、どちらか一方当事者の責に帰すべき事由により生じた場合であり、ここで重要となってくるのは、「期限の利益の喪失」「解除」の条項です。

第7条（期限の利益喪失・契約解除）
　甲又は乙に、次にかかげる事由のいずれか一つにでも該当する事由が生じたときは、何らの催告なしに相手方に対するすべての債務について当然に期限の利益を喪失し、直ちにその債務を履行しなければならず、相手方は、本契約及び個別契約の全部又は一部を解除し、これによって被った損害の賠償を請求することができる。
(1)　本契約又は個別売買契約上の義務に違反した場合
(2)　支払停止又は支払不能に陥った場合
(3)　自ら振出し又は裏書した手形・小切手の不渡りを1回でも出した場合
(4)　差押、仮差押、仮処分、競売の申立て、公租公課の滞納処分その他の公権力の処分を受けた場合
(5)　破産手続開始、民事再生手続開始、会社更生手続開始若しくは特別清算開始の申立てを受け、若しくはなした場合又は特定調停の申立てをなした場合
(6)　解散、事業の全部又は重要な部分の譲渡決議をした場合
(7)　事業を廃止した場合
(8)　監督官庁より事業停止命令を受け、又は事業に必要な許認可の取消処分を受けた場合
(9)　その他前各号に準じる事由が生じた場合

【期限の利益の喪失について】

　金銭債務の債務者は約束の期限までに金銭を支払わなければならない義務がありますが、これは反面、約束の期限までは支払わなくてもよい、

ということを意味します。このような利益を「期限の利益」といいます。

前記のとおり、**売主が先に商品を引き渡す義務を履行して、買主の代金の支払いはその後となる場合、売主は買主の支払期限が到来するまでの間売主に対して信用を付与し、買主は支払債務につき期限の利益を得ている**ことになります。しかし、期限が到来するまでの間に買主の財産状況が悪化したような場合に、売主が代金を請求できないのであれば契約当事者間の公平を害することになるため、民法は、①債務者が破産手続開始の決定を受けたとき、②担保を滅失させ又は減少させたとき、③担保を供する義務を負う場合においてこれを供しないときには、債務者は期限の利益を主張できないこととしています（民法137条）。

しかし、売主の債権保全という観点では、この民法の規定だけでは不十分です。そこで、上記民法所定の①②③以外にも、例えば破産手続開始の「申立て」（「決定」ではない）、更生手続開始の申立てがなされる等、相手方の信用状況が悪化したと認められる事由を列挙し、これを期限の利益喪失事由として当事者間の約定で定めておくことが必要となります。

【契約解除について】

例えば、売主が商品の目的物を買主に引き渡したが、買主が代金を支払ってくれない場合、売主は、その買主をあきらめて他の買主を探すとともに、渡した商品を取り戻す必要があります。しかし、契約が続いていると、別の買主が見つかった後に、元の買主から「金が用意できたから商品をよこせ」といわれるなど、買主が債務不履行をしているのに売主は自分の義務から解放されず、商品も取り戻すことができず不都合です。そこで、相手方が債務不履行に陥った場合に、債権者を反対債務から開放するとともに債務者の遅れた履行を認めず、あるいは引き渡した目的物の取り戻しを認めることによって、債権者を保護するのが「解除」の制度です。民法においては、履行遅滞における解除（同法541条）、履行不能による解除（同法543条）といった債務者側の履行義務違反に応じて解除権を規定しています。

しかし、**上記法定の解除事由**だけでは、例えば、売主が商品を引き渡した後、代金支払期限はまだ2か月後だが、実際には現段階ですでに買主の事務所はもぬけの殻であり、代金を支払ってもらえないことが明ら

かな場合であっても、まだ買主の代金債務は不履行になっていないため解除できず、納入した商品が買主の他の債権者に持って行かれてしまうなど、**売主が予想外の不利益を受ける恐れがあります**。

そこで、期限の利益の喪失と同様、解除についても、法定解除事由以外に相手方の信用状況が悪化したと認められる事由を列挙し、これを解除事由として当事者間の約定で定めておくことが必要となります。

もっとも、約定解除については、場合によっては解除が制限される場合もあり得ます。特に、賃貸借契約などの継続的な契約の場合、解除事由が発生したことをもって催告なしに即時に解除できる旨を契約書に定めていても、解除権者の利益に比較して不履行債務者の被る損害が大きい場合には、信義則上、無催告解除やその特約が無効とされるとした裁判例がありますので注意が必要です。

オ 契約の終了について〜その契約は、いつまで当事者を拘束するか

> 第8条（契約期間）
> 1　本契約は、本契約締結の日から1年間効力を有する。
> 2　甲又は乙は、本契約の更新を希望しない場合、相手方に対して契約期間満了の日の3か月前までに、その旨を書面で通知しなければならない。かかる通知がない場合、本契約は自動的に1年間更新するものとし、以後も同様とする。

本契約のように一定期間にわたって関係が継続する契約においても、永久に取引をすることは普通は考えられず、場合によっては関係を解消し別の取引相手と取引をすることも商売上は良くあることです。

そこで、**本条1項のように契約期間を定めておく**のが通常です。

他方で、契約期間の満了により、契約関係は終了することとなりますが、その後も契約関係の継続を希望する場合に、いちいち更新の覚書を作成したり、契約書を作成し直したりするのは手間がかかります。そこで、契約関係が一定期間継続することが想定される場合には、本条2項後段のように自動更新条項を規定するのが一般的です。

なお、賃貸借契約や消費貸借契約のように、一定の期間の継続が契約の要素そのものとなっている契約については、期間の定めが極めて重要

になってきますので、これについては別途注意が必要です。

カ　裁判管轄について〜契約の内容に争いが生じた場合、何処の裁判所で争うことになるか

> 第9条（管轄）
> 　甲及び乙は、本契約に関する一切の紛争について、東京地方裁判所又は東京簡易裁判所をもって専属管轄とすることに合意する。

　ある事件が裁判になる場合、日本国内にある多数の裁判所のうち、どの裁判所で裁判を行うかを決めるのが、裁判管轄の問題です。通常は、法律で定められた管轄（「法定管轄」といいます）に従い、管轄裁判所が決まるのが原則です。もっとも、本件では、甲（A山太郎）は、北海道札幌市で事業を行っており、他方、乙（X株式会社）は、鹿児島県鹿児島市で事業を行っていますので、札幌で裁判が行われるのか、鹿児島で裁判が行われるのかは、両当事者にとって、重大な利害関係を有します。このケースの場合、法定管轄により、もし札幌で裁判が行われることになったら、X株式会社は、まさに日本を縦断して、弁護士を雇い、札幌での裁判期日に出頭し続けなければならないのです。

　もっとも、このような事態を防ぐため、当事者の合意により、法定管轄と異なる管轄裁判所を定めることができます（「合意管轄」といいます）。例えば、甲、乙ともに東京に支社・支店がある場合、東京の裁判所を合意管轄としておけば、当事者双方にとって利益となります。

　管轄に関する合意には、合意した裁判所のみを管轄裁判所とする専属的合意と、法定管轄に加えて管轄裁判所を定める付加的合意の2種類があります。いずれの合意なのか趣旨が明確になるよう、専属的合意をする場合には、「専属」の文字を明示するべきでしょう。

　もっとも、専属的管轄の合意がある場合でも、訴訟の著しい遅滞を避け、または当事者間の衡平を図るために必要がある場合等においては、他の裁判所に訴訟が移送されることがありますので注意が必要です（民事訴訟法17条から20条。特に、消費者訴訟のように、約款により専属的合意管轄を業者側に勝手に決められてしまっている場合、消費者保護の

ためにこのような移送がなされる場合があります)。

なお、**前記例では**、「東京地方裁判所又は東京簡易裁判所」と、「地方」裁判所以外に「簡易」裁判所についての管轄合意が定められています。これは、権利関係の存否を徹底的に争う「訴訟」手続以外に、話し合いを前提とする「調停」手続(簡易裁判所の専属管轄となります)を念頭に置いているものです。実務では、せっかく合意管轄の定めがあるのに、簡易裁判所の定めがない結果、調停について法定管轄によらなければならず、当事者が意図しない場所で調停を行わなければならなかったり、あるいは調停を諦めて最初から訴訟提起をしなければならないケースも見受けられます。紛争の解決は、徹底的に争うよりはまずは話し合いが大事ですので、簡易裁判所も管轄合意しておくのがベターです。

キ　その他〜上記以外に契約で特に定めておくべきことは何か

以上見てきた契約書の基本以外に、特に契約書に加えることが有用となるその他の条項として、いわゆる「秘密保持条項」「反社条項」「製造物責任条項」についても、簡単に紹介します。

【秘密保持条項】

> 第○○条（秘密保持）
> 1　甲及び乙は、本契約並びに個別売買契約に基づく事業又は取引の履行を通じて開示された相手方の情報について秘密を保持し、事前の書面による承諾なく、これらの情報を本契約の目的以外に使用し、又は第三者に開示しないものとする。
> 2　前項により甲及び乙に課された秘密保持義務は、以下の情報については適用されないものとする。
>   (1) 情報受領時に、公知となっている情報
>   (2) 情報受領時に、既に保有していた情報
>   (3) 情報受領後に、甲又は乙の契約違反、不作為、懈怠又は過失等によらずに公知となった情報
>   (4) 第三者から秘密保持義務を負うことなく合法的に取得した情報
> 3　本契約または個別売買契約が終了した場合、甲および乙は本契約または個別売買契約上得た相手方の秘密情報を相手方の指示に基づき返却もしくは廃棄し、以後使用しないものとする。
> 4　本条による秘密保持義務は、本契約終了後も存続するものとする。

相手方との契約関係の存続中あるいは終了した後においても、顧客に関する情報や原価等の製品に関する情報について相手方から第三者に伝わる可能性を排除するために、お互いに秘密保持義務を負うことが望ましいため、最近では、前記の例のような秘密保持条項が設けられることも多々あります。

　もっとも、秘密保持条項違反があった場合に違反者に対して損害賠償請求や差止請求を行うことは、違反事実や損害の立証が困難なことが多く、現実としては容易ではありません。そこで、秘密保持条項を契機として、秘密保持に対する社内の意識を高め、秘密の管理体制を整備していくことが重要となります。

【いわゆる反社条項】

第○条
1　甲又は乙は、相手方及びその代表者、責任者、実質的に経営権を有する者（以下、「相手方」という）が次の各号のいずれかに該当する場合、何らの催告を要せず、直ちに本契約の全部又は一部を解除することができる。
⑴　相手方、次のいずれかに該当したことが判明した場合
　　ア　暴力団
　　イ　暴力団員
　　ウ　暴力団準構成員
　　エ　暴力団関係企業
　　オ　総会屋等、社会運動等標ぼうゴロ又は特殊知能暴力団等
　　カ　その他前各号に準ずる者
⑵　相手方が自ら又は第三者を利用して次の各号に該当する行為をした場合
　　ア　暴力的な要求行為
　　イ　法的な責任を超えた不当な要求行為
　　ウ　取引に関して、脅迫的な言動をし、又は暴力を用いる行為
　　エ　風説を流布し、偽計を用い又は威力を用いて信用を毀損し、又は業務を妨害する行為
　　オ　その他前各号に準ずる行為
⑶　相手方が本契約締結時にした、前2号に該当しない旨の表明・確約に関して虚偽の申告をしたことが判明した場合。
2　甲又は乙は、前項の規定により、本契約を解除した場合には、相手方に損害が生じても何らこれを賠償ないし補償しないものとする。
3　第1項の規定により、解除を行った者に損害が生じたときは、相手方はその損害

>   を賠償するものとする。

「反社」とは、「反社会的勢力」の略語で、暴力団、総会屋などを広く包含します。

近年、地方公共団体が「暴力団排除条例」を制定し、事業者に一定の努力義務を課しています。例えば、東京都暴力団排除条例では、事業者の契約時における措置として、契約の相手方や関係者等が暴力団関係者でないことを確認するよう努めること（同18条１項）、契約を書面で締結する場合は契約の相手方等が暴力団関係者であることが判明した場合には事業者は催告することなく契約を解除することができる旨の特約を規定するよう努めること（同18条２項）等定めており、事業者に努力義務を課しています。

このため、近時の契約書面には、このような反社条項を設けることが必要となっています。

【製造物責任】

> **第○条（製造物責任）**
> 1　本件製品の設計上、製造上あるいは表示上の欠陥により乙、乙の従業員あるいは第三者に生命、身体もしくは財産上の損害が発生した場合には、甲は合理的な内容の弁護士費用を含めその損害を賠償しなければならない。
> 2　前項の場合において第三者からなんらかの請求や法的手続きが起こされた場合、甲は自己の費用と責任をもってこれを解決し、乙に一切迷惑をかけないものとする。乙が当該第三者に対し損害賠償をした場合は、それに要した手続費用を含め甲はすべてその償還に応じるものとする。
> 3　本件製品に第１項に定める欠陥が存在するおそれがあることが判明した場合、甲は、乙に直ちにその旨を通知し、リコールその他損害の拡大を防ぐ適切な手段を甲の費用と責任において行うものとする。

事業者間の継続的売買契約では、製造物責任法（PL法）を意識した規定が設けられることがあります。PL法を使えば、被害者である消費者は製造業者に直接製造物責任を追及できるのですが、実際にはクレームはまず購入した販売店等に行くのが通常で、やむなく販売店等が消費者にとりあえず解決金を支払うというケースも考えられます。そこで、

継続的売買契約においては、消費者が被害者となった場合に、事業者間の責任分担をどうするかについての定めが置かれることが多々あります。具体的には、上記の例のように、販売店等（買主）が被害者に賠償した場合にも、最終的には製造業者（売主）がすべての賠償を負うという規定が定められたり、損害拡大防止のために、リコールその他必要な一切の措置を取ることが定められます。場合によっては、製造物責任保険への加入を義務付ける条項が設けられることもあります。

(4) 継続的取引における契約の種類（基本契約と個別契約）

　これまで継続的売買に関する取引基本契約書を中心に説明していますが、実際の取引においては、取引先との関係では、この基本契約とは別に個々の受発注に関する金額や数量、納期などの具体的な合意があります。これを基本契約との関係で個別契約といいます。
　個別契約といっても、「(3)　イ契約の目的について」にありますように、基本契約の中で個別契約の内容が定められていることが一般的です。
　ただ、個別契約も取引先との重要な合意ですので、注文書や請書、注文のメールや出荷票といった注文・申込みの事実、承諾・受諾の事実を示す記録は個別契約として残しておく必要があります。
　基本契約は、取引先との関係を始める場合に締結する契約、個別契約は、取引開始後の個々の受発注に関する契約と覚えておいてください。

(5) まとめ〜契約書の重要性〜最終チェックは専門家に！

　以上、事業者において最も典型的な契約である継続的売買に関する取引基本契約書をモデルに、契約書作成のポイントを解説してきました。契約書は、インターネットや書籍などのひな形を流用し、とおりいっぺんの契約書を作るのでは足りず、自己に有利な契約書を作成するためには、実に様々な要素を考慮しなければならないことがお分かりいただけたかと存じます。そして、契約書は、今回紹介した売買のようないわゆる「移転型」の契約に限らず、賃貸借、消費貸借等の「利用型」の契約、雇用・請負・委任・寄託等の「役務型」の契約等、様々な類型があり、

その契約類型ごとにそのチェックポイントも異なります。このすべてを自己に有利なものにするのは本当に大変です。

　そこで頼りになるのが、法律の専門家である弁護士の存在です。弁護士はとかく敷居が高いと思われがちですが、それは昔のイメージで、この本を執筆している若手・中堅の弁護士は、日々、多くの中小企業の依頼により、契約書の作成・チェックを行っています。多くの裁判例を実際に処理した経験を持ち、契約書が実際に働く場面を想定し、事業者ごとの実情にあわせ、その事業者に最も有利な形、いわばオーダーメイドの形で契約書を作成できるのは弁護士だけです。複雑な契約書を締結しなければならない場合、その契約が事業者にとって非常に重要なものである場合は、是非弁護士の利用をお勧めします。

2 知的財産権を活用しよう

(1) 知的財産権とは何か

図4-1

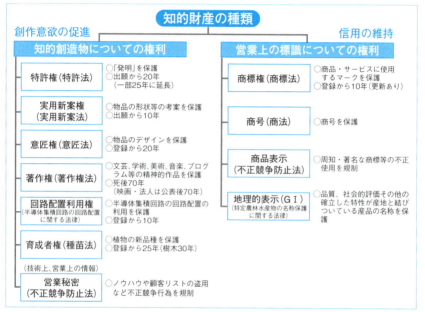

図4-2　（特許庁：平成30年度版知的財産権制度説明会（初心者向けテキスト）より一部改変のうえ引用）

（特許庁：平成30年度版知的財産権制度説明会（初心者向けテキスト）より一部改変のうえ引用）

ア　知的財産と知的財産権の種類

　知的財産とは「発明、考案、植物の新品種、意匠、著作物その他の人間の創造的活動により生み出されるもの（発見又は解明がされた自然の法則又は現象であって、産業上の利用可能性があるものを含む）、商標、商号その他事業活動に用いられる商品又は役務を表示するもの及び営業秘密その他の事業活動に有用な技術上又は営業上の情報」（知的財産基本法第2条1項）と言われますが、端的に言えば「財産の価値を有する情報」のことです。コンピューター技術、インターネット技術が進んだ今日では、製品の製造技術や芸術作品といった伝統的な知的財産のみならず、顧客リスト、ショッピングサイトでの購入品情報、インターネットでの検索履歴情報など多様な財産的価値を有する情報がありますが、それらのうちで一定のものについて法律が権利者に法的な保護を与えたものが知的財産権です。具体的には図4-1、図4-2のとおりであり、産業財産権と呼ばれることもある特許権、実用新案権、意匠権、商標権や芸術作品等に認められる著作権が代表的なものです。

イ　知的財産権を意識することの重要性
①　迅速な対応の重要性──特許権を例に

　事業家がビジネスを起こそうとするとき、自分が思いついた発明、他の人が気づいていなかった発想など、特定のアイディアを基礎とすることは少なくないと思います。このアイディアを利用して自分達が事業を行う上で、後から他者に自分のアイディアを真似されないこと、他者からクレームなどを受けることなく自由に利用できること、つまりアイディアを守ることが重要であることは明らかだと思いますが、アイディアを守るために活用できるのが知的財産権という権利なのです（なお、後述のとおり、著作権は「表現」したものに認められる権利でアイディア自体は直接的には著作権の保護の対象にはなりません）。アイディアが簡単には真似できない、属人的な能力を必要とするいわば職人芸である場合には、法的制度を使ってアイディアを守る必要性は相対的に下がるかもしれません。しかし、アイディアが他者に容易に真似をされうるものである場合には、いかにアイディアを守るかは事業の存続にも関わる重大な課題といえます。「ア　知的財産と知的財産の種類」で述べたと

おり、財産的価値のある情報やアイディアの全てについて知的財産権が認められるわけではありませんし、知的財産権の中でも登録が必要なものとそうでないものなどその法的枠組みに違いがあります。それゆえ、事業家としては、自分達のアイディアの保護の重要性を理解した上で、そのアイディアを守るためには知的財産権の法的枠組みにおいてどのようにするのが最善であるかを、弁護士や弁理士とも相談しながら、十分に検討し、打つべき手を迅速に打つことが求められます。

　例えば、ある新しい商品の発明を思いつき、それを生産・販売するために事業を起こそうと決意した事業家がいるとします。この事業家が自己の発明について特許権の取得手続（特許出願）をしないままでいる間に、たまたま他の企業がその事業家と同じ発明をして特許出願をしてしまうと、事業家は自分が発明したのにその発明を利用して自由に事業を行うことができないことになりかねません（ただし、他の企業の特許出願の前からこの発明を利用して事業をしている場合などには特許法第79条により一定の範囲でその発明を利用することが認められます）。特許法は発明順ではなく出願順に優先権を認める先願主義を取っているためです。

② **必要な知的財産権は１つとは限らない**

　事業家が自分の発明について特許出願しても、製品の根幹部分についての特許（「基本特許」と呼ばれたりします）その特許請求の範囲がカバーしていない具体的な利用方法や応用方法に関する技術についての特許（「周辺特許」と呼ばれることがあります）を他者が出願してしまい、結局は事業家が自分で発明した製品を作ることができなくなることがあります。例えば機械の駆動部分の発明についてのみ基本特許を取得したものの、駆動装置の固定方法やカバーの取り付け方法などについて特許出願をしないままでいたところ、他者が固定方法やカバーの取り付け方法に関わる周辺特許を取得してしまうと、事業家は自己が出願した１つの特許だけでは自由に最終的な製品を製造できなくなってしまいます。発明をしたから１つだけ特許出願をすれば足りるとは限らず、周辺特許まで考えてどのような内容の特許出願をすべきかを十分に検討することが重要です。

特許権だけでなく、適切なブランド名や商品名を確保することも事業運営上重要です。画期的な発明をして、その発明について特許出願をしたまではよかったものの、発明内容から最適と思われる商品名が既に他者によって商標登録されていたら、自ら発明したにもかかわらず希望する商品名で商品を自由に販売することができなくなってしまいます。このように、知的財産権は1つのカテゴリーで足りるとは限らず、1つの知的財産権の取得から、それに関連して事業運営上必要となるであろう知的財産権がないか、あるならばどのようにそれを守るべきかまで検討することが求められます。

③ 知的財産権にかかる契約の注意点

自分達の発明、アイディアだけではなく他者の知的財産権も利用して事業展開をすることがあります。このような場合には、知的財産権を有する他者との間でいわゆるライセンス契約を締結して必要な知的財産権を適法に利用できる状態にすることになりますが、知的財産権は目に見えないものであり、「利用料」を支払うという点で類似する不動産の賃貸借契約などとはかなり違う性格を持つ契約類型であることに留意する必要があります。例えば、著作権を有していると言っている他者が本当にその著作権を有しているのか、せっかくライセンス契約を締結したのに第三者からその利用の差止めや損害賠償請求を受けるリスクはないのかといったことが問題になり得ます。知的財産権の性質、ライセンスを受ける目的などに留意して契約の条項を考える必要があり、知的財産権が関わる契約には様々な法的な問題が生じうるため、特に事業への影響が大きい契約や、業界で一般的といえるものではない内容の契約を締結しようとする場合には、弁護士に相談するなどして、慎重に対応したほうがよいでしょう。

④ あえて営業秘密にするという判断も

優れた発明やアイディアを保護するためには、どんな場合でも特許などを出願して自己の立場を守ろうとすることが最善の方策というわけではありません。特許出願を行うと出願から1年半後には発明内容が公開されます（特許法第64条）。誰も思いついたことのない独創的であるも

図4-3 特許権を取るための手続

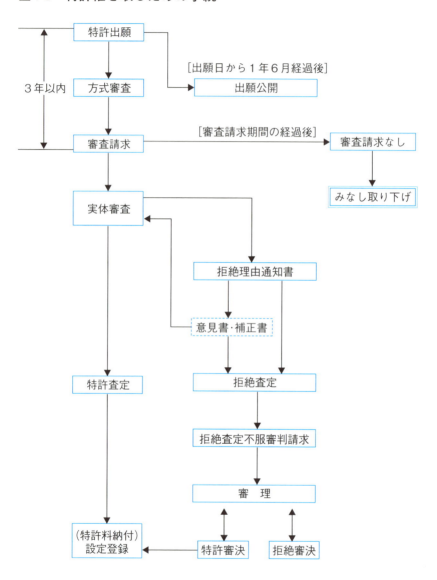

のの特別な技術は不要でやり方さえわかれば簡単に真似されかねない発明をした場合、この発明を守ろうとして特許出願をしたものの最終的に設定登録まで至らなかった場合には発明内容を公開しただけになってしまいます。特許権として設定登録された場合でも、その特許権は出願のときから原則として20年間有効ですが（特許法第67条）、この20年間の有効期限が切れると、だれでも真似できる発明であればすぐに競争相手が出現することにもなりかねません。さらに、出願公開により発明の内容が世の中に明らかになるので、出願公開を機に周辺特許が他者により押さえられてしまい、せっかく独創的な発明をして特許権の設定登録がされたにもかかわらず、その発明を利用して自由に事業展開をすることが困難になる場合もありえます。独創的な発明でそのやり方、発想を第三者がなかなか思いつきそうもないものであれば、あえて特許出願をしないという戦略もありえます。ケンタッキーフライドチキンのスパイス配合やコカコーラの成分について特許出願がされておらず、当該企業の秘伝のノウハウとして活用されている例からもわかるように、事業規模の大小にかかわらず特許などを出願しての保護を目指すべきか、営業秘密・ノウハウとしての保護を目指すべきか、自分達の知的財産に対する戦略を十分に考えることが大切でしょう。

ウ　特許

特許権は、自然法則を利用した技術的思想の創作のうち高度なものについて、それを独占的排他的に利用することができる権利です。特許権は特許権者が「業として特許発明の実施をする権利を専有する」ものと法律上定められています（特許法第68条）。この特許権の実際上の効力は特許権者以外の者がその発明を利用することを排除する（勝手に利用させない）というものです。具体的な権利行使方法としては、特許の対象となっている発明を勝手に利用している者に対して、利用の差止めや損害賠償を請求することができます。他者の知的財産の利用を排除するというのが著作権など特許権以外の知的財産権を含めた知的財産権の基本的な効力だといってよいでしょう。特許権は、図4-3のように、出願から1年半後の出願公開を経て、実体審査、特許査定がなされた上で設定登録がなされます。

エ　実用新案

　特許は「技術的思想」の創作について認められるものですが、同様に技術的思想について認められる知的財産権として実用新案権があります。実用新案権は自然法則を利用した技術的思想の創作に対して認められる権利です。両者の関係ですが、特許権は発明のうちで「高度なもの」（特許法第2条1項）に認められるものであり、発明と呼べるくらいの高度な技術的思想の創作は特許権で、発明には至らない技術的思想の創作は実用新案権として保護を受けることができるという関係にあります。

　特許権と実用新案権は「高度なもの」かどうかという点のみならず、申請・登録手続も大きく異なります。特許権とは異なり実用新案権は内容の審査や査定なくして登録されるので、特許権の設定登録が出願から少なくとも1年半以上の期間を要するのに対し、実用新案権は出願から数か月程度で設定登録にまで至ることが多いようです。また、特許権は出願から20年間有効ですが、実用新案権は出願から10年間とより短い期間しか効力が認められません。実用新案権は設定登録までに内容の審査がなされないことから、実用新案権者が他者に対して差止めや損害賠償の請求をするには、特許庁長官に対して請求して審査官が作成した実用新案に関する技術的な評価書面である実用新案技術評価書（実用新案法第12条）を提示して警告することが必要とされています（実用新案法第29条の2）。

　このように、実用新案権は特許権より効力が弱いと言えますが、内容について審査無しで設定登録がされる点で特許権よりも手軽に出願できますし、実用新案の出願から3年以内であれば、同じ考案について特許出願をすることができ、その場合は実用新案出願時に特許出願があったものと扱われます（特許法第46条の2）。特許出願をするには準備が大変だができるだけ早く権利の保護をしておきたいという場合に、まずは実用新案出願をして、それから特許出願を行うという方策も考えられます。

オ　意匠

　特許権や実用新案権が発明や考案を保護するものであったのに対し、意匠権はデザインを保護するものです。

意匠は、物品の形や模様、色、さらにそれらの組み合わせで、視覚を通じて美感を起こさせるもののことですが、端的に言えば、形ある物としての製品のデザインのことです。
　意匠権の登録が認められるためには、既に知られている意匠や他人が容易に創作できる意匠ではないことや、意匠が「工業上利用できる」ものであることなど一定の要件をクリアすることが必要です（意匠法第3条）。このように意匠権には登録拒絶事由があることから、意匠登録出願がなされると審査官が実体審査を行った上で、登録拒絶事由がなければ意匠登録がなされます（意匠法第18条）。意匠権は設定登録から20年間有効です（意匠法第21条）。

カ　商標

　商標は、自己の商品や役務（サービス）を他者の商品・サービスと識別するための標識として、その商品やサービスについて使用される標識であり、商品名やトレードマークなどのことです。一時期話題になった北海道のお土産として有名なお菓子の商品名「白い恋人」と大阪などで販売された白い恋人と似たお菓子の商品名「面白い恋人」の、「白い恋人」、「面白い恋人」が商標にあたります。商品名のような文字情報だけでなく、図・マークとしての商標もあります。クロネコヤマトの宅急便（ヤマト運輸）の親子の黒猫のマークや、カンガルー便の西濃運輸のカンガルーの親子の図形（マーク）も商標です。商標権登録が認められる商標としては文字や図形のほか、ケンタッキーフライドチキンのカーネル・サンダースの模型（立体的形状）のような立体商標もありますし、エステーのCMでひよこが飛び出し、一度跳ね、ほぼ同時にスローガンが表示されるような文字や図形等が時間の経過に伴って変化する動き商標、三井住友プレミアムカードに付されているホログラムのようなホログラム商標、セブン-イレブン・ジャパンの看板になどに用いられている色彩など色彩のみからなる商標、大幸薬品のCMで流れるラッパのメロディー（音）のような音商標、エドウインのタグの位置のように標章を商品等に付す位置が特定される位置商標などもあります。
　商標権は自己の業務に係る「商品又は役務」について使用をする商標について認められるものであり、同じ名前でも対象とする商品やサービ

スが違えば違う商標権の登録がありえます。

　商標登録には産地名のみをつかった商標、ありふれた名称の商標などいくつかの認められない要件があるため、商標登録出願をすると登録が認められない理由（商標法第3条など）や既に登録されている商標との類似性（商標法第8条）がないかといった商標登録出願の拒絶事由がないか審査がなされ、拒絶事由が見当たらない場合には原則として出願日から1年半以内に商標登録がなされます（商標法第16条、商標法施行令第3条）。商標権は商標登録がなされると設定登録から10年間効力が認められ（商標法第19条）、商標登録の対象となった商品・サービスについて他人が同じ商標を使用することを排除できますが、同じ商品・サービスだけでなく、類似の商品・サービスにも商標権の効力が及びますし、類似の商標にもその効力が及びます（商標法第37条）。そのため、自分達が考えついた商品名やトレードマークなどの商標について、自分達と類似した事業を行う他者が似たような商標を既に商標登録している場合は、自分達の商標を自由に使用することができないことになります。「ｉ」の名前がつく電化製品、コンピューター製品を見たらAppleの製品ではないかと想像するように、今日における商標の重要性はあえて強調するまでもないでしょう。自分達の事業を行う上でどのようなコンセプトの商標が良いかは事業立ち上げの早い段階から検討されることが望まれます。具体的な商標は最終プロダクトの完成間近の段階に決定されることが少なくないかもしれませんが、今日では社名をつかった商品・サービス名、ブランド展開が見られるように、最終プロダクトの完成まで至らない早期の段階で自社のマーケティング戦略のために必要な商標登録を検討したほうがよい場合もあります。例えば、グーグル（Google）が展開・提供するGoogle mapやGoogle Calendarのお世話になっている方は少なくないと思いますが、このように社名（この例では「Google」）をつけた商標展開を行う戦略を持っている場合には早い段階から社名を商標登録しておくほうがよいはずです。商品・サービス開発の最終段階で思いついた商標が既に商標登録されている他者の商標と類似する可能性があると判明したのではプロダクトのマーケティング計画に多大な影響が及びかねません。上記のとおり、他者の商標権は「類似する」商品・サービスと商標にまでその効力が及んでいますので、プロダクトと自社

を容易に認識してもらえるように熟考した商標のコンセプトが他者の商標権に抵触することにならないように、早い段階から専門家のアドバイスも活用しつつ商標の検討を開始すべきでしょう。

キ　著作権

　著作権は思想又は感情を創作的に表現した文芸や又は音楽などを創作した者に認められるその創作物（著作権法第2条1項1号の「著作物」）に関する権利であり、著作物を他者に勝手に利用させないという財産権としての著作権のほか、著作物についてその意に反して改変を受けない権利である同一性保持権（著作権法第20条）などの著作者固有の権利として認められる著作者人格権、レコード製作者や放送事業者などに認められる著作隣接権があります。さらに、既存の著作物をベースに新たな創作性を加えた二次的著作物（著作権法第2条1項11号）にも著作権が認められます。財産権としての著作権は、いわば権利の束であり、その中には複製権や上映権、頒布権、譲渡権、貸与権など様々な権利があって、各権利毎に著作権者が処分できます。著作者人格権は譲渡できない権利とされており、財産権としての著作権が譲渡されたとしても著作者人格権は著作者の手元に残ったままです。

　特許権、実用新案権、意匠権、商標権と比較した著作権の特徴の1つは、出願や登録といった権利取得のための手続がないことです。著作物を創った著作者が何の手続もなくして著作権を取得します。また、著作権は特許権などと違い、ある著作者が著作物を創作した後に、それと同じあるいは類似した著作物を他者が独自に創作した場合には前の著作物に関する著作権の効力は後の著作物には及びません。たまたま似てしまうのはセーフですが真似することはアウトということです。

　著作権は著作物という表現に対して認められる権利であり、アイディア自体には著作権は認められません。それゆえ、同じアイディアを別の形で表現することは著作権により禁止されるものではありません。また、著作物は創作的に表現したものですので、実用的な面のみで創作的とはいえない作品は著作権が認められる著作物ではないと判断されることがあります（版画をできるだけ忠実に再現しようとして版画を撮影した写真について、独自に何かを付け加えるというものではないから著作物で

はないと判断された裁判例があります（東京地判平成10年11月30日判例タイムズ994号258頁））。ただし、コンピュータープログラムは著作物とされ（著作権法第2条1項10号の2、第10条1項9号）、著作権が認められます。

著作権は原則として著作者の死後70年間その効力が認められます（著作権法第51条）。

著作権はコンピュータープログラムの開発業務やエンターテイメント業界などで非常に重要な知的財産権ですが、特許権などと違い登録なくして生まれる権利であり、財産的な著作権の内容は多岐にわたりかつそれらが別々に処分できるという特色があります。それゆえ、ライセンス契約やソフトウェア開発、業務委託契約など著作権に関する契約を締結する際には、著作者が誰で当該著作権の現在の著作権者が誰であるか、著作権人格権についてどのように対処するかなど著作権特有の考慮が必要になります。

ク　ドメインネーム

事業家がインターネット上のホームページ（HP）を活用することは今では一般的ですが、HPのアドレスのうち「〇〇.com」や「〇〇.co.jp」といった部分がドメインネームです。

潜在的な顧客の記憶に残りやすいドメインネーム、自社の商品・サービスとの結びつきがわかりやすいドメインネームがビジネス上の価値を持つことは容易に想像できるところですが、ドメインネームの登録は原則として実質的な審査なく先着順でできることになっているため、ビジネス上価値がありそうなドメインネームを自己のビジネスとは無関係に登録して、後でそれを必要とする者に高く売りつけようとする行為がなされてきました。

そこで、不正競争防止法が改正され、不正の利益を得る目的や他人に損害を加える目的で他人の特定商品等表示と同一もしくは類似のドメインネームを取得し、保有し、使用する行為が不正競争とされ、それらの行為に対して差止請求や損害賠償請求が可能となりました（不正競争防止法第2条1項12号、3条、4条）。

ドメインネームの考案・登録の際は、この規制に抵触しないように留

意することが必要です。

ケ　営業秘密の保護

　特許権や実用新案権は自然法則を利用した技術的思想であり、事業運営上有効な財産的価値のある情報ではあるが「自然法則を利用した技術的思想」に当てはまらないノウハウは特許法や実用新案法で保護されません。著作権は思想又は感情を創作的に表現した著作物に認められるものですので、事業運営上のノウハウの多くは著作物には該当しないでしょう。顧客リストが非常に重要な価値を持つ業界もあると思いますが、顧客リストもそれ自体は事実の集合体であり著作物や自然法則を利用した技術的思想でもありません（ただし、情報の選択や体系的な構成によって創作性を有するといえるデータベースは著作権の対象となります（著作権法第12条の２））。このように、特許権や著作権では保護されないものの、事業運営上その情報が外部に広まることのないように対策をとるべき重要な情報は存在します。これらの情報を保護する法的枠組みの１つとして不正競争防止法による営業秘密の保護があります。不正競争防止法では、秘密として管理されている情報で、事業活動に有用な情報であり、公然と知られていないものについて営業秘密として保護されます（不正競争防止法第２条６項）。秘密として管理されていることが要件として求められますので、事業運営上有益な情報、ノウハウについてはその管理体制を整備しておくことが大切です。

コ　顧客などから提供される情報の適切な取扱い

　インターネットの発達により、事業者が顧客から著作権等の知的財産権を含む情報を取得する機会が増えました。これらの情報は事業者にとって重要な財産的価値を有する場合があります。このような顧客などの外部から与えられた情報を活用するためには、その知的財産権の処理を利用規約等の形で適切に定めておくことが重要です。また、それらの情報にはしばしば個人情報が含まれるため、個人情報の取扱規定（プライバシーポリシー）を定めておく必要があることにも留意してください（個人情報の取扱いについて**本章5**を参照）。

　参考までに、顧客から取得する情報にかかる知的財産権の取扱いに関

する利用規約の例をあげておきます。

> 第●条　投稿情報に関する権利
> 　本サービスを利用して情報を投稿するユーザーは、弊社に対し、当該投稿された情報が第三者の権利を侵害していないことを保証するものとします。万一、第三者との間で何らかの紛争が発生した場合には、当該ユーザーの費用と責任において問題を解決するとともに、弊社に何等の損害を与えないものとします。
>
> 第●条　投稿情報の使用許諾等
> 1　本サービスを利用して投稿された情報の権利（著作権および著作者人格権等の周辺権利）は、創作したユーザーに帰属します。
> 2　弊社は、ユーザーが投稿する情報を、本サービスの円滑な提供、弊社システムの構築、改良、メンテナンスに必要な範囲内で、使用することができるものとします。
> 3　弊社が前項に定める形で情報を使用するにあたっては、情報の一部又は氏名表示を省略することができるものとします。

サ　知的財産権に対するスタンス

　自分達のアイディアを保護・活用するためのツールとして知的財産権の活用が考えられることを述べてきましたが、出願を必要とする知的財産権についてはどのようなスタンスの出願にすべきかを出願時に考えることは有益です。例えば、商標登録であれば、将来の事業拡大を念頭に幅広い商品・サービスを対象に指定して商標を登録するというスタンスと、登録費用や維持費用のことも考えて直近で行う予定の事業に関する商品・サービスに指定対象を絞って商標を登録するというスタンスが考えられます。このように権利化に対するスタンスを出願前に検討しておくことが望ましいということです。

(2)　自社で開発した知的財産権を活用する場合

ア　職務著作と職務発明

　起業家が自分達のやりたいことや社会的使命に燃えて仲間とともに会

社を設立して役に立つアイディアの発明、創作活動に打ち込み、事業的価値の高い特許権の対象となるような発明や著作権の対象となる著作物の創作に成功したとします。このような場合に特許権や著作権は誰のものになるのかと言うと、会社の役員や従業員によって創作がなされた職務著作と発明がなされた職務発明とでは取扱いが大きく異なります。

　職務著作、すなわち職務上作成する著作物にかかる著作権については、最初から会社が著作者になり（著作権法第15条）、著作権も最初から会社に帰属します。ところが、職務発明については原則として従業員個人が発明者とされていて、会社が特許出願したり会社に特許権を帰属させたりするためには、あらかじめ雇用契約・就業規則などで職務発明について「特許を受ける権利を会社に取得させる」「特許権を発明者である従業員から会社に承継させる」といったことを定めておく必要があります。そうでなければ、発明後に発明者である従業員と個別に合意して職務発明に関する権利を譲り渡してもらうほかありませんが、この場合はその従業員が合意を拒否すると会社は特許出願したり会社に特許権を帰属させたりすることができなくなってしまいます。

イ　職務発明の相当の利益

　会社が職務発明に関する権利を最初から取得したり従業員から承継したりする場合には、会社は発明者である従業員に対して「相当の利益」を与えなければなりません（特許法第35条4項）。この相当の利益（当時は「相当の対価」と規定）については青色LED事件の第1審判決（東京地判平成16年1月30日判例時報1852号36頁）で600億円と認定されたことは大きな話題になりましたから、ご存知の方も多いかもしれません。

　この相当の利益の内容についても、職務発明ごとに発明者である従業員と個別の合意をして決めることができるほか、あらかじめ雇用契約・就業規則などで決定基準を定めておくこともできます。ただし、このような合意や基準があったとしてもそれらに従って相当の利益を与えることが不合理であってはならないとされており、不合理であるかどうかの判断では手続が適正であるかどうかが重視されます。具体的には、相当な利益の決定基準を策定する際の協議状況・その基準の開示状況・相当な利益の内容の決定にあたっての意見聴取の状況などの手続の状況を踏

まえて、相当の利益を与えることが不合理かどうかが判断されます。不合理と判断されないようにするためには、経済産業大臣が定める職務発明ガイドラインに則って基準策定に関する協議・基準の開示・意見の聴取などの手続を行うべきでしょう。職務発明ガイドラインには、これらの協議・開示・意見聴取のポイントに加え、基準の改定の手続や新入社員に対する手続のポイントなども示されています。

　個別の合意あるいは雇用契約・就業規則などに従って相当の利益を与えることが不合理であるような場合やそもそも相当の利益について定められていなかった場合には、発明で会社の受ける利益や発明者である従業員の発明への貢献度などの様々な事情をもとに相当の利益の内容が決められることになります。しかし、これらの事情は推定・評価の幅が非常に大きく、会社にとっては想定外の高額な支払いを求められるリスクになります。「ア　職務著作と職務発明」で述べたようにあらかじめ雇用契約・就業規則などで職務発明について定めておかなければ従業員の意向次第では会社は特許出願したり会社に特許権を帰属させたりすることができなくことも加味すると、職務発明に関する制度を雇用契約や社内規則（就業規則など）で定めておくことは重要です。

(3) 経営者個人の知的財産権を会社で活用する場合

ア　前職での職務発明の該当性

　経営者が前職在任中に前職の職場の業務範囲に属する発明をした場合は、前職での職務発明にあたる可能性があるため注意が必要です。また、経営者が前職退職後に発明を完成し前職での職務発明に該当しない場合でも、経営者が競業避止義務や秘密保持義務をおって退職したにもかかわらず前職において入手した機密情報などを利用した場合には、前職の会社から損害賠償請求などを受ける可能性があります。経営者の前職の職場における業務内容に関連する発明である場合には前職との関係に注意したほうがよいでしょう。

　また、経営者が他の共同研究者と共同で発明を成し遂げた場合には発明者全員が共同発明者となって、共同発明者全員でなければ特許出願をできなくなるので、共同発明者の有無にも留意したほうがよいでしょう

(特許法第38条)。

イ　会社への知的財産権の移転

　経営者個人の発明について会社設立前に特許出願していた場合のように経営者個人が知的財産権の権利者である場合には、経営者個人から会社に知的財産権を移転しておくことが望ましいといえます。知的財産権の権利者を経営者個人としたままで、会社がライセンスを受けるだけに留めておくということも考えられなくないですが、その知的財産権が会社の事業において重要なものであればあるほど、会社自身が知的財産権の権利者となるほうが望ましいでしょう。会社がライセンスを受けるだけでは、経営戦略としてその知的財産権を譲渡する、他社とクロスライセンス契約を締結するといった知的財産権の活用がスムーズにできず、会社経営の自由度が下がるからです。

　会社に知的財産権を移転する方法としては、会社設立後に通常の譲渡手続によって移転する方法のほか、会社設立時に知的財産権の現物出資を行うという方法も考えられます（現物出資については第4章 4 も参照）。知的財産権の移転により経営者個人に所得税がかかることがあるので、この点についても注意が必要です。

(4)　第三者の知的財産権を会社で活用する場合

ア　ライセンス契約の締結

　第三者が有する知的財産権を活用するためには、当該知的財産権を取得（購入）することのほかに、権利者からライセンスを受ける方法があります。(1)イ③で述べたとおり、ライセンス契約には知的財産権を対象とするがゆえの特色があるため、それらをよく検討してライセンス契約の交渉、締結を進める必要があります。

　例えば、ライセンスの対象となる知的財産権の利用について第三者から差止めや損害賠償の請求を受けた場合の対応として、

> 第●条　甲（注：ライセンスを受ける側（「ライセンシー」と呼ばれます））が本件特許権の実施に関し第三者から著作権、特許権その他の知的財産

> 権の侵害の申立を受けた場合、乙（注：ライセンスを出す側（「ライセンサー」と呼ばれます））はかかる申立によって甲が支払うべきとされた損害賠償額及び合理的な弁護士費用を負担するものとする。但し、第三者からの申立が甲の帰責事由による場合にはこの限りではなく、乙は一切責任を負わないものとする。
> 2.　甲は、本契約に従った甲による本件特許権の実施に関して第三者から知的財産権の侵害の申立を受けた場合、すみやかに書面でその旨を乙に通知するものとし、乙は、甲の要請に応じて甲の防御のために必要な援助を行うものとする。

などの定めを予め置くことが考えられます。

また、ライセンスを受けると決めた以上はライセンシーがライセンサーの知的財産権の有効性を争わないことを合意する不争条項を置く場合もあります。例えば、次のような規定が考えられます。

> 第●条　甲は、乙が本件特許権の有効性を直接に又は間接に争ったときは、本契約を直ちに解除することができる。

その知的財産権特有の性質をふまえた条項もしばしば見受けられます。例えば著作権にかかる契約では次のような著作者人格権の不行使条項が置かれます。

> 第●条　乙は、甲が本件著作物について、本契約に基づく使用をする場合は、当該使用に対して著作者人格権を主張しない。

イ　新たに発生する知的財産権に関する取り決め

ライセンスの対象となった知的財産権を改良するなどして新たな発明や創作を行った場合に発生する知的財産権を誰のものとするか、その知的財産権の出願手続をどうするか等は忘れずに規定しておく必要があります。著作権であれば出願等無くして権利が成立し、職務著作であれば最初から会社が著作者となる一方、特許権では出願手続が必要であり、

職務発明では原則として発明した従業員が権利者となるなど、対象となる知的財産権の種類によっても規定の仕方が変わります。サンプルを2点あげます。

> 第●条
> 1．乙は、乙の従業員が本特許等に関連する発明を独自に行い、当該発明に係る特許出願を行おうとするときは、事前に当該発明を独自に行ったことについて速やかに甲に通知するものとする。
> 2．乙の従業員が甲の従業員との間で本特許等に関連する発明を共同して行い、当該発明に係る特許出願を行おうとするときは、甲及び乙との間で協議して出願名義人および費用の負担について決定するものとする。
> 3．前項の規定により共同出願した発明の実施等に関する取り扱いについては、別途協議の上定めるものとする。

> 第●条
> 1．乙は、本発明を改良し、又は本発明を基にして新規の発明又は考案をした場合は、速やかに甲に通知するものとする。
> 2．前項の発明又は考案の権利の帰属、並びにその取扱いについては、甲乙協議してこれを定めるものとする。

(5) 他者から知的財産権の利用差止めや損害賠償請求をうけないために

自分達のアイディアを如何に知的財産権を活用して保護するかという観点から知的財産権の活用方法や留意点を述べてきましたが、他社から知的財産権を活用した「攻撃」を受けるリスクについても検討しておくことが必要です。例えば、商標登録出願や特許出願の前に他者の商標権や特許権を侵害する可能性がないかどうかの検討作業（「クリアランス」などと呼ばれます）を十分に行うといったことです。今日では外国人（外国法人）から日本人（日本法人）に対して特許権侵害の請求がなされる

ことはめずらしくなく、そのような請求をされて外国での訴訟に巻き込まれた場合、最終的に自社による権利侵害が認められなかったとしても、訴訟対応のために大きなコストの負担を強いられる可能性があります。従来から、パテント・トロールと呼ばれる、特許権を保有し、その権利行使によって、大企業などからライセンス料や損害賠償金を獲得しようとする組織や個人の存在が問題となっていましたが、最近では多くの特許を利用する大企業のみならず、スマートフォンビジネスなど新興事業にかかわる中小企業もターゲットにされているという話もあります。これからは中小企業といえども知的財産権のクリアランスは必要、とりわけ技術への依存度が高い事業を展開しようとする場合にはパテントクリアランスは避けて通れないと言えるかもしれません。

3 広告の利用

(1) 広告活動

　さて、ビジネスプランを練り、契約書も取り交わしました。

　ようやく事業がスタートするわけですが、事業を軌道に乗せていこうとする場合、特に小売業のような、一般消費者を対象とする事業では、広告が非常に重要です。

　費用もかかるものですから、最大限に効率よく、他社との違いを際立たせて、消費者の目を引きたい、と思うのは誰しも同様です。

　しかし、自社の製品・サービスについてのものだからといって、どんな内容の広告でも許されるというわけではありません。多くの人の目に触れる広告は、多くの人に影響を与えるので、様々な規制がおかれています。

　また、広告という表現は、それ自体が著作物（本章2(1)「知的財産権とは何か」参照）に当たりますので、知的財産権の権利関係にも気をつけておかなくてはなりません。

　ここでは、広告の内容に関する規制と、広告の著作権に関する注意点を見ていきましょう。通信販売は、特にトラブルの生じやすい事業形態ですので、特定商取引法による規制について触れます。

(2) 広告内容に関する規制

　広告は、事業者にとっては、多数の消費者に自社の商品・サービスを知らせ、印象付けて、購入してもらううえで必要な営業手段ですが、消費者にとっても、商品・サービスの内容や特徴を理解し、商品・サービスの選択をするために必要な情報源です。広告の内容を参考にして商品・サービスを購入した結果、購入した目的を達成できなかったり、被害を被ったりすることがあると、広告主である事業者の評判を落とす結果となります。

　広告内容に関する規制は、直接的には消費者を保護するものですが、規制を守った広告活動をすることは、結果として事業者の評判を傷つけないことにも繋がるといえるでしょう。

ア　一般的な規制

　広告によって、誰かの名誉を毀損したり、プライバシーを侵害したりすることは、当然のことながら、許されません。

　それ以外の一般的な規制としては、不当表示の禁止があります。広告に関する規制は、「広告法」のような、広告について規制を定めた包括的な法律が存在しません。その代わり、広告の内容である表示そのものについて規制を設け、サービスの受け手、商品の買い手が誤解するような不適切なものについて規制をすることによって、適正な広告活動が図られるようにしています。こうした不適切な表示を、不当表示と呼びます。

　不当表示の禁止を一般的に定めているのは、独占禁止法（独禁法）の「不公正な取引方法」の禁止（独禁法19条）や、景品表示法の「不当な表示の禁止」（景品表示法4条）になります。

イ　独禁法による規制

　独禁法による「不公正な取引方法」には、様々なものがありますが、この中で、広告に関係する行為として、「不当顧客誘引行為」が挙げられています。

　これは、具体的には、商品の内容や取引条件について、実際のものや

競争者のものよりも、著しく優良・有利であると顧客に誤認させることによって、顧客を獲得しようとする行為（一般指定8項、ぎまん的顧客誘引）と、正常な商習慣に照らして不当な利益を提供することにより、顧客を獲得しようとする行為（同9項、不当な利益による顧客誘引）とがあります。

独禁法のこれらの定めを受けて、景品表示法は、より詳細に不当表示に関する定めを置きました。

ウ　景品表示法による規制

景品表示法の定める不当表示の類型としては、大きく分けて4つのものがあります。

① 商品の内容に関する不当表示
② 取引条件に関する不当表示
③ おとり広告
④ 比較広告

ここでいう表示とは、新聞や雑誌、テレビ媒体の広告だけにとどまらず、商品の容器や包装によるものや、パンフレット、チラシ、見本品、看板やインターネット上の広告など、幅広く商品についての情報をあらわすものを含みます。

①にあたるものとして、原材料の大部分が外国産の豚肉であり、国産の豚肉はごく一部であったにもかかわらず、「国産豚使用」と表示して販売する行為（平成14.10.25排除命令）や、実際にはリサイクル原料を使っていないにもかかわらず、使っているかのように「省エネ」などの表示をして販売することや、痩せる効果がないことが学問上明らかになっている食品について、痩身効果があるかのように表示することが挙げられます。

②にあたるものとしては、二重価格を表示した販売（実売価格とともに比較対照価格を併記して表示するもの）や割賦販売の表示が問題になることがほとんどですが、過大包装や、景品提供についての不当表示もあります。

例えば、二重価格を表示して販売をする際に、存在しない「メーカー希望小売価格」を比較対照価格として記載して、とても安いと誤認さ

るとか、性能の異なる商品・サービスの価格を比較対照価格として記載することが、不当表示となります。

●二重価格表示
実際には10,000円で売った実績はない
通常価格 10,000円
販売価格 5,000円
二重価格表示に当たる

　③は、実際には、販売・提供する予定のない商品・サービスを広告し、その広告を見て来店した消費者に、広告とは別個の商品・サービスを販売・提供することを目的とするのがおとり広告です。商品の供給期間や対象者等が限定されているにもかかわらず、その限定の内容を明瞭に記載していない場合も、おとり広告にあたります。

　④は、競争者の商品・サービスと比較することにより、自己の商品・サービスの優位性を示す広告です。比較については、①比較として主張する内容が客観的に実証されていること、②実証された数値や事実等を正確かつ適正に引用すること、③比較の方法が公正であること、の３点が必要であるとされていますので、客観的に実証されていないにもかかわらず、「Ｂ社より５倍も効く！」などと表示することは、不当表示となります。

エ　景品提供について

　景品提供については、提供の仕方により、それぞれの限度額が定められています。

　抽選やクイズの回答の正誤により景品が提供されるのが①一般懸賞、商店街の懸賞のように複数の事業者が参加して行うのが②共同懸賞、「来店者にもれなく！」など、一般消費者に対し提供される③総付景品の三種類があり、その限度額は次ページ表4-1のとおりです。

表4-1 景品提供の規制について

一般懸賞

取引価額	景品類限度額	
	最高額	総額
5000円未満	取引価額の20倍	懸賞にかかる売上予定総額の2％
5000円以上	10万円	

共同懸賞

景品類限度額	
最高額	総額
取引価額に関わらず30万円	懸賞にかかる売上予定総額の3％

総付景品

取引価額	景品類の最高額
1000円未満	200円
1000円以上	取引価額の10分の2

また、景品が当たる確率について、実際より高く表示したり、景品の価額を実際より高く表示した場合にも、不当表示に当たります。

オ 特別法による規制

　独禁法や景品表示法以外にも、それぞれの業種ごとに、特別法により、広告規制が行われています。

　例えば、医薬品は、使用者の生命や健康を守るものですが、使用法を誤れば危険なものも少なくありません。そこで、薬事法は、医薬品の虚偽・誇大な広告の禁止や、未承認の医薬品の広告の禁止などを定め、同様に、化粧品についても、成分や効能の表示には詳細な定めをおき、医薬品と誤認混同しないようにされています。

　また、投資性の高い金融商品の販売についても、その特性やリスクなどについて消費者が誤認するおそれがあることから、銀行法、保険業法、信託業法において、それぞれの金融商品につき、一定の表示を義務付けるとともに、虚偽誇大な広告を禁止しています。

　このような特定業種に対する規制は、数多くあります。

　主なものを挙げるだけでも、表4-2のようになります。

表4-2　特定業種に対する特別法による規制

法律名	対象行為
特定商取引に関する法律	通信販売 連鎖販売取引 特定継続的役務契約 業務提供誘引販売取引
特定電子メールの送信の適正化等に関する法律	電子メール広告
農林物資の規格化及び品質表示の適正化に関する法律	生鮮食品 加工食品（酒類を含まない）
食品衛生法	食品 添加物 食器具
健康増進法	食品（酒類を含まない）
たばこ事業法	たばこ
酒税の保全及び酒類業組合等に関する法律	酒類
家庭用品品質表示法	繊維製品 合成樹脂加工品 電気機械器具 雑貨工業品
薬事法	医薬品 医薬部外品 化粧品 医療機器
医療法	病院 診療所 医業 歯科医業 助産師 助産所
あん摩マッサージ指圧師、はり師、きゅう師等に関する法律	指圧師 はり師 きゅう師
柔道整復師法	柔道整復師
金融商品取引法	投資金融商品
銀行法	投資性の高い預金
保険業法	投資性の高い保険
信託業法	投資性の高い信託

商品取引所法	先物商品
割賦販売法	割賦販売 ローン提携販売 包括信用購入あっせん 個別信用購入あっせん
貸金業法	貸金
宅地建物取引業法	宅地建物
旅行業法	パック旅行
国際観光ホテル整備法	ホテル
温泉法	温泉

カ　自主基準（公正競争規約、各種ガイドライン）

　さらには、業種ごとに各種のガイドラインが設けられています。

　景品表示法11条の規定により、消費者庁長官及び公正取引委員会の認定を受けて、事業者または事業者団体が表示または景品類に関する事項について自主的に設定した業界のルールを、公正競争規約といいます。食品や酒類などに多く存在しています。

　その他、日本化粧品工業連合会の「化粧品等の適正広告ガイドライン」や、電気通信サービス向上推進協議会が策定した「電気通信サービスの広告表示に関する自主基準・ガイドライン」など、自主的に策定されたガイドラインもあります。

　こうした公正競争規約やガイドラインは、それにより業界として統一した基準が適用されることになりますので、広告活動が過度に萎縮することを避けることも期待できるといえるでしょう。

　これから始めようとしている事業について、どのような規制や自主基準があるか、一度確認して広告活動を行いましょう。

(3)　広告の著作権に関するトラブル

　広告も著作物であることは、既に述べたとおりです。
　ここでは、広告活動をする際の、著作権に関して起きうるトラブルについて検討しましょう。

ア　第三者の著作権を侵害？

　効果的で印象深いキャッチコピーを作りたくても、なかなか思い浮かぶものではありません。そこで、どこかで聞いたことのあるキャッチフレーズを借りてきて、言葉を何文字か変えて使ってみたとします。

　しかし、これは、元のキャッチフレーズの著作権者の著作権を侵害している可能性があります。気に入って使用していると、突如、差止請求されることもあるかもしれません。あるいは、映画の脚本を利用して広告を作ることとし、脚本家の許諾を得たとします。でも、脚本に原作者がいる場合、脚本は二次的著作物にあたりますので、原作者の許諾も得なければいけません。既にある表現を利用する場合、権利関係を調査した上で利用するようにしましょう。

イ　著作権の帰属は？

　著作権法上、著作権は、創作する者に帰属します（同法2条1項2号）。ですから、既存の表現を使わずに、自分で創作した表現については、自分に著作権が帰属するので、自分の広告表現は、許諾しなければ誰にも使われることはありません。しかし、ここでも注意が必要です。例えば、ホームページの制作を業者に委託した場合、完成したホームページの著作権は、誰に帰属することになるのでしょうか。

　創作した者が著作権者ということですから、ホームページの著作権は、製作者である、受託業者に帰属することになります。このままでは、せっかく自分の事業のホームページを作ったのに、著作権が自分にはないという事態になってしまいかねません。こうしたことを避けるために、ホームページの制作を依頼する際には、完成後の著作権についても、委託者に帰属することを含めて、契約書を作成しましょう。

　また、ホームページにおいて、第三者の著作物を利用するときには、第三者との利用許諾契約を締結することになりますが、その際の当事者についても、委託者にするか、受託者にするかを決めておくと、紛争を回避することができます。

(4) 特定商取引法による広告規制等への対応～販売方法として、インターネット販売を採用する場合

ア　インターネット販売と特定商取引法の適用範囲について

　特定商取引に関する法律（以下、「特定商取引法」又は単に「法」といいます）上の商品等の通信販売をする事業者には、必要的広告表示事項の表示義務（法11条）、誇大広告等の禁止（法12条）といった広告表示に関する規制があります。

　「通信販売」とは、「販売業者または役務提供事業者」（商品の販売または役務の提供を業として営む者）が、「郵便等」によって売買契約や役務提供契約の申込を受けて行う商品、権利の販売または役務の提供、を言います。この「郵便等」とは、「郵便、信書便、電話機、ファクシミリ装置、その他の通信機器または情報処理の用に供する機器を利用する方法、電報、預金または貯金の口座に対する払込」と定められており（特定商取引法施行規則（以下、「省令」といいます）2条）、「通信機器または情報処理装置機器」にはパソコンや携帯電話、スマートフォンを利用したインターネット通販も含まれます。

　したがって、インターネット上で申込を受けて行う商品等の販売業者や役務（サービス等）提供事業者は、必要的広告表示事項の表示義務や誇大広告の禁止義務等の義務を負い、違反した場合には、行政処分や罰則の対象となります。

　インターネット・オークションについては、「営利の意思」をもって「反復継続して販売を行う」場合には、法人・個人を問わず事業者に該当し、特定商取引法の広告規制の対象となります（経産省「電子商取引及び情報財取引等に関する準則」）。

　権利の販売については、法令上で指定された「指定権利」のみが特定商取引法の規制対象になりますが、商品販売については、いわゆる「指定商品制」は廃止され、適用除外に該当しない限り全ての商品販売が適用対象となります（法26条）。

イ　広告に記載すべき事項についての規制
① 広告に表示する事項

　通信販売は、消費者が契約するかどうかの判断を行うための情報が広告のみに限られており、且つ遠隔地者間の取引なので、記載が不十分・不明確であると、消費者の適正な判断に支障を来すほか、消費者との間でトラブルになる危険があります。そこで、特定商取引法上は、広告に表示する事項を詳細に定めています（法11条、省令8条、9条、10条）。

　表示しなければならない事項は、販売価格（役務の対価）、送料、販売価格・送料以外に購入者等が負担すべき金銭があるときにはその内容及びその額、代価の支払い方法・支払時期、商品の引渡時期、商品の売買契約の申込み撤回等、商品に隠れた瑕疵がある場合の販売業者の責任、事業者の氏名・住所・電話番号、事業者が法人の場合で、インターネット等で広告する場合には代表者又は通信販売に関する業務の責任者の氏名、ソフトウェアに係る商品の取引の場合には、そのソフトウェアの動作環境、という様に、多岐にわたって表示が求められています。詳しい記載方法については、経産省のガイドライン、Q＆Aに記載がありますので、参照してください。

② 広告表示の一部を省略出来る場合

　もちろん広告の態様は、事業内容によっても様々ですから、これらの事項を全て表示することが実態に合わない場合もあります。そこで、消費者からの請求によって、これらの事項を記載した書面（インターネット通販の場合はメールも含む）を「遅滞なく」提供することを広告に表示し、かつ実際に請求があった場合に「遅滞なく」提供できるような措置を講じている場合には、広告表示事項の一部を省略することが許されています（法11条1項但書き）。

　これも、消費者が申込の意思決定を行うのに十分な時間的余裕が確保されることを前提としているので、「遅滞なく」とは、その販売形態等の実態に即して、申込の意思決定に先だって十分な時間的余裕が与えられる程度でなければなりません。したがって、短期間の申込期限内に多数の申込希望者が先を争って申込をするネットオークションの場合には、「遅滞なく」表示事項を提供することは困難とされています。

　また、売買契約の申込の撤回等についての特約（いわゆる返品特約）

について、「返品の可否」「返品期間等の条件」「返品の送料負担の有無」の表示については返品トラブルの防止の観点から上記の省略が認められていませんから、その表示方法についても、「顧客にとって見やすい箇所において明瞭に判読できるように表示する方法その他顧客にとって容易に認識することができるよう表示すること」と定められています（省令9条及び16条の2）。したがって、文字の大きさや、他の表示事項に埋没しない工夫、商品の価格や申込先電話番号等の消費者が必ず確認する事項に近い場所に記載する等の工夫が必要となります。

ウ　誇大広告の禁止（法12条、省令11条）

　上記の表示事項などについて、「著しく事実に相違する表示」や「実際のものよりも著しく優良であり、若しくは有利であると人を誤認させるような表示」は、いわゆる誇大広告として、行政処分の対象となるだけでなく、罰則の対象にもなります。例えば、現にその様な効能がないにもかかわらず、誰でも簡単に即効で痩せるとか、商品を塗布するだけで塗布部分が食事制限もなく短期間で痩せられる、といったような広告表示を行った場合には、本条に違反することになります。

　また、顧客や芸能人の体験談や感想にのみに基づいて、健康改善の効能等を謳った広告の中には、合理的な根拠がないものとして、著しく事実に相違する表示や実際のものより著しく優良である等と顧客を誤認させる表示として、本条に違反するものとされた例があります。

エ　未承諾者に対する電子メール広告の提供の禁止（法12条の3、12条の4）〜迷惑メールの規制

①　オプトイン規制

　消費者の事前の承諾がないのに電子メールで広告を送信する行為は禁止されます（オプトイン規制）。また、メール送信を希望しない者への再送信も禁止されます。この規制は、通信販売業者のみならず、通信販売電子メール広告の受託業者も対象となります（法12条の4）。

　したがって、対象事業者が電子メール広告の提供について、消費者から承諾を受けた場合には、最後に電子メール広告を送信した日から3年間、承諾があった記録を保存することが求められます（省令11条の5）。

② 規制の例外について

ただし、契約成立や注文確認、発送通知等に付随した広告や、消費者から承諾を得て送信するメルマガに付随して広告を記載する場合、無料でメールアドレスを取得できるフリーメールの条件として、当該メールアドレスによる送信メールに広告が記載されるような場合には、規制の対象外となります（法12条の3、省令11条の3、4）。

オ　顧客の意に反して契約の申込をさせようとする行為の禁止

インターネット通販において、下記行為は「顧客の意に反して売買契約等の申込をさせようとする行為」として禁止されています（法14条）。
i　契約の申込であることを容易に認識できるような画面の表示をしないこと。
ii　顧客が申込内容について、容易に確認・訂正できるような措置をしていないこと。

例えば、最終的な申込みとなる画面上のボタンにおいて、「購入」「注文」「申込み」といった表示ではなく、「送信」といった用語で表示されている場合には、ⅰの禁止行為に該当する可能性があります。申込の最終画面において、「注文内容の確認」等の「最終確認画面」が表示され、「この内容で注文する」等のボタンをクリックしてはじめて申込になるか、最終確認画面がない場合でも、申込に該当するボタンに「私は上記の商品を購入します」といった表示がなされていることが必要です。

また、最終的な申込み画面において、申込み内容が表示されず、注文内容の確認ボタンもない場合や、「ブラウザの戻るボタンで前に戻ることができる」旨の説明表示もない場合には、ⅱの禁止行為に該当する可能性があります。

カ　違反の効果

以上の規制に違反した業者には、業務改善の指示（法14条）のみならず、違反によって取引の公正や顧客の利益が著しく害されるおそれがあると認められる場合、業務改善の指示に従わなかった場合には、業務停止処分が下される場合があります（法15条）。また、誇大広告の禁止に違反した場合には、罰則の対象にもなります。

4 代金決済方法

(1) 代金決済の場面

　貴社が、起業した事業は、顧客に対する商品、サービス等の販売、提供と、そのための仕入れなどを反復継続して行っていくことになりますが、必ずこれらの代金決済を行う場面が生じることとなります。
　例えば、以下の事例について、どのような代金決済が考えられるでしょうか。

> 1．貴社が、貴社に来店した顧客に対し、貴社の商品等を販売等した場合。
> 2．貴社が、貴社商品等の販売等のための仕入れをした場合。
> 3．貴社が、遠隔地の顧客から貴社商品等の注文を受け、これを販売等する場合。
> 4．貴社が、遠隔地の取引先から、貴社商品等の販売等のための仕入れをした場合。

　代金の決済は、いわゆる金銭債権に関する弁済となりますので、民法の原則に従えば、商品、サービス等の販売、提供の場合には、顧客に現金を持参してもらい、仕入れなどをした際には、仕入れ先に対し現金を持参し、決済することとなります（民法484条）。
　上記1．同2．の事例では、各取引の際にその場で代金を現金にて決済することが可能でしょう。
　しかし、上記3．同4．の事例のように、隔地者間当事者の取引である場合、取引の場で現金にて決済することは難しく、また、民法の原則に従い、遠方の顧客に現金を持参してもらい、又は、貴社が遠方の取引先に現金を持参することは、現実的ではないでしょう。また、上記1．同2．の事例でも、取引が反復継続して、多量に行われる場合、その都

度の現金決済が煩雑であり、後日の代金決済をするような場合、代金決済時には、当事者が隔地者の関係となる場合があり、やはり現金による代金決済が現実的でない場合があります。

　以上のように、隔地者間取引や反復継続して行われ都度現金決済をすることが煩雑である場合、その他貴社、顧客、取引先の事情、特殊性から、事業の展開にあたり、現金決済以外での代金決済手段を用意する必要があります。

　また、取り扱う商品、役務の価格や顧客、取引先の支払能力との関係で、代金決済において、顧客又は取引先に一定の信用取引を行わなければならない場合も生じます。

　以上の必要性から、決済手段を用意する際には、代金の回収の煩雑ないしコスト、未回収リスクの軽減、売掛金の早期現金化による資金繰りの確保といった、事業を展開するにあたり必ず生じる要請に対応しなければなりません。

　また、隔地者間の金銭のやり取りには、一定の法規制があり、特に、顧客が消費者である場合の事業者対消費者決済（いわゆるＢ２Ｃ決済）は、顧客が事業者である場合や仕入れなどを行う場合の事業者間決済（いわゆるＢ２Ｂ決済）の場合に比べ、より厳格な法規制があるところです。

　以下では、代金決済方法とそれに関連する法規制の説明をします。

(2) 代金決済方法と関連法規制

ア　為替取引
＜銀行業に基づく為替取引＞

　隔地者間の資金決済取引のひとつとして、為替取引があります。

　最高裁判例（最決平成13年３月12日刑集55巻２号97頁）によれば、「為替取引を行うこと」とは、「顧客から、隔地者間で直接現金を輸送せずに資金を移動することを内容とする依頼を受けて、これを引き受けること、又はこれを引き受けて遂行することをいう」とされております。

　少々難しい表現ですが、取引の当事者が金融機関等に口座を設定し、口座の残高の増減により代金等の資金の決済をする場合であり、銀行振込みや口座振替が、典型的な為替取引に該当します。このような為替取

引は、銀行及び後述の資金移動業者のみが行えます。

　この他、店頭でのキャッシュカードの提示等（暗証番号の入力等も含む）により口座振替がなされるデビットカード取引やペイジーという銀行が提供するネットワークシステムによる収納サービスがありますが、クレジットカード会社や、後述する決済代行業者を通じて、当該取引を利用することができます。

＜資金移動業に基づく為替取引＞

　為替取引は、銀行業として銀行免許を受けた銀行等の金融機関のみが取り扱えるものとされておりました（銀行法４条、同10条１項３号等参照）。

　為替取引を銀行等の金融機関のみに取り扱わせる法規制は、本邦独特のものでしたが、平成22年に資金決済に関する法律（以下「資金決済法」といいます。）が施行され、100万円に相当する額以下の少額の為替取引については、資金移動業として（資金決済法２条２項・同施行令２条）、登録制の下（同２条３項、同37条）、銀行等以外の一般事業者も行うことができるようになりました。

　平成30年７月31日現在、登録を受けた資金移動業者は、62社となっております。

　資金移動業者は、銀行のような兼業制限はなく（銀行法12条、資金決済法38条）、クレジット会社、通信事業会社、モールサイト会社、オンラインゲーム会社等、多数の顧客、取引先を抱え、資金移動業に必要な決済システムを容易に構築できる事業者やペイパルなど海外にて為替取引を業として行っていた事業者も参入しております。

イ　現金書留

　上記の最高裁判例による為替取引の定義に従えば、隔地者間で、代金にかかる資金を直接輸送する場合には、為替取引に該当しませんが、かかる取引は、郵便の業務である書留郵便として、日本郵政株式会社が、独占的に行うものであり（郵便法２条、４条、17条、45条）、日本郵政株式会社以外の、運送会社等を利用することはできません。

　この違反については、罰則、没収ないし追徴規定がありますので注意が必要です（同法76条）。

ウ　収納代行

　隔地者間の代金決済方法として、クロネコヤマトなどの宅配業者が行ういわゆる代金引換サービス、コンビニエンスストアで公共料金等の支払をするいわゆるコンビニ収納等がありますが、これらの取引は、収納代行などとよばれており、法律構成としては、これらの収納代行業者が、代金債権者から代金受領に関する代理権を受け、当該代理権に基づき、代金債権者のため顧客又は取引先から代金の支払を受けるものとされております。

図4-4

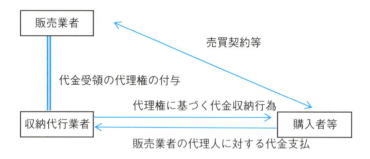

　かかる収納代行は、不動産管理会社による家賃の集金の場合にも利用されており、クレジット会社など資金収納に関するシステムを有する事業者が、これに係る収納代行業務を担うなどしております。
　また、最近では、通信事業会社が、デジタルコンテンツその他の商品等を購入した契約者に対し、通信料金と共に、当該デジタルコンテンツその他の商品等を販売等した事業者のため、その代金を受領するといった形で利用されているようです。
　収納代行は、かつて何らかの法整備の必要性も議論されましたが、上記の為替取引等とは異なる収納代行の特性や業界の反発もあり、現段階では、何らの法規制もなされておりません。
　なお、収納代行業者の代金の受領方法については、特に制限はなく、宅配担当者やコンビニエンスストアの店頭での現金受取、収納代行業者の指定する銀行預金口座への振込み、口座振替、後に説明する電子マネー等、クレジットカード取引による支払によることも可能です。

図4-5

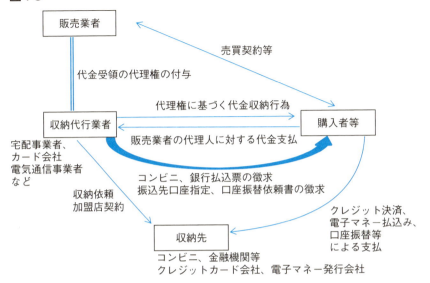

エ　クレジットカード取引

　クレジットカード会社が、その会員に信用調査の上予めカード等を付与し、会員が特定の販売業者等にこれを提示し、その商品等の購入等を行い、クレジットカード会社が、当該販売業者にその対価に相当する金額を交付するとともに、当該会員に対し、当該対価に相当する金額を請求する取引を、一般にクレジットカード取引といわれており、貴社は、クレジットカード会社等の加盟店になることで、当該クレジットカード会社のカード会員（VISAやMasterCardなどの国際ブランドの取扱いも可能な加盟店契約を締結した場合には、当該国際ブランドに加盟しているクレジットカード会社のカード会員も含む）との間でクレジットカード取引により、代金決済をすることが可能となります。

図4-6

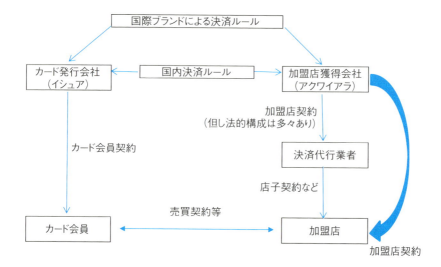

　かかる場合には、貴社は、上記の各取引と違い、代金決済における回収の煩雑ないしコストのみならず、未回収リスクをクレジットカード会社に転嫁することによって、その軽減を図ったことになります。

　クレジットカード取引を行う場合、貴社は、加盟店として、一定の場合には、法所定の書面交付義務が課され（割賦販売法30条の2の3第4項）、また、クレジットカード会社からは、同社が受ける行為規制の一環として、加盟店契約等を通じ、クレジットカード番号等の管理のための適切な態勢を構築するよう、指導がなされることがあります。

　また、クレジットカード番号等の漏洩事件や不正使用被害が増加したことから、割賦販売法が平成28年12月2日に改正され、クレジットカードを取り扱う加盟店に対し、クレジットカード番号等の適切な管理や決済端末のIC対応化等のセキュリティ対策を講じることが義務付けられました（割賦販売法35条の16）。

　この他、加盟店は、加盟店契約上、会員からのカード提示や署名確認等による真正な会員の確認義務が課されており、これを怠ったためにクレジットカードの不正利用が発生した場合には、クレジットカード会社から交付を受けた対価相当金額について払い戻しをしなければならない義務を負うこととなります（いわゆるチャージバック）。

特に、インターネット取引等の非対面取引においては、加盟店は、会員からのカードの提示や署名確認を行わずに、クレジットカード取引を行うことになりますので、カード会員から利用覚えが無い旨の主張がなされた場合には、真正な会員の確認をしたことの立証ができないため、否応なくチャージバックに応じなければならないことになります。

　このような非対面取引におけるチャージバックは、３Ｄセキュアとよばれる国際ブランド又はカード会社が提供する本人認証の仕組みを利用することで、原則として、回避することができます。よって、費用対効果の問題となりますが、インターネット取引において、クレジットカード取引を扱う場合には、３Ｄセキュアを導入することが望ましいでしょう。

　なお、販売業者等に代りクレジットカード会社との加盟店契約締結及び加盟店業務を一括して行う、いわゆる決済代行業者（割賦販売法では、「立替払取次業者」とよばれております）に、３Ｄセキュアを導入しているものも多く、かかる決済代行業者と契約することもひとつの方法と言えます。

オ　割賦販売法対象取引（クレジットカード取引を除く）

　割賦販売法には、上記のクレジットカード取引の他、①一定の商品等の「割賦販売」（同法２条１項。一般に自社割賦ともいわれます）、②総合型の「ローン提携販売」（同法２条２項。実例はほとんど無いとされております）、③自社割賦による一定の商品の販売で、商品の引き渡しに先立って２回以上の前払を伴う、「前払式割賦販売」（同法11条）、④カード等を用いることなく、特定の販売業者等が行う商品等の購入者等への販売等を条件とし、その対価に相当する金額を当該販売業者等に交付し、当該購入者から、２月を超える予め定められた時期までに、その対価に相当する金額を受領する「個別信用購入あっせん」（同法２条４項）、⑤商品の売買や一定の役務提供の取り次ぎをするもので、それらの対価の全部又は一部を２月以上の期間にわたり、かつ、３回以上に分割して受領する「前払式特定取引」（同法２条６項。百貨店の子会社等が行う「友の会」等がこれにあたります）が、定められております。

　一定の商品等の場合に限られますが、自社商品等の割賦販売の場合に

も、法規制がありうることについては、注意をする必要があります。

カ　後払い取引

　近時、カード等を用いることなく、特定の販売業者等が行う商品等の購入者等への販売等を条件とし、その対価に相当する金額を当該販売業者等に交付し、当該購入者から、2月を超えない予め定められた時期（商品等の引き渡しの日から2、3日後に請求書が送付され、商品等の引き渡しの日から14日以内の支払を求めるものが一般的と思われます）までに、その対価に相当する金額を受領する購入あっせん取引（「後払い取引」等とよばれております。以下、当該取引を扱う事業者を「後払い事業者」といいます）が、行われるようになっております。

　後払い取引は、クレジットカード取引である場合に課せられる法的規制がなく、オペレーションコストを安く抑えることができ、販売事業者等からの観点では、当該取引を安価に利用することで、代金の回収コストを抑えつつ、未回収リスクを後払い事業者に転嫁することができることとなります。

キ　プリペイド型電子マネー等

　予め金銭等の対価を得て発行、加算され、これを販売業者等に提示等することによって、その商品やサービスの購入又は提供を受けることができる、いわゆるプリペイド型電子マネーやプリペイドカードなど（以下「電子マネー等」といいます）を、資金決済法上「前払式支払手段」といい（同法3条1項）、その発行会社は、同法による規制を受けることになります。

　電子マネー等による代金決済を行うためには、その発行会社との間で加盟店契約等を締結する必要がありますが、加盟店として課される法的な規制はなく、加盟店契約等を通じ、発行会社からの指導等を受けることになります。

　資金決済法施行前の前払証票の規制等に関する法律（いわゆるプリペイドカード法）では、カード等の証票に金額、単位等のバリューが記録されたもののみが法規制対象であり、サーバー等の電子機器にバリューが記録され、証票は単なるIDを示すものに過ぎないような、いわゆる

サーバー型の電子マネー等については、法規制の対象外でしたが、資金決済法の施行とプリペイドカード法の廃止により、サーバー型の電子マネー等も法規制の対象となりました。

資金決済法による規制は、電子マネー等が、自社ないし自社と密接な関係を持つ一定の者の商品、サービスの購入、提供を受ける場合にのみ使用できる「自家型」とよばれるものと、第三者の商品、サービスの購入、提供を受ける場合にも使用できる「第三者型」とよばれるものとがあり、前者の発行者は、電子マネー等の発行額が基準日（3月31日又は9月30日。以下、同じ）に1,000万円を超える場合に、届出義務（同法5条）が生じるのに対し、後者の発行者は、電子マネー等の発行前に登録申請義務があり（同法8条）、これにより、一定の純資産額規制が課されるなどといった規制の違いがあります。

このほか、電子マネー等の発行業者には、顧客に対する一定の表示又は情報の提供義務（同法13条）、発行額が基準日に1,000万円を超えた場合に、発行額の2分の1の金額について、一定の保全措置を執るべき義務（同法14条～16条）等の行為規制があります。

ク 決済代行業者

前記で紹介した決済代行業者は、クレジットカード取引について代行業務を行う場合、割賦販売法では、「立替払取次業者」とよばれておりますが、その取扱決済手段は、数多あり、その法律構成も画一化されておりません（図4-6を参照）。

決済代行業者が取り扱う代金決済手段は、クレジットカード取引に限られるものではなく、クレジットカード取引、電子マネー取引、コンビニ決済取引、ペイジー口座振替取引等を利用し、販売業者の収納代行業者となる場合もあります（図4-5を参照）。

起業当初においては、コスト面又は信用面の問題から、上述した、代金決済手段を導入することが困難な場合もあり、決済代行業者を利用した代金決済手段の導入を検討することも必要です。

ケ 事業者間決済

事業者間決済については、手形取引による信用取引と、当該手形割引

による売掛金の早期資金化等がなされておりましたが、近年では、手形取引の取扱高も減少し、その役割も低下しているとされております（ただし、電子記録債権法の施行とでんさいネットの確立により、電子記録債権の取引が同様の役割を担っており、今後、更にその取引高も増えていくものとみこまれています）。

　一方で、上記の収納代行の法形式により、事業者間決済を行う事業者や、売掛金の譲受け、立替払い又は保証をするなどし、売掛先事業者に対する請求、回収をするという法形式にて、事業者間決済を代行する事業者も存在するようになりました。

(3) 代金決済の有効な活用

ア　ポイントの利用

　リピーター客の獲得や送客効果を得るために、代金決済の際に顧客に対し、貴社独自のポイントを付与し、又は、現在多くの会員を抱えるＴポイントを付与することは有効な手段と言えます。

　ポイントに関する法整備については、上記の収納代行と共に議論がなされたところではありますが、現在のところ、明確な法規制はなされておりません。

　しかし、ポイントの付与の方法によっては、景品表示法上の「景品」に該当し、同法の規制を受けることとなりますので、注意が必要です。

イ　新たな信用照会端末の利用

　従来の信用照会端末は、ISDN回線への接続が必要であり、そのためだけに同回線を残し、当該端末に直接取り込むなど煩雑な操作を要し、初期投資も必ずしも安くはありませんでした。

　近年では、インターネットによって通信が可能な端末や、安価な小型のキットをスマートフォンのイヤホンジャックに差し込み必要なアプリケーションをダウンロードし、スマートフォンをカードリーダーとして利用する仕組みが導入されるようになりました。これにより、販売業者等は、より簡便にクレジットカード取引に参入することが可能となったといえます。

いずれも新たなアプリケーションはインターネットによりダウンロードし、又は、接続したサーバーにて利用することが可能であり、より拡張性のあるビジネス展開（クーポンの付与など）が可能といわれております。

ウ　地域通貨の組成

第三者型の電子マネー等の発行業者となるためには、通常は、1億円の純資産額による参入規制があります（資金決済法10条1項2号イ・同施行令5条1項3号）。

ただし、電子マネー等が利用可能な地域の範囲が1つの市町村（東京都の特別区や政令指定都市においては、1つの区）の区域内である場合には、すなわち、いわゆる地域通貨を発行する場合には、1,000万円の純資産額による参入規制となり（同施行令5条1項1号。なお、一定の一般社団法人等である場合には、ゼロ円となります。同2号）、参入の障壁が低くなります。

これにより、地域住民をその地域の市場で囲い込み、地域活性化につなげられる可能性があります。

また、電子マネー等発行業者には、兼業規制はなく、発行保証金は、発行額の2分の1の額となりますので、その残額と電子マネー等の事業による収益とを併せ、地域活性化に利用することも可能と考えられます。

5　個人情報保護方針の策定

(1) 法改正

　平成27年9月、個人情報の保護に関する法律が改正され（以下「改正個人情報保護法」といいます）、平成29年5月30日に全面施行されました。

　法改正により、これまで規制の対象外であった5000人以下の個人情報を取扱う事業者も改正個人情報保護法上の義務が課されることになりました。事業者は法人に限定されず、営利・非営利の別は問われません。ほぼ全ての事業者が改正個人情報保護法のルールに従った個人情報の取扱いを求められていると考えてもよいでしょう。

　その他、「個人情報」の定義が明確化され、「要配慮個人情報」「匿名加工情報」などの新たな概念が新設されました。また、個人情報を第三者に提供する際、提供者には提供年月日や当該第三者の氏名等個人情報保護委員会規則で定める事項に関する記録を作成・保存する義務が課され、受領者にも取得の経緯等を確認し、その記録を作成・保存することを義務付けるなど個人情報の取扱いルールが大きく変更されています。すでに個人情報の取扱いルールを定めている事業者も改正個人情報保護法を確認し、取扱いルールを新たに定め直す必要があるかを検討しなければなりません。

　法改正に伴い公表されたガイドライン（個人情報の保護に関する法律についてのガイドライン）には事業者の理解を助けるために具体例が多く記載されています。個人情報保護の取扱いルールを定める際はガイドラインを参考にするとよいでしょう。

(2) 個人情報保護方針策定の目的

　個人情報に関する取扱いルールを検討・確認できたら、当該事項について対外的に発表するために個人情報保護方針を策定しましょう。

個人情報保護方針（いわゆるプライバシーポリシー）とは、事業者の個人情報保護に関する考え方を宣言するものです。企業のホームページやパンフレットで目にしたことがあるかと思います。

　個人情報保護方針の策定は個人情報保護法で義務付けられているものではありませんが、ガイドラインにおいて基本方針を策定することが重要とされています。

　また多くの企業が個人情報保護方針を策定し、公表しています。高度情報通信社会の現代では、個人情報自体が売買の対象となり悪用される事件が後を絶たず、消費者側も企業が有する個人情報の取り扱いについて敏感になっています。事業者が個人情報保護方針を策定し、個人情報保護に自律的に取り組むことを宣言することは、円滑な事業活動のために必要であるだけでなく、社会的な要請でもあるといえるでしょう。また、個人情報保護方針を策定・公表することは、後述する個人情報保護法18条1項の「利用目的の公表」に該当し、法定義務をみたすことにもなりますし、会社内部の従業員等の個人情報保護に対する意識を強化することにもつながります。

　したがって、これから個人情報を取り扱う事業をスタートさせる場合には、個人情報保護方針を策定し公開することが望ましいです。なお、プライバシーマークを取得するには、指定された項目の記載がある個人情報保護方針を公表することが求められますので、個人情報保護方針の策定が必須となります。

(3) 個人情報保護方針の内容

　個人情報保護方針を策定・公表するといっても、どのような内容をどの程度書けばいいのでしょうか。前述したように、個人情報保護方針策定の目的は、一般消費者からの社会的信用を得ることにあります。難しい内容で詳細に書いても、消費者が理解できなければ意味がなく、そもそも読んでくれないかもしれません。内容は消費者にとって特に重要となる点を中心に、わかりやすい表現で記載するのがよいでしょう。

　具体的な内容としては、個人情報取扱事業者及び匿名加工情報取扱事業者等に課せられている法定義務を基準に作成していくことになります。

【改正個人情報保護法上の法定義務】

1　個人情報取扱事業者
① 利用目的の特定（15条）
② 利用目的による制限（16条）
③ 適正な取得（17条）
④ 取得に際しての利用目的の通知等（18条）
⑤ データ内容の正確性の確保等（19条）→努力義務
⑥ 安全管理措置（20条）
⑦ 従業員の監督（21条）
⑧ 委託先の監督（22条）
⑨ 第三者提供の制限（23条）
⑩ 外国にある第三者への提供の制限（24条）
⑪ 第三者提供に係る記録の作成等（25条）
⑫ 第三者提供を受ける際の確認等（26条）
⑬ 保有個人データに関する事項の公表等（27条）
⑭ 保有個人データの開示（28条）
⑮ 保有個人データの訂正等（29条）
⑯ 保有個人データの利用停止等（30条）
⑰ ⑬〜⑯までの本人の請求を拒む理由の説明（31条）→努力義務
⑱ 開示等の請求等に応じる手続（32条）
⑲ 手数料の定め（33条2項）
⑳ 開示等の請求に係る訴え提起の際の事前の請求（34条）
㉑ 個人情報取扱事業者による苦情の処理（35条）→努力義務

2　匿名加工情報取扱事業者
㉒ 匿名加工情報の作成等（36条）
㉓ 匿名加工情報の提供（37条）
㉔ 識別行為の禁止（38条）
㉕ 安全管理措置等（39条）

まず、消費者が事業者に対して自己の個人情報を与える際に、それがどのように取得され、どのような目的で利用されるかは一番の関心事となります。また、利用目的は、本人への通知または公表等により本人が容易に知りうる状態にしなければなりません（18条）。

したがって、①、②、④（利用目的の特定、制限）は、個人情報保護方針に必ず記載すべき事項となります。特に利用目的については「できる限り特定」しなければならない（15条）ため、抽象的な文言では利用目的の特定にならないことに注意が必要です。例えば、「当社の事業目的を達成するため」というような文言では特定したことになりません。「サービス改善のためのアンケート調査実施のため」「ご契約いただいた商品発送のため」等の具体的な利用方法を記載する必要があります。なお、当然のことですが、利用目的は合法で適正なものでなければなりません。

次に、個人情報取扱事業者は、法律上、消費者からの個人情報の開示や訂正、利用停止（⑭〜⑯）の請求に応じなければなりません（28条〜30条）。改正個人情報保護法は保有個人データに関する事項の公表を義務付けています（27条）ので、個人情報保護方針には、個人情報の開示、訂正、利用停止の請求ができることを記載すべきでしょう。その手続方法（⑱）や手数料（⑲）については、方針に記載する必要はありませんが、問い合わせ窓口を記載するなどの消費者に向けた配慮があると個人情報保護に向けた取り組みに対する真摯な姿勢が伝わると思います。

最後に、消費者にとって、個人情報取扱事業者により取得された個人情報が適切に管理されているか、無断で第三者へ提供されていないかは重大な関心事です。

したがって、個人情報を安全に管理すること（⑥）、個人情報提供者の同意なく第三者へ情報提供をすることはないこと（⑨）を個人情報保護方針に記載するとよいでしょう。どのように管理するかは、会社内部に向けた規程で詳細に定めることになります。

また、従業員等が業務遂行のために日常的に個人情報を取り扱うことを予定している業種や、個人情報の取り扱いを第三者に業務委託することを予定している場合、従業員等や業務委託先による情報漏えいの危険性が高まります。この場合は、従業員等に対する教育研修を実施し、従

業員の個人情報保護に関する認識を深めるとともに適切に監督すること（⑦）、委託先に対して適切な監督を行うこと（⑧）を方針として記載するのが望ましいです。

　個人情報保護方針は、代表者の個人情報保護に対する姿勢を対外的に宣言するものですので、簡潔にわかりやすく表現することが必要です。その宣言に沿った具体的な管理体制の構築は、顧客情報管理規程等を別途作成し、顧客情報を取り扱う社員等に周知徹底させることにより対応していくことになります。業種によって取得する個人情報の内容や取扱い、利用目的等が異なるため、個人情報保護方針を策定する際には、同業他社の方針や個人情報保護委員会のガイドラインを参考にするとより適切な方針になると思います。また、事業規模を拡大していく中で、個人情報の利用目的や取扱方法に変更がある場合は、適宜、個人情報保護方針を改訂するよう注意しましょう。

(4)　個人情報保護方針の公開について

　個人情報保護方針の公開方法としては、インターネット上の公開や、店頭での掲示、パンフレットの配布等が考えられます。
　個人情報保護法18条1項は、「個人情報取扱事業者は、個人情報を取得した場合は、あらかじめその利用目的を公表している場合を除き、速やかに、その利用目的を、本人に通知し、又は公表しなければならない。」と規定しています。ここにいう「公表」とは、本人が容易に知り得る状態をいい、ある程度継続性のある手段を意味しますので、インターネット上の公開（ただし、トップページから1回程度の操作で到達できる場所）は「公表」にあたると考えられています。もっとも、店頭などで直接書面で個人情報を取得する際には、利用目的を「明示」する必要があるので（18条2項）、利用目的を明示した書面を交付する等が必要になります。

6 他企業との提携

(1) 企業提携の種類・方法

ア　企業提携とは

　事業を拡大したり、新規事業を立ち上げたりするとき、自社だけで行う方法も勿論ありますが、各企業が資金、技術、人材等を出し合う方法もあります。

　このように、企業が共同で事業を行うことを、「企業提携（アライアンス）」と言い、既にある他社の資源を活用できるため、自社だけで行うよりも時間的、資金的な節約を図ることができます。

　これに対し、ある仕事の依頼を請けた企業から、その仕事の全部または一部を請けることを「下請」と言います。厳密な意味では「共同」で事業を行うわけではありませんが、広い意味では企業間の連携活動と言えることから、本項目の（3）で取り扱います。

イ　企業提携の種類

　企業提携には、契約関係に基づく業務提携と、資本関係に基づく資本提携とがあります。

①　業務提携

　業務提携には、他社の有する販売資源（ブランド、販売チャネル、販売人材など）を活用する販売提携、他社の有する技術資源を自社の開発、製造、販売などに活用する技術提携、他社の有する生産資源を活用して自社の製造に活用する生産提携があります。

　このうち、販売提携は更に、他社の販売チャネル、販売人材を活用する販売店契約・代理店契約、他社のブランドや信用力をも活用するOEM契約、ブランド・ノウハウ等を提供するフランチャイズ契約があります。販売店契約と代理店契約は、法的には表4-3に挙げた違いがあ

りますが、実務的には両者の特長を少しずつ取り入れた契約も多いので、契約書の名称にかかわらず、内容をみる必要があります。

表4-3 販売店契約と代理店契約の相違点

項目	販売店契約	代理店契約
売買契約関係	メーカー・販売店間および販売店・顧客間	メーカー・顧客間
顧客への販売価格の決定	販売店	メーカー
販売リスク、代金回収リスクの負担	販売店	メーカー
在庫リスクの負担	販売店	メーカー
販売店・代理店の報酬	転売差益	手数料

② 資本提携

　資本提携の中にも、単に株式の持合いをするだけで経営に発言権を持たない場合と、一定の発言権を持つ場合があり、後者の場合のうち、当事者が共同して行う事業を合弁事業、当事者が共同出資して作る独立した企業体を合弁会社（ジョイントベンチャー）といいます。

　資本提携は、相手方の事業または会社の株式を有する点では会社の買収と似ていますが、相手方の事業又は会社に対する経営権までは取得しない点で、買収とは異なります。

③ 業務提携と資本提携の違い

　相手方の経営資源を活用するという点では、業務提携も資本提携も共通しています。

　ただし、業務提携の場合は契約解除によって提携関係が解消されますが、資本提携の場合、提携の解消に際して株式の買取りや第三者への処分が必要になるため、簡単には提携を解消できないという違いがあります。

　したがって、相手方とより永続的かつ堅固な関係を築きたい場合、対

外的に強い提携関係をアピールしたい場合は、資本提携が適しています。

ウ　企業提携の流れ

企業提携（特に資本提携）は、以下のような流れで進むのが普通です。

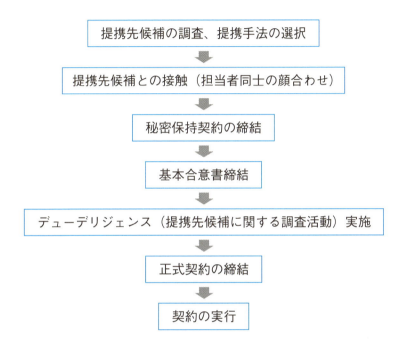

(2)　秘密保持契約の留意点

ア　秘密保持契約の必要性

相手方の情報が分からなければ企業提携の検討はできませんので、検討の前提として自社の情報の開示を求められるのが一般的です。そこで、自社の秘密情報を守るため、提携の協議・交渉に先立ち、「取得した秘密情報をみだりに使用し、又は第三者に開示もしくは漏洩しないこと」等をあらかじめ合意しておくことが必要です。

このような合意を秘密保持契約といい、「NDA」（Non-Disclosure Agreement）と呼ぶこともあります。

なお、不正競争法防止法上、「営業秘密を保有する事業者からその営

業秘密を示された場合において、不正の利益を得る目的で、又はその保有者に損害を加える目的で、その営業秘密を使用し、又は開示する行為」は、「不正競争」の1つとされ（2条1項7号）、差止請求（3条）や損害賠償請求（4条）などの対象とされています。しかし、「営業秘密」は、「秘密として管理されている生産方法、販売方法その他の事業活動に有用な技術上又は営業上の情報であって、公然と知られていないもの」（2条6項）と限定されていますので、これに当たらないと判断され、請求が認められないおそれがあります。したがって、同法の規定とは別に、当事者間で秘密保持契約を締結しておくことが重要です。

イ　契約内容のポイント

　まず、秘密情報の定義を明確に規定する必要があります。どのような情報が秘密保持の対象となるかが判然としなければ、後々トラブルを招くことにもなりかねません。そのため、対象となる情報の特定は不可欠です。

　次に、相手方の秘密情報に関して他方が負う義務の内容を明らかにしておくことが重要です。具体的には、秘密情報の使用範囲、管理方法、複写・複製の制限、第三者への開示の制限などを定めることになります。

　また、万一秘密情報が漏洩した場合に備えて、あらかじめ損害賠償額を定めておくことも有効です。損害賠償を求める場合には、損害額の立証をしなければなりませんが、一般的に秘密情報の漏洩による損害額の算定には相当の困難を伴います。損害額の予定をしておくことで、その額の立証がなされなくとも、原則として当該予定額の賠償責任が認められることになります（民法420条）。

　さらに、秘密保持契約の有効期間にも注意が必要です。対象となる情報や事業の性質等に応じて期間を定めることになりますが、情報を開示する側とすれば、漏洩のリスクを考慮して、できる限り長期となるよう交渉をすべきでしょう。

ウ　片務的秘密保持契約（大手企業側のみが秘密保持義務を負う場合）

　秘密保持契約は、契約当事者がそれぞれ秘密保持義務を負うのが通常

です。これを双務的秘密保持契約といいます。

ただ、共同開発に際して、大手企業とベンチャー企業が双方の内容を機密事項とした秘密保持契約を締結し、後日、共同開発の合意が解消となった場合、ベンチャー企業自身がNDAによって、もともと自分のものであるベンチャー企業側のアイディアが使えなくなってしまう問題があるようです。

例えば、大手企業がベンチャー企業のアイディアの情報を欲しているが、大手企業は特に情報を開示することがない場合（ベンチャー企業は特に大手企業の情報を欲していない場合が多いようです。）、大手企業のみが秘密保持義務や目的外使用の禁止義務を負えば足ります。

にもかかわらず、ベンチャー企業側も義務を負うとなると、同時に秘密保持義務等を負うことになり、関係解消後も目的外使用禁止を負うことになります。

その結果、ベンチャー企業のアイディアを他に使えなくなるという悲劇が生じることになります。

そのため、片務的なNDAを締結する（大手企業側のみが秘密保持義務等が課せられる）ということ手段があり、そのような対応によって自社のアイディアを守るという方法があることを知っておいてください。

(3) 企業提携関係の留意点

ここでは、企業提携の流れのうち、正式契約の締結に際してそれぞれの当事者が留意すべき問題点をピックアップしてみました。

また、前述しました通り、企業提携と言っても多様な形態がありますが、本書では、業務提携、資本提携それぞれの典型的なケースとして、販売店契約と合弁契約を取り上げましたので、参考にしてみてください。

ア　販売店契約（甲社を販売店、乙社をメーカー、当該商品をA商品とします）

① 独占販売権の有無

独占販売権とは、契約期間中、契約で規定された特定の地域内で、A商品に関し甲社以外の販売店を指定しないことです。

「独占販売権」を認める場合、それが乙社による直接販売をも禁止する意味なのかどうかも明確にした方が良いでしょう。

乙社としては、甲社に独占販売権を与える場合、見返りとして、甲社にA商品の最低購入義務（甲社が乙社から新商品を一定数量以上購入する義務）を負わせることを検討すべきでしょう。

② 競合品の取扱い

乙社としては、甲社に独占販売権を与える場合、その見返りとして、甲社が競合他社の商品取扱いをしないよう求めるべきでしょう。

ただし、契約終了後においてまで独占販売店（甲社）による競争品の取扱いを制限することは、独占販売店の事業活動を拘束して市場への参入を妨げるものとして、独占禁止法上の問題が生じます（公取委勧告審決昭和45年1月12日）。

③ 販売店の注文手続

一般には、個別の販売契約は、販売店が電話、FAX、電子メール等でメーカーに注文することで成立するという取扱いが多いと思われます。しかし、注文を受けただけで契約が成立するという定めにしてしまうと、乙社はいかに過大な注文であっても応じる義務が生じてしまいますので、乙社の承諾を個別契約の成立要件にするなど、何らかの歯止めをかけた方が良いでしょう。

④ 瑕疵担保責任（民法改正後：契約不適合責任）

乙社としては、瑕疵担保責任の取扱いについて、商法が規定する責任内容（商法526条）の限度にとどめたいところでしょう。

他方、現行の商法上の定めに従いますと、甲社は、商品受領後6か月間経過すると瑕疵担保責任を主張できなくなりますし（商法526条2項）、商法上の瑕疵担保責任の内容として認められているのは契約解除または代金減額もしくは、損害賠償のみであり、代品請求や修補請求は認められていません。そこで、甲社としては、商法の規定以上の救済手段を認めるよう、乙社に対して求めていくことになるでしょう。現実には、救済手段として、代品請求や修補請求まで認めるケースが多いようです。

これに対し、改正民法では、瑕疵担保責任が契約不適合責任へと変更され、契約内容に適合しない場合には、契約解除や損害賠償請求のみならず、追完請求（代品請求や修補請求）が認められることとなりました

（改正民法562条）。商法上の定めによれば、これらの権利を行使するためには、原則として商品受領後6か月以内に不適合の事実を相手方に通知する必要があります（改正商法526条2項）。

改正の前後を問わず、瑕疵や契約不適合があった場合の責任の内容については、契約で明確に規定しておくことが重要です。

⑤ 製造物責任

新商品について、製造物責任法2条2項に定義される欠陥があり、その欠陥によって第三者の生命、身体または財産が侵害された場合、製造物責任法は、かかる侵害によって生じた損害についてメーカー側（乙社）の賠償責任を定めています（製造物責任法3条）。

ただ、損害賠償請求の内容には、新商品の欠陥に起因するか微妙なものや、新商品の欠陥ではなく販売業者の不適切な商品説明等に起因するものも含まれます。

そこで、乙社としては、甲社がA商品に関する第三者からのクレーム、請求等を受けた場合、請求に応じる前に乙社に通知して、対処方法や費用負担について協議決定するよう求めていくべきでしょう。

なお、実務上は、製造物責任については生産物賠償責任保険により対処することも見られます。

⑥ 契約期間・契約の終了

企業提携の場合、甲社も乙社も、個々の取引契約とは異なり、一定期間関係が続くことを前提としているでしょうから、ある程度長期間（2～3年程度）の契約期間が設定され、かつ当事者からの申し入れがない限り契約が延長されるのが通常です。

ただ、商品のライフサイクルが短くなっている状況を考慮すると、単に契約期間を長くすれば良いというものではありません。両当事者が機動的な事業戦略の修正を行えるよう、延長後の契約期間は当初の契約期間よりも短くする、延長後は事前（3か月～6か月が多いです）の通知を経ることで期間満了前でも契約を解除できるようにするなどの対策を取っておいた方がよいでしょう。

⑦ 個別契約の存続

販売店契約が終了しても、一部の規定については効力を存続させた方が良い場合があります。

例えば、在庫品、競合品の取扱い、瑕疵担保責任、製造物責任、損害賠償の定め、秘密保持などに関する規定は、販売店契約の終了後も効力を残した方がいいでしょう。そうしないと、例えば秘密保持の場合、販売店契約の終了と同時に秘密保持義務も消滅することになってしまいます。

⑧ 紛争処理条項

紛争処理手続には、大きく分けると裁判と仲裁の2つがありますが、甲社と乙社が共に日本企業の場合ならば、裁判を指定することが普通だと思われます。

これに対し、甲社、乙社の一方が海外企業のケースで裁判手続を紛争処理方法として指定する場合、(a)どちらの国の裁判所を管轄裁判所とするか、(b)判決を、他の国で承認・執行できるのかという問題が生じてきます（例えば、今のところ、日本の判決を中華人民共和国で執行することはできませんし、逆の場合も同じです）。

この点、仲裁手続は、(a)裁判に比べて当事者双方の意向を反映した柔軟な手続をとれる、(b)仲裁判断の承認・執行を相互に認め合う多国間条約（「外国仲裁判断の承認及び執行に関する条約」）が整備されており、比較的容易に仲裁判断の承認及び執行が得られるという利点があります（中華人民共和国も同条約に加盟しています）。

したがって、国際販売店契約においては、積極的に仲裁の活用を検討すべきと言えるでしょう。

イ 合弁契約

① 事業体の選択

合弁事業体（ジョイントベンチャー。いわゆるJV）としての利用が想定される主な事業体としては、株式会社、合同会社、LLP（有限責任事業組合）があります。

次ページ表4-4のような各事業体のメリット・デメリットを比較参照しつつ、事業体を選択することになります。本書では、最もポピュラーな株式会社を選択したものとして、②以降の話を進めます。

表4-4 各事業体選択のメリット・デメリット

	株式会社	合同会社	LLP
メリット	●権利義務が会社に帰属し、取引先等との権利関係が明確になる。 ●株主は会社債務に対して直接責任を負わない。 ●社会的認知度が高い。 ●1人で設立可能。	●設立費用が安い。 ●柔軟な機関設計が可能。 ●組織変更（株式会社化）が可能。 ●その他は、株式会社と同じ。	●出資者（組合員）は組合債務に対して直接責任を負わない。 ●法人税課税の対象とならず、組合員に課税されるため（パス・スルー課税）、構成員の他の損益との通算が可能。 ●設立費用が安い。 ●柔軟な機関設計が可能。
デメリット	●設立費用が他の組織よりも高い。 ●期間設計上の制約あり。 ●決算公告の義務あり。	●社会的認知度が低い。	●権利義務は各組合員に帰属するため、権利義務関係が複雑化しやすい。 ●1人では設立できない。 ●組織変更（株式会社化）ができない。

② 出資比率、重要事項に関する拒否権

　日本の企業同士でJVとして株式会社を設立する場合、かつてはちょうど50％前後ずつ株式を持ち合う形態が多かったと言われます。

　しかし、これでは、甲社と乙社の意向が対立している場合、いつまでも株主総会決議が成立しないこととなり、JVとしての意思決定に支障を来します。そこで、最近は、一方当事者が議決権の過半数を保有する

場合が多くなっています。

　ただし、合弁事業である以上、通常は、一方当事者がJVの全てを支配することまでは想定されておりません。そのため、少数株主としては、一定の重要事項について拒否権を確保することで、JVの事業運営に関して一定の影響力を行使するよう、求めていくことになります。

　少数株主に拒否権を与える重要事項としては、他社への出資、多額の金銭借入れまたは貸付け、合併・株式交換・株式移転・会社分割に関する事項、事業譲渡、事業譲受けに関する事項、新規事業開始・既存事業撤退などが考えられます。

③　機関設計及び取締役の選解任権

　JVの経営全てを株主総会で決定することにしますと、迅速な意思決定が期待できないため、通常は取締役会が設置されます。

　この場合、会社法の原則に従えば、議決権の過半数を持つ多数派株主が取締役全員を選任し、かつ単独で解任できるのですが、それでは少数株主の協力が得られなくなるため、現実には、出資割合に応じてそれぞれの株主に取締役の選解任権を付与することが多いです。

　もっとも、このような定め（議決権拘束条項）に違反する形で議決権が行使された場合（例えば、一方株主が、他方株主の指名した取締役候補者に係る取締役選任議案に反対票を投じたような場合）であっても、株主総会取消事由には該当しないという見解が多数説ですので、注意が必要です。少数株主としては、このような場合に備えて、別途違約金を定める、定款で取締役の選解任に係る株主総会の決議要件を加重するなどの対策を取った方が良いでしょう。

④　従業員の確保・費用負担

　合弁事業が成功するか否かはっきりしない当初の段階では、合弁当事者が自社の従業員をJVに出向させることが多いでしょう。

　したがって、合弁契約には、出向社員に関する人件費等の費用負担に関する規定を設けることになります。

　また、従業員を相手方に引き抜かれないよう、合弁契約で引き抜き行為を禁止しておくことも検討しておきましょう。

⑤　追加の資金提供義務

　事業継続中には、追加的な資金調達の必要が生じることが予想されま

すので、合弁契約にも追加的な資金調達の方法について定めておきます。

この場合、(a)JVが独力で金融機関から資金を調達する、(b)各出資者が出資割合に応じて追加資金を提供するなどの方法が一般的です。

⑥　剰余金の配当

合弁契約の当事者は出資者ですので、利益配当請求権を持ちます。そのため、JVに利益が出れば剰余金の配当という形ですぐに利益を還元することができますし、現にそのように合弁契約で取り決めることもありますが、JV事業の長期安定化のためには、事業立上げ期は利益を内部留保するべきという考えもあり得ます。

いずれにせよ、利益が出たら配当をどうするかという問題は直ちに顕在化しますので、合弁契約であらかじめ定めておくのが良いでしょう。

⑦　知的財産権の帰属

JVを通じて出資者の商品を発売するような場合、当該商品に関する知的財産権をJVと出資者のいずれに帰属させるか、JVによる新商品の独占的な製造・販売権を認めるかなどが問題となります。

⑧　株式の譲渡制限

会社法上、株式は自由に譲渡できるのが原則ですが（会社法127条）、JVでは各株主がJVを通して共同事業を営むことが想定されておりますので、株式が第三者に容易に譲渡されるような事態は避けたいところです。

そのため、合弁契約では、株式譲渡について何らかの制限が付されるのが一般的です。具体的な方法としては、JVの発行する株式全てを譲渡制限株式（株式譲渡について株主総会または取締役会の承認が必要な株式。会社法139条1項・136条）とした上で、(a)株式譲渡について相手方株主の同意を要求する、(b)株式譲渡を承認するための取締役会（株主総会）の決議要件を加重する、(c)一定期間は株式譲渡自体を禁止する、(d)一方当事者が株式の譲渡を希望する場合には、他方当事者が、自らまたは自らが指定する第三者優先的に当該株式を取得できるようにする（先買権）などの方法が考えられます。

⑨　契約終了の方法

合弁契約の有効期間中でも、相手方に合弁契約違反や信用不安の問題が生じ、相手方と良好な提携関係を望めなくなった場合には、提携関係

を解消できるようにしておきたいところです。

そこで、提携関係を解消する方法として、(a)相手方の株式を買い取る権利（コール・オプション）または相手方に株式を売却する権利（プット・オプション）を合弁契約に定めて、相手方または自分がJVから撤退できるようにするか、(b)JVを解散する旨の定めをおくのが一般です。

(a)の方法による場合、株式買取（売却）をどのように設定するかという問題も出てきますので、算定方法についても、あらかじめ合弁契約に定めておいた方が良いでしょう。

また、いずれの方法を取るにせよ、契約終了原因は予め合弁契約で明確に定めておくことが望ましいです。

⑩ 合弁契約解消時の処理

合弁契約を解消すればそれでおしまいというわけではありません。合弁契約の解消とは、共同事業の解消でもありますので、JVの設備や在庫や損失の分配・負担、従業員の取扱い、知的財産権の処理、第三者との権利関係の処理、付随契約（合弁契約と共に締結される、合弁当事者の一方とJV間の契約）など、処理しなければならないことが多数残っています。

合弁契約の中で、これらの問題の処理方法について、簡単にでも定めておいた方が良いでしょう。

(4) 下請取引関係の留意点

ア 下請法と独禁法

下請取引に関しては、下請事業者の利益を守るために、独禁法（正式名称は「私的独占の禁止及び公正取引の確保に関する法律」）や下請法（正式名称は「下請代金支払遅延等防止法」）の規定が適用されます。

独禁法と下請法の関係は、下請法が、下請取引の公正化・下請事業者の利益保護を実効的に実現する目的で、親事業者による下請事業者に対する優越的地位の濫用行為を取り締まるために制定された特別の法律ですので、まずは下請法の規定が適用され、下請法が適用されない行為について独禁法が適用されると押さえてください。

イ 下請法の趣旨・概要

① 下請法が適用される取引かどうかについては、まず「委託する業務内容」と「資本金額」の2つの基準によって、後記④のとおり、「親事業者」及び「下請事業者」に該当するか否かが判断されます（下請法2条）。

② 次に、下請法の適用対象となる取引に該当するか否かが判断されます。対象となるのは、ⅰ製造委託、ⅱ修理委託、ⅲ情報成果物作成委託、ⅳ役務提供委託の4類型の委託取引です（同法2条1項ないし4項）。ⅰからⅳまでの委託取引を総称して「製造委託等」といいます（同条5項）。

なお、建設業（建設工事）の下請取引については、下請法の適用対象から除外されています（同法2条4項）。これは、建設業法において下請法と類似の規制がなされているため、重ねて規制を加える必要性が乏しいとの理由からです。もっとも、建設工事に関連する設計業務、建設コンサルタント業務などを委託する場合は、上記ⅲ又はⅳに該当するので下請法が適用されます。

③ 上記ⅰないしⅳの委託取引については、さらに以下のとおりいくつかの取引類型に分けられます。

ⅰ 製造委託

物品（ここでは動産を意味します）を販売し、又は製造を請け負っている事業者が、規格、品質、形状、デザイン、ブランドなどを細かく指定して、他の事業者に物品の製造や加工などを委託すること。

（ⅰ）物品の販売を行っている事業者が、その物品の製造を他の事業者に委託する場合

（ⅱ）物品の製造を請け負っている事業者が、その物品の製造を他の事業者に委託する場合

（ⅲ）物品の修理を行っている事業者が、その物品の修理に必要な部品又は原材料の製造を他の事業者に委託する場合

（ⅳ）自家使用又は自家消費する物品を社内で製造している事業者が、その物品の製造を他の事業者に委託する場合

ⅱ 修理委託

物品の修理を請け負っている事業者がその修理を他の事業者に委託し

たり、自社で使用する物品を自社で修理している場合に、その修理の一部を他の事業者に委託すること。
（ⅰ）物品の修理を請け負っている事業者が、その修理行為の全部又は一部を他の事業者に委託する場合
（ⅱ）自家使用する物品を自家修理している事業者が、その物品の修理行為の一部を他の事業者に委託する場合

ⅲ　情報成果物作成委託

ソフトウェア、映像コンテンツ、各種デザインなど、情報成果物の提供や作成を行う事業者が、他の事業者にその作成作業を委託すること。
（ⅰ）情報成果物を業として提供している事業者が、その情報成果物の作成の行為の全部又は一部を他の事業者に委託する場合
（ⅱ）情報成果物の作成を業として請け負っている事業者が、その情報成果物の作成の行為の全部又は一部を他の事業者に委託する場合
（ⅲ）自らが使用する情報成果物の作成を業として行っている場合に、その作成の行為の全部又は一部を他の事業者に委託する場合

ⅳ　役務提供委託

運送やビルメンテナンスをはじめ、各種サービスの提供を行う事業者が、請け負った役務の提供を他の事業者に委託すること。

④「親事業者」と「下請事業者」

下請法１条によれば、「親事業者」は規制主体、「下請事業者」は保護主体と位置づけられていますが、これらは事業者の資本金規模と取引の内容との２つの要素の組み合わせにより、以下のとおり定義づけられています。

ⅰ　製造委託・修理委託の場合（なお、情報成果物作成委託のうち、下請代金支払遅延等防止法施行令（以下「下請法施行令」といいます）で定める「プログラム（ソフトウェア業）」、役務提供委託のうち同令で定める「運送（運輸業）」、「物品の倉庫における保管（倉庫業）」、「情報処理（情報処理サービス業）」の４業種においても同様に定義づけられています）
（ⅰ）資本の額又は出資の総額（以下「資本金規模」といいます）が３億円超の法人事業者が、個人又は資本金規模３億円以下の法人事業者に製造委託又は修理委託をする場合において、前者を「親事業者」、

後者を「下請事業者」といいます。
（ⅱ）資本金規模が1千万円超3億円以下の法人事業者が、個人又は資本金規模1千万円以下の法人事業者に製造委託又は修理委託をする場合において、前者を「親事業者」、後者を「下請事業者」といいます。
ⅱ　情報成果物作成委託・役務提供委託の場合（上記下請法施行令で定める4業種を除く）
（ⅰ）資本金規模が5千万円超の法人事業者が、個人又は資本金規模5千万円以下の法人事業者に情報成果物委託・役務提供委託をする場合において、前者を「親事業者」、後者を「下請事業者」といいます。
（ⅱ）資本金規模が1千万円超5千万円以下の法人事業者が、個人又は資本金規模1千万円以下の法人事業者に情報成果物委託・役務提供委託をする場合において、前者を「親事業者」、後者を「下請事業者」といいます。

ウ　下請法の親事業者の義務・禁止行為
① 親事業者の義務
親事業者には、以下の4つの義務が課せられています。
ⅰ　書面交付義務（同法3条）
親事業者は、発注に際し、委託をした日・下請事業者の給付の内容・給付を受領する日・場所・下請代金の額・支払期日等の必要事項を全て記載した書面を交付する義務を負っています。
ⅱ　支払期日を定める義務（同法2条の2）
親事業者は、給付内容について検査するかどうかを問わず、下請代金の支払期日を、物品等を受領した日から起算して60日以内で、かつ、できる限り短い期間内で定める義務を負っています。
ⅲ　書類の作成・保存義務（同法5条）
親事業者は、下請事業者に対し、下請法所定の業務を委託した場合において、下請事業者に対してした給付内容・下請代金の額等の5条所定の事項を記載した書類を作成し、これを2年間保存する義務を負っています。
ⅳ　遅延利息の支払義務（同法4条の2）
親事業者は、下請代金を支払期日までに支払わなかったときは、下請

事業者に対し、物品等を受領した日から起算して60日を経過した日から実際に支払をするまでの期間につき、その日数に応じ、未払額に年率14.6％を乗じた額の遅延利息を支払う義務を負います。

② 親事業者の禁止行為

親事業者は、違法性の意識の有無、事前の合意の存否にかかわらず、下請事業者に対する以下の11項目の行為が禁じられています。

i 受領拒否の禁止（同法4条1項1号）

注文した物品等の受領を拒むこと。

ii 下請代金の支払遅延の禁止（同2号）

下請代金を受領後60日以内の範囲であらかじめ定められた支払期日までに支払わないこと。

iii 下請代金の減額の禁止（同3号）

あらかじめ定めていた下請代金を減額すること。

iv 返品の禁止（同4号）

受け取った物品を返品すること。

v 買いたたきの禁止（同5号）

類似品等の価格や市価に比べ著しく低い下請代金を不当に定めること。

vi 購入・利用強制の禁止（同6号）

親事業者が指定する物品、役務を強制的に購入、利用させること。

vii 報復措置の禁止（同7号）

下請事業者が親事業者の不公正な行為を公正取引委員会や中小企業庁に知らせたことを理由に、親事業者が下請事業者に対し不利益な取扱いをすること。

viii 有償支給原材料等の対価の早期決済の禁止（同法4条2項1号）

有償で支給した原材料等の対価を、それによってできあがる物品の下請代金の支払期日よりも早く相殺したり、支払わせたりすること。

ix 割引困難な手形の交付の禁止（同2号）

代金の支払として一般の金融機関で割引できない手形を交付すること。

x 不当な経済上の利益の提供要請の禁止（同3号）

下請事業者から金銭、労務の提供等をさせること。

xi 不当な給付内容の変更及び不当なやり直しの禁止（同4号）

下請事業者の負担で注文内容の変更、受領後のやり直しをさせること。

エ　下請法の運用の強化
① 運用基準の改正
　平成28年12月14日、公正取引委員会により、下請法の運用の指針を定めた「下請代金支払遅延等防止法に関する運用基準」（以下「運用基準」といいます）が改正されました。

　過去に繰り返し見受けられたものや事業者が問題ないと認識しやすいものなどの違反行為事例が追加され、66事例から141事例に大幅増加となりした。

② 下請中小企業振興法の振興基準の改正
　同日、経済産業省により、「下請中小企業振興法第3条第1項の規定に基づく振興基準」（以下「振興基準」といいます）が改正されました。

　下請中小企業振興法は、親事業者の協力のもとに、下請中小企業の体質を根本的に改善し、下請性を脱した独立性のある企業に育てあげることを目的とする法律です。同法第3条の規定に基づき、下請事業者及び親事業者のよるべき一般的な基準（振興基準）が定められ、主務大臣（下請事業者、親事業者の事業を所管する大臣）が必要に応じて下請事業者及び親事業者に対して指導、助言を行う際に用いられています。

　今回の改正では、親事業者が、原価低減要請をするときに、経済合理性や十分な協議を欠いた要請をしないようにすることや、下請事業者から取引対価の見直し要請があった場合に、人手不足や最低賃金の引き上げなどによる労務費の上昇について、その影響を反映するよう協議を行うことなど、下請法の運用基準の改正と同趣旨の追記がなされました。

　また、親事業者から下請事業者に対する支払方法について、可能な限り現金で行うこと、手形やファクタリング等による場合には、割引料を下請事業者に負担させることのないよう十分協議をして決定すること、手形サイトは120日（繊維業においては90日）を超えてはならないことは当然として、将来的に60日以内とするよう努めることなどが追記されました。

③ 「請負代金の支払手段について」（通達）
　さらに、同日、公正取引委員会と中小企業庁は、連名で、「下請代金の支払手段について」と題する通達を発出しました。

上記②で述べた振興基準の追加事項と同じく、下請事業者に対する支払方法について、可能な限り現金で行うこと、手形やファクタリング等による場合には、割引料を下請事業者に負担させることのないよう十分協議をして決定すること、手形サイトは120日（繊維業においては90日）を超えてはならないことは当然として、将来的に60日以内とするよう努めることが要請されています。

オ　下請規制違反の契約の有効性
　独禁法・下請法・建設業法に違反する契約が当然に無効になるわけではなく、公序良俗（民法90条）に違反する場合にはじめて無効になるというのが判例の立場です。

カ　救済方法
① 　下請法違反の効果
　下請法は、前述の規制の実効性を確保するため、公正取引委員会等によって、親事業者・下請事業者に対する定期書面調査や立入検査が実施され、違反が認められた場合は行政指導による是正・勧告が行われるほか、罰金・罰則が課されます。
② 　違反行為の調査
　ⅰ　調査権限
　下請事業者が公正取引委員会等に親事業者による下請法禁止行為の事実を申告したことに対する報復措置は下請法4条1項7号で禁止されていますが、実際には、報復措置を危惧する下請事業者が多く、下請事業者からの申告はあまり期待できません。そこで、下請法は公正取引委員会等が積極的に違反事実を発見できるよう広範な調査権限を与えています。
　公正取引委員会は、親事業者、下請事業者に報告をさせることができ、親事業者、下請事業者への立ち入り等の検査をすることもできます（同法9条1項）。公正取引委員会への措置請求ができる中小企業庁の長官も、同様の調査等ができます（同条2項）。さらに、親事業者又は下請事業者の所管する主務大臣も、中小企業庁長官の調査に協力するために、同様の調査等ができます（同条3項）。

これらの報告要求、立入検査に対して虚偽の報告をする、妨害等を行った場合、行為を行った個人のほか、その事業者に対しても50万円以下の罰金が課されます（同法11条、12条）。

ⅱ　書面調査

公正取引委員会は、多数の親事業者と下請事業者に対して下請取引に関する調査票を送付してそれを回収するという書面調査を定期的に実施しています。

中小企業庁も下請事業者に対して「親事業者との取引に関する調査について」という書面調査を定期的に実施しています。

③　下請法による救済方法

公正取引委員会は、親事業者が禁止行為をしたと認めるときは、親事業者に対して禁止行為の差し止め・是正、原状回復を求める勧告をします（下請法7条）。勧告の内容には、「その他必要な措置」として再発防止措置等も含まれます。

原状回復措置としては、受領拒否（同法4条1項1号）に対する速やかな給付の受領、支払遅延（同項2号）に対する速やかな下請代金の支払、購入・利用強制（同項6号）に対する購入・利用させた物の速やかな引き取りなど具体的な内容が勧告されます。また、「その他必要な措置」として、今後は同様の下請法違反行為を行わないことを取締役会の決議で確認すること、違反事実等を役員・従業員に周知徹底すること、研修等再発防止のための社内体制を整備・構築することなどについても勧告がなされます。

ただし、実際には、公正取引委員会が禁止行為を認知してから勧告を行うまでに親事業者が原状回復措置を自主的に行うこともあり、再発防止措置についてのみ勧告がなされるケースも見受けられます。それゆえ、公正取引委員会に親事業者による下請法の禁止行為を認知してもらうこと自体が、当該禁止行為の速やかな停止、原状回復につながると言えます。そこで、下請事業者としては、公正取引委員会の担当窓口に親事業者による禁止行為の申し出をすることが考えられます。

なお、上記下請法7条の勧告は公正取引委員会しかできませんが、中小企業庁や主務官庁も下請法違反行為の調査ができ（同法9条2項、3項）、違反行為を認知した中小企業庁長官は公正取引委員会に適当な措

置を請求することができるため（同法6条）、下請事業者としては、中小企業庁、主務官庁の担当部署に親事業者による禁止行為の申し出をすることも考えられます。

第5章

人材の活用方法

1 人材の集め方
2 人材を集めるルート
3 契約形態による違い
4 雇用における注意点
5 優遇税制等の活用
6 休暇の定め方

1 人材の集め方

(1) 契約の形態にはどのようなものがあるか

　事業を始めようというのであれば、「ヒト」の問題は避けて通ることはできません。事業開始当初は、自分ひとり、あるいは一緒に事業を始めた仲間同士、もしくはその家族などの助力を得ながら仕事をしていくのも現実的な選択肢ですし、実際にもそういう場合は多いでしょう。その一方で、事業分野によっては、当初から人材を必要とする場合もあるでしょう。

　いずれにせよ、事業が拡大していけば必ず人材が必要になってきます。

　しかし、人材の活用方法は法的にみても一様ではありません。はたして、どのような契約形態が考えられるのでしょう。本書では、下記図5-1に示した、主要な形態と思われるものについて、まずは整理をしてみましょう。

図5-1

```
・直接雇用 ─┬─ 正社員
            └─ 非正社員 ┬┄ パートタイマー、アルバイト
                        ├┄ 契約社員
                        ├┄ 期間雇用
                        └┄ その他
・労働者派遣
・請負（業務委託）
・その他
```

ア　直接雇用（いわゆる契約社員、短時間労働者等を含む）

　「ヒト」に働いてもらう、というときに皆さんがまず思い浮かべるのは、直接雇用するという契約形態かもしれません。この場合、会社（や事業主）と労働者との間で雇用契約を締結することになります。

　雇用契約といっても、その形態はさらにいくつかに整理することがで

きます。ただし、契約形態や社会一般で用いられている用語例において、必ずしも定義が一義的に定まっていないこともありますが、本書では次のように整理してみます。労働法制上、使用者のさまざまな義務がありますので、実際に雇用契約を結ぶときには、できるだけ、弁護士等の専門家に相談してみることをお勧めします。

①正社員

　法的な定義はありませんが、一般的には長期雇用を前提に使用者と期間の定めのない労働契約を締結している従業員のことをいいます。

②非正社員

　私的自治の原則のもと、使用者が特定の従業員とどのような内容の契約を締結するかは、（労働に関する諸規制に反しないかぎり）自由に決めることが出来ます。そのため、いわゆる非正社員といっても、さまざまな契約形態があります。以下では、その主だったものをあげますが、必ずしも法律上の厳密な定義があるものではなく、また、要素が重複することもあり得ます。

ⅰ　パートタイマー、アルバイト

　事業立ち上げ当初においては、"臨時的な人手"として、いわゆるパートやアルバイトという形態で人材を活用しようという場合も多いかと思います。

　パートタイマーについては「短時間労働者の雇用管理の改善に関する法律」（パート労働法といわれることがあります）が制定されており、その2条で、1週間の所定労働時間が同一の事業所に雇用される通常の労働者の1週間の所定労働時間に比し短い労働者と規定されるように、一般的に所定労働時間や所定労働日数が正社員に比して短いまたは少ない労働者をいいます。

　アルバイトも、必ずしも厳密に一定の契約内容を指すものではありません。正社員に比べて勤務時間が短く、または一定の期間に限って雇用する場合をアルバイトと呼ぶのが一般的です。そのため、勤務時間が短いという場合にはパートタイマーに準じて、そして、一定の期間に限って雇用されている場合は、期間雇用に準じて取り扱うことになります。

　全てのパートタイム労働者について、平成26年の法改正により、事業者が、パートタイム労働者と通常の労働者の待遇を相違させる場合には、

職務の内容、当該職務の内容及び配置の変更の範囲その他の事情を考慮して、不合理なものであってはならないという労働条件の均衡原則が明文化されました。

なお、平成30年の法改正により、個々の待遇ごとに、当該待遇の性質・目的に照らして、適切と認められる事情を考慮して判断されるべきことが明確化され、均等待遇の規定が整備されています（中小企業におけるパートタイム労働法・労働契約法の平成30年改正規定の適用は平成33年4月1日となっています）。

ⅱ　契約社員

「契約社員」と呼ばれる形態も、必ずしも明確な定義がある訳ではなく、さまざまな雇用態様を含んでいます。

一般的には雇用期間の定めがある場合が多いでしょう。こうした形態（呼び方）は、事務作業などにおけるパートタイマーに対して用いていることもありますし、また、早期退職が見込まれる人を雇用する場合に期間を定めて雇用するときに用いていることもあります。

こうしたものとは違って、例えばIT関連企業がシステムエンジニアやWEBデザイナーなどの専門的能力を有する人の特定の能力を活用するために、特定の仕事を行ってもらうという内容の契約をする「契約社員」もあります。こうした"専門能力活用型"とでもいうべき契約社員の場合、個別の労働契約において、具体的に専門とする能力や仕事内容、賃金等を定めておくことになります。

ⅲ　期間雇用

労働契約において雇用期間の定めをする場合です。他の正社員と同様の労働時間で働く場合もありますが、雇用期間の定めをする場合と労働時間が短い場合とが組み合わせるときには、期間雇用でありパートタイマーでもある、ということになります。具体的には、季節により繁忙期と閑散期がある場合や、臨時の業務がある場合、一定期間ごとに契約の更新を判断する必要がある場合などに用いられる形態といえるでしょう。

有期の労働契約について、判例上、一定の場合には、解雇権濫用法理（労働契約法16条）が類推適用され、合理的理由なく使用者が契約更新しないこと（＝雇止め）は無効とされており、現在は、労働契約法19条において明文化されています。

また、通算の契約期間が5年を超える等の一定の要件を充たす場合に、有期労働者の無期転換申込権の発生（労働契約法18条）についても、念頭に置いてく必要があります。

イ　労働者派遣

　労働者派遣とは、他者（派遣元）と雇用関係にある労働者を、自身（派遣先）の指揮命令のもとで自身のために労働させる場合をいいます（正確な定義は労働者派遣事業の適正な運用の確保及び派遣労働者の保護等に関する法律（以下、「派遣法」といいます）2条1号を参照ください）。

　現在は、労働者派遣の対象業務は原則自由化されていますが、①建設業務②警備業務③医療関連業務など一部の業務では、基本的に禁止されています。また、労働者派遣には、派遣受入期間の制限や派遣期間超過の場合の派遣先企業の雇用義務等のさまざまな規制がありますので、その詳細については弁護士などの専門家に相談することをお勧めします。

ウ　請負、業務委託

　請負とは請負者における「仕事の完成」を契約の目的の中心として、他者に仕事を依頼する契約形態であり、業務委託と呼ばれるものは、「一定の業務の処理」を相手方に委託して、相手方はある程度の自由裁量をもって自己の責任で処理するという契約形態です。

　請負や業務委託は、社内の一部の事務処理等の業務を外部に任せるアウトソーシングの一種であり、労働法制上の派遣に関する規制を受けませんが、イの労働者派遣とはその就労実態において区別されるもので、いわゆる「偽装請負」が問題となっています。

2　人材を集めるルート

　人材を集めることを「募集」といいます。募集のルートには、事業主（雇用契約においては、「使用者」と呼ばれます）が自ら直接募集する方法と、他の機関（ハローワーク・民間の職業紹介業者）の力を借りて募集する方法があります。
　まず、労働契約を締結する際には、使用者には、労働者に対して、賃金・労働時間その他の労働条件を明示する義務が課されている点に注意すべきです（労働基準法15条1項）。労働基準法施行規則5条1項に列挙されている明示すべき事項のうち、労働契約の期間に関する事項、就業場所、労働時間に関する事項、賃金の決定・計算方法に関する事項等については、書面の交付による明示が義務付けられています（同規則5条2項、3項）。

(1)　自ら募集する方法

　使用者が自ら募集する場合は、その求人の人数、規模等に応じて、直接口頭で勧誘するケースもあれば、新聞や雑誌、自社のホームページなどに募集広告を載せるケースもあります。
　募集広告を作成する際の留意点は、以下の通りです。
　（以下の留意点は、他の機関を通して募集を行う場合も、原則として共通です）

ア　募集条件を明示すること

　職業安定法（職安法）で、以下の具体的労働条件を明示することとなっています（職安法5条の3第1項、第2項）。また、募集条件の明示にあたっては、誤解を生じさせないように、平易な表現を用いる等、的確な表示に努めなければなりません（職安法42条）。

> i　従事すべき業務の内容　　ii　労働契約の期間　　iii　就業場所　　iv　始・終業時刻、所定労働時間を超える労働の有無、休憩時間および休日　　v　賃金の額　　vi　各種労働・社会保険の適用関係　　vii　労働者を雇用しようとする者（雇用主）の氏名または名称　　viii　派遣労働者として雇用する場合は、その旨　　ix　試用期間の有無、および、試用期間が発生する場合はその期間、期間中の労働条件　　x 裁量労働制を採用している場合にその旨、他条件

イ　募集条件と実際の労働条件との間に不合理な差異がないこと

　募集広告（や求人票）は、労働者からの契約の申し込みの誘引であり、契約時に就業規則や個別合意によって決定された内容が当該労働契約の内容となるのが原則です。

　しかし、募集条件と実際の雇用契約における労働条件が大きく異なれば、応募者の期待を裏切ることとなり、紛争となる可能性があります。

　裁判例の中にも「求人票記載の額を著しく下回る額で賃金を確定することは、信義則に反することとなる場合がある」（東京高裁昭和58年12月19日判決）との判示がなされたものがあります。

　募集要項・条件が変更・削除・追加になった場合は、求職者／応募者に労働条件の変更内容を明示し、その理由を説明する必要があります。

ウ　募集条件が各種法令に違反しないこと

　使用者には、採用の自由が認められています（最高裁昭和48年12月12日判決）。したがって、募集条件は、原則として、使用者が自由に決められます。

　しかし、使用者の採用の自由は、以下の通り、各種法令で一定の規制を受けており、募集条件の策定にあたっては法令を遵守する必要があります。

①　均等法による規制
i　直接差別の禁止

　雇用の分野における男女の均等な機会及び待遇の確保等に関する法律

（均等法）では、事業主は、労働者の募集および採用について、その性別にかかわりなく均等な機会を与えるべきことが求められており（均等法5条）、事業主が適切に対処するための指針として、厚生労働省より、「労働者に対する性別を理由とする差別の禁止等に関する規定に定める事項に関し、事業主が適切に対処するための指針」（平成18年10月11日厚生労働省告示614号）が発せられています。

具体的には、男性のみを募集するとか、事務職は女性のみを募集するということ（このような差別を「直接差別」といいます）は禁止されています。（当初、均等法制定時には、女性に対する差別禁止規定でしたが、2006年の法改正によって、男性に対する差別も禁止の対象となりました）

かかる差別禁止規定に違反した場合は、厚生労働大臣または都道府県労働局長による助言、指導、または勧告の対象となり、勧告にも従わなかった場合はその旨を公表することができるとされています（均等法29条、30条）。

ⅱ　間接差別の禁止

「間接差別」とは、外形上は性に中立的な基準等であっても、別の性の構成員と比較して、一方の性の構成員に相当程度の不利益を生じさせ、かつ、その基準等が職務と関連性がないなど、合理性・正当性が認められないものを指し、均等法7条で禁止されています。

間接差別の禁止に関し、募集の際に留意すべき規制は、以下の2つの規制（均等法施行規則2条）です。

㋐　一定の身長、体重または体力を要件とする募集または採用に関する措置

例えば、「身長175センチメートル以上」という募集条件を業務上の必要性が特に認められないのに課したとすれば、事実上、女性がその条件を満たすことは難しいことから、間接差別の一つとして禁止されます。

㋑　コース別雇用管理制度における全国転勤を要件とする総合職の募集または採用に関する措置

実際には地方支店などがないのにもかかわらず、かかる要件を総合職の募集にあたり課すことは間接差別の一つとして禁止されます。

間接差別禁止規定に違反した場合の効果は、直接差別規定に違反した

場合（前記ⅰ）と同様です。

② **パートタイム労働法による規制**

短時間労働者の雇用管理の改善等に関する法律（パートタイム労働法）13条は、事業主に対し、その雇用する短時間労働者（１週間の所定労働時間が同一事業所の通常のそれに比して短い労働者）が通常の労働者に転換を図ることができるよう、次の３つの措置を講じるよう求めています。

ⅰ 通常の労働者の募集を行う場合において、当該募集に係る事業所に掲示すること等により、その者が従事すべき業務の内容、賃金、労働時間その他の当該募集に係る事項を当該事業所において雇用する短時間労働者に周知すること

ⅱ 通常の労働者の配置を新たに行う場合において、当該配置の希望を申し出る機会を当該配置に係る事業所において雇用する短時間労働者に対して与えること

ⅲ 一定の資格を有する短時間労働者を対象とした通常の労働者への転換のための試験制度を設けることその他の通常の労働者への転換を推進するための措置を講じること

したがって、通常の労働者の募集を行う場合には上記ⅰに留意する必要があり、一定の資格を有する短時間労働者の募集を行う場合には、上記ⅲに留意する必要があります。

③ **雇用対策法による規制**

雇用対策法10条は、労働者の募集、採用について、年齢制限が容認される一部の場合（雇用対策法施行規則１条の３）を除き、年齢による差別を禁止しています（ただし、罰則規定はありません）。

また、雇用対策法７条（同法９条に基づき発せられている「青少年の雇用機会の確保等に関して事業主が適切に対処するための指針」（平成19年８月３日厚生労働省告示275号）を含む）では、青少年（おおむね35歳未満の者）の雇用状況を改善するための措置として、事業主に対し、採用基準の明確化、応募資格の既卒者への開放（卒業後少なくとも３年までの者を新卒者として扱うことを含む）、通年採用の導入、実践的な

職業能力の開発の推進等の努力義務を課しています。

④　派遣労働者の勧誘
　派遣先が派遣労働者を勧誘すること自体は何ら禁止されていません。しかし、かかる行為は、派遣元（派遣会社）との軋轢を生じるおそれがあることから、事前に派遣元・派遣先間で十分に協議をしておくことが必要です。

(2)　ハローワークや職業紹介業者を利用する場合

　事業主は、公共職業紹介機関であるハローワークを利用することも、民間の職業紹介事業者を利用することも、いずれも可能です。

ア　ハローワーク

　ハローワークは、原則としてすべての求人申し込みおよび求職申し込みを受理しなければならないとされています（職業安定法（職安法）5条の5、5条の6）。
　したがって、求人を希望する事業者は、ハローワークを用いて、簡単に求人の申し込みをすることができます。

イ　民間の職業紹介事業者

　港湾運送業や建設業以外の業種では、民間の職業紹介業者も自由に利用できます（職安法32条の11）。
　ハローワークとは異なり、紹介手数料がかかります。また、業者ごとに得意分野等があります。
　必要とする人材の内容を正確に業者に伝えることが重要です。

ウ　紹介予定派遣

　労働者派遣契約に基づき派遣される労働者について、当該派遣契約終了後に、当該派遣労働者について、派遣先との間で雇用契約を締結することを前提とするものです（派遣法2条6号）。
　紹介予定派遣は、雇用契約締結の義務を負うものではありませんが、

紹介予定派遣を受けた企業としては、当該派遣労働者の能力を派遣契約期間中に見極めることが必要となります。

3 契約形態による違い

　先ほど、人材活用に関するいくつかの契約形態を整理してみましたが、それぞれにはどのような違いや特徴、注意点があるのでしょうか。まずは、図5-2をご覧ください。

図5-2

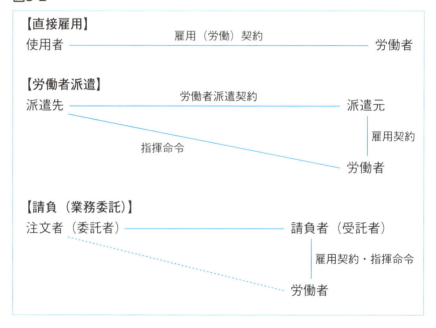

　それでは、もう少し詳しく契約形態による違い、特徴をみてみましょう。

ア　直接雇用

　直接雇用の場合、会社や事業主（使用者）と労働者が契約当事者として雇用契約を締結します。この点が、会社や事業主が派遣元と労働者派

遣契約を締結する「労働者派遣」や、請負者と請負契約を締結する「請負」、受託者と業務委託（準委任）契約を締結する「業務委託」と大きく異なります。

そして、労働者と締結する労働契約の内容によって、正社員、パートタイマー、アルバイト、契約社員、期間雇用などの非正社員に分けて整理できることは先ほど述べたとおりです。

先ほど、使用者と労働者がどのような内容の契約を締結するかは、「労働に関する諸規制に反しない限り」自由であると述べました。例えば、日本においては、いったん雇用した労働者を解雇することについては、（使用者にとって）厳しい規制が設けられています。このことは、労働に関する諸規制（労働関連法制）に関するひとつの特徴に過ぎませんが、労働関連法制については、非正社員という雇用形態の持つ特性、例えば期間雇用であるとか、パートタイマー等の短時間労働であることにより、その適用が正社員の場合と異なることがあります（ただし、これらの雇用形態の区別は契約の文言のみによって一義的に定まるものではなく、就労実態に鑑みて定まるものであることに注意が必要です）。そして、使用者である会社や事業者の規模等によっても、労働に関する諸規制の適用が異なることもあります。

そこで、事業を始めるにあたり、あるいは事業を発展・展開させていくに際して、雇用契約を締結する場合には、雇用形態の選択や手続的適正について、弁護士等の専門家の意見を求めることをお勧め致します（なお、直接雇用における代表的な注意点については、本章**4**の「雇用における注意点」を参照ください）。

イ　労働者派遣
① 直接雇用との違い

労働者派遣と直接雇用との違いは、会社（や事業主）と契約する相手方当事者が労働者ではなく、労働者を雇用し、かつ派遣先と「労働者派遣契約」を締結する派遣元である、という点です。これは、言いかえると、派遣先と労働者の間には「指揮命令関係」はあるけれども、「雇用契約関係はない」ということになります。

こうした特徴により、例えば就業規則についてみると、原則として、

派遣労働者に適用される就業規則は労働者と雇用関係にある派遣元の就業規則ですが、労働者が指揮命令関係に服し実際に就労（役務提供）をしているのは派遣先ですから、派遣先のルールに従ってもらう必要があります。そのため、通常は、雇用関係のある派遣元の就業規則では、派遣先の就業規則を準用することを定め、実際の運用に困らないように手当てがされているようです。また、時間外労働についても、派遣労働者との関係では、派遣元の就業規則（派遣元とのいわゆる36協定の締結が前提となります）に基づき、派遣先がこれを代理行使する等の方式により、時間外労働を命じることになります。

そして、派遣先が派遣労働者について講じなければならない措置、特に平成27年に法改正された雇用安定措置に関する特定有期雇用派遣労働者の雇入れ努力義務（労働派遣法40条の4）、派遣先に雇用される労働者の募集に係る事項の周知義務（同法40条の5）や労働契約申し込みみなし（同法40条の6）について、十分に留意する必要があります。

なお、派遣労働者についても、平成30年改正により、派遣先労働者との均等・均衡待遇、一定要件を満たす労使協定による待遇のいずかを確保することが義務化されました。

② **請負、業務委託との違い**

労働者派遣は、指揮命令権を誰が持つのか、という点において、請負、業務委託と区別されます。

この点については、いわゆる「偽装請負」の問題とともに、「請負、業務委託」の項で述べることにします。

③ **その他**

ほかにも、労働者派遣においては、派遣先事業所単位と派遣労働者個人単位の派遣期間制限が設けられており、先の事業展開を予想しつつ慎重に検討すべき点があります。この派遣受け入れ期間の制限（直接雇用義務が生じる場合もある）についても、このような制限があることで、労働者派遣が多用されないようにすることによって、結果的に直接雇用の社員の雇用が守られるという側面もあるのです。弁護士等の専門家に相談のうえ、労働者派遣という契約形態の得失と実施事業や経営状況を

考慮して、契約について検討するのがいいでしょう。

ウ　請負、業務委託
①　直接雇用との違い

　請負（業務委託）と直接雇用との違いは、会社（や事業主）と契約する相手方当事者が（会社や事業主と雇用関係にある）労働者ではなく、注文主（委託者）と「請負（業務委託）契約」を締結する請負者（受託者）である、という点です。この場合、請負者（受託者）は個人である場合もありますし、労働者を雇用する会社等である場合もあります（前記図5-2は請負者（受託者）が労働者を雇用しているケースです）。これは、言いかえると、注文者（委託者）と労働者との間には「雇用契約関係がなく」、また、下記労働者派遣との違いにみられるように、注文者（委託者）と労働者の間には「指揮命令関係」もない、ということになるのです。

　すなわち、直接雇用と違って請負、業務委託では、「仕事の完成」や「一定の業務の処理」について、請負者（受託者）に一定の裁量を与えて「任せる」という関係にあるということになります。

②　労働者派遣との違い（いわゆる「偽装請負」の問題）

　既に上記①において、請負、業務委託と労働者派遣との違いについて、少し先取りしてしまいましたが、両者の違いは、端的に言うと、労働者に対する「指揮命令関係」が派遣先にあるのが労働者派遣で、請負者（受託者）にあるのが請負（業務委託）ということになります。この違いは一見すると明白なようにも思えますが、請負（業務委託）の内容が、注文者（委託者）の事業所における作業である場合、その区別は実はそう簡単ではありません。

　そこで、問題となるのがいわゆる「偽装請負」です。

　先ほども少し触れたように、労働者派遣は原則自由化がされましたが、一部に禁止される業務内容があるだけではなく、労働者派遣においては、派遣期間の制限、当該制限期間超過の場合の厚生労働大臣による派遣先に対する雇い入れ勧告処分が行われたり、派遣先に直接雇用の義務が生じる場合もあります。また、そもそも労働者派遣事業を行うには厚生労

働大臣の許可が必要です（派遣法5条等）。このように、労働者派遣に対しては、派遣労働者の保護等の観点から今でも様々な規制があります。そこで、労働者派遣の抜け道的に請負（業務委託）という形式を装って労働者を使用することが「偽装請負」であり、「偽装請負」の問題点はここにあるのです。

　この問題は、労働者を受け入れる企業にとっても決して他人事ではありません。「偽装請負」により労働者派遣を受けている場合、行政指導や勧告を受けたり（派遣法48条1項、49条の2第1項）、場合によっては企業名の公表という処分を受けることがあります（派遣法49条の2第3項）。

　そこで、労働者を受け入れる会社においても、偽装請負とならないように注意をする必要があります。本項の冒頭で述べたように、労働者派遣と請負（業務委託）との区別基準は労働者との「指揮命令関係」が派遣先にあるのか（＝「労働者派遣」）、請負者（受託者）にあるのか（＝「請負（業務委託）」）という点です。詳細を述べるには紙幅が足りませんが、より具体的には「注文者（委託者）が労働者を直接利用しないこと」という点と「請負者（受託者）が独立して業務を行うこと」という点が重要になります。

4 雇用における注意点

(1) 残業対策

ア　まず前提として、我が国の残業に関する規制は以下のとおりです。

時間外労働について	①25％以上の割増賃金支払が必要。②更に、月に60時間を超えた場合には、60時間を超えた部分について50％以上の割増が必要。（※②に関しては、中小企業について適用猶予は、平成35年4月1日より廃止されます）
深夜労働について	25％以上の割増賃金支払が必要。
休日労働について	35％以上の割増賃金支払が必要。

⬇したがって…

時間外労働＋深夜労働	50％以上の割増賃金支払が必要。
休日労働＋深夜労働	60％以上の割増賃金支払が必要。

　なお、平成30年改正により、時間外労働の上限については、月45時間、年360時間を原則とし、臨時的な特別の事情がある場合であっても、年720時間、単月100時間未満（休日労働を含む）、複数月平均80時間（休日労働を含む）を限度とされることとなりました。なお、中小企業については、平成32年4月1日より適用されることとなります。

　雇用において残業問題は、以下述べるとおり、主に①未払残業代の請求という問題と、②従業員の過労死・過労自殺という問題の2つの場面で問題となります。

イ①　まず、会社が所定の残業代を支払わない場合には、賃金不払いとして労働基準法第24条違反の問題となります。

　　仮に、従業員の側でこれまで未払いであった残業代を遡及して請求するということになれば、会社側では一度に高額の支払を余儀なくされることになり、複数の従業員からそのような請求がなされれ

ば、最悪の場合会社の存亡自体を危うくさせることもあります。

　この点、会社によっては、裁量労働制や業務委託、残業の事前許可制を採用しているから、残業代の問題は生じないと考える向きもあるかもしれません。

　しかし、これらの制度については、日頃の運用を相当厳格にしておかなければ、裁判では残業代が未払いと認定されてしまう危険が大きいことに注意が必要です。

　なお、平成30年改正により、いわゆる高度プロフェッショナル制度が創設されました。これにより、一部の労働者について労働基準法上の労働時間規制の適用から除外され、時間外、深夜、休日労働の割増賃金は支払われないことになります。しかしながら、健康管理時間（「事業所内に所在していた時間」と「事業所外で業務に従事した場合における労働時間」）を把握することが求められ、また、もしも「過労死」が生じた場合に、高度プロフェッショナル制度の対象労働者であるからといって、事業者の責任が免れることを認める制度でもありません。対象者となる労働者の要件とともに、雇用主が講じなければならない措置、順守すべき労働時間等にも十分に留意しなくてはなりません。

② では、従業員に対して不要な残業をさせず、後々高額な残業代請求を受けることを避けるための注意点は何でしょうか。

　まず、従業員に対して、就業時間を超えて業務に従事することを明確に禁止、あるいは、事前許可制とすべきでしょう。具体的には、「特段の事由が認められない限り、午後7時以降の残業を禁止する。」等の規則化が必要であって、従業員の残業を黙認しているような状態では、将来の残業代請求を拒絶することはできないというべきです。

　次に、就業時間中に従業員が就労していない時間については、就労時間と明確に区別することもポイントです。具体的には、隙間時間については休憩時間として明示する等の工夫も有用といえます。

ウ　次に、残業が法的に問題となる場面は、過重労働による従業員の過労死、過労自殺等の問題に関してです。

　近年、精神疾患での労災申請数は激増しており、脳疾患・心臓疾患

に起因する過労死や過労自殺といったニュースもよく聞かれるところです。そして、これらの問題の多くでは過酷な残業がその背景にあると考えられます。

　そして、労働基準法上違法と評価される残業をさせているということは、従業員の死と業務との間の因果関係の認定に大きく関係することになります。

　したがって、会社としては、会社が負っている従業員に対する安全配慮義務という側面からも、適正な労働時間の管理に努める必要があるのです（この点は次の項目も併せてご覧ください）。

(2) 従業員のヘルスケアに関して

ア　近年、過労死・過労自殺とまでいかずとも、うつ病等、従業員のメンタル面で問題が生じる事案が以前に比べて増加しています。

　そして、この背景にあるのが、過酷な残業という問題に加え、セクシャルハラスメント・パワーハラスメントという問題です。

イ①　セクシャルハラスメント・パワーハラスメントが職場で実際に生じているのにこれを放置した場合、精神障害を発症し労災と認められる危険が高まります。

　そして、この場合の損害は逸失利益を含めて加速度的に拡大しますし（労災保険給付のみで損害が賄われることはほとんどありません）、事態が公になることで、会社の風評被害も決して軽視することはできません。労災認定だけでなく、さらに安全配慮義務違反、注意義務違反で民事責任を追及されることになるのです。

②　対策としては、①社員教育としてガイドラインを作成し、社員説明会等でも教育の機会を設けること、②就業規則の服務規律にもルールとして盛り込むとともに、懲戒事由の一つとしてきちんと規定しておくことの他、③相談窓口を設け（特に女性を被害者とするセクシャルハラスメントの場合、事案の性格上、女性社員を担当者とすることが望ましいといえます）、④実際に事件が発生したときには、調査担当者を選任し、手続に則って事態の収束に努めることとなります。

なお、実態調査については、まず被害者とされる従業員の事情聴取を行い、その後、加害者とされる従業員への事情徴取を行うという段取りになります。その際、被害者の信頼を獲得し、また二次的被害を防止するため、加害者については守秘義務を課し、被害者への直接確認を禁止することは言うまでもありません。

ウ　では、従業員の体調管理という観点で、残業の問題はどのように注意すべきでしょうか。

　　おおよその目安として、月100時間以上の残業が連続するようであれば、うつ病発生と業務との関連性が問題になる可能性が高いと思われます。同様の目安は、脳疾患・心臓疾患に起因する過労死についての労災認定基準に示されています。

> 過労死に関する労災認定基準：脳・心臓疾患発症前1か月間におおむね100時間を超える時間外労働が認められる場合、あるいは、発症前2か月ないし6か月間にわたって1か月あたりおおむね80時間を超える時間外労働が認められる場合には業務と発症との間の関連性が強い（目安）

　　したがって、仮に残業が必要となる場合であっても、残業代の支払は当然として、個々の従業員の残業時間が過大にならないよう、会社としては留意する必要があります。

　　その上で、ストレスチェックの実施等、ツールを活用することや、従業員が心身の不調を訴えた場合には労働環境を調査・改善していくことが求められます。

(3)　従業員のメールやSNSの閲覧等

ア　近年、IT化が進むに伴い、業務において電子メールを用いることが日常化しています。しかし、電子メールは業務の効率化に寄与する一方で、企業秘密の漏えいの危険、従業員の私的利用という問題を生じさせています。

　　また、従業員のふとした出来心から、企業秘密の漏えいや会社の評判を思いがけず落としてしまうものとして、フェイスブックやツイッター等のソーシャルメディア（SNS）の利用があります。会社として

は、これらの問題にどのように対処していけばいいのでしょうか。

イ① まず、会社で従業員に対してメールアドレスを付与し、就業時間内に使用する電子メールについては、会社としては私的利用を禁止することが可能です。

では、従業員の問題行動が疑われる場合、会社としては個々の従業員のメールを閲覧（モニタリング）することは許されるでしょうか。この問題は、メールを閲覧される従業員のプライバシーとの関係で問題となり、これまで従業員からの損害賠償請求という形で幾つか争われてきました。

この点、これまでの裁判例では、メールを閲覧する目的・手段・態様を総合考慮し、業務上の必要性という会社側の利益と監視される側に生じた不利益とを比較衡量した上で、社会通念上相当な範囲を逸脱した監視と評価される場合にはプライバシーの侵害になると判断されています。

② もっとも、このような事態に陥る前に、会社としてはトラブルを未然に防ぐ手立てを講じておく必要があります。

具体的には、まず、就業規則において電子メールの私的利用を禁止する規定を設けることが重要です。

その上で、必要があれば会社側で電子メールの閲覧を可能とする旨の情報機器利用規程を設け、従業員に対しても閲覧する可能性があることを周知徹底しておくべきです。

ウ① 他方、ソーシャルメディアの問題は上記の電子メールの問題とは異なった側面があります。

それは、企業秘密の漏えいの外、従業員が軽い気持ちで書き込んだ取引先や会社の上司に対する愚痴・悪口が、瞬く間にネット上で拡散し、結果として会社に有形無形の損害を与えてしまう危険を含んでいる点です。

そして、会社が付与した電子メールの問題とは異なり、ソーシャルメディアの利用は就業時間を離れたところで行われることが圧倒的に多いということです。

② 対策としては、企業秘密に関する秘密保持の条項を就業規則に盛り込む他、ソーシャルメディアを利用する際の注意事項を盛り込

だ誓約書を取り交わすということも検討に値します。

　また、従業員の自覚を促し、適切な運用を確保するという観点からは、多くの就業規則に記載されている体面汚損条項の記載に従って、懲戒処分の対象とすることを周知徹底しておくことが重要です。

(4) 問題社員が入ってきたら

ア　日本の労働法においては、人事異動については規制が緩やかである反面、従業員の解雇・転籍の場面では非常に厳しく規制がなされています。具体的に、労働契約法第16条では、解雇に客観的な合理的理由があり、社会通念上相当と認められる場合でなければ解雇は無効であると規定されているのです。

イ　したがって、例えば、成績不良・能力不足という事情だけで解雇事由ありと判断されることは極めて難しいといえます。勤務態度が不良の従業員についても同様です。これらの事由については使用者側の立証が困難であり、結果として、解雇権濫用と判断される危険が大きいのです。

　そこで、そのような場合、当該従業員に対して、まずは徹底的に注意指導を尽くし（後日裁判になった場合を考えれば、注意指導は口頭では足りず、業務改善注意書等、きちんと書面化しておくべきです）、さらに、一定の軽い懲戒処分を積み重ねた上で、それでもなお改善が見られない場合にはじめて解雇が有効と判断されると考えておくべきです。

ウ　他方、前述したとおり、業務上の必要性に基づく配置転換（人事異動）については、経営者の裁量として、多くの場合適法と認められる可能性が高いといえます。

　そのため、問題のある従業員が現れた場合には、配置転換で対応できないかを検討してみることも重要です。そして、正当な配転命令に基づく配転拒否がなされた場合には、解雇に踏み切ったとしても有効と判断されることが多いといえます。

　もっとも、業務上の必要性がない異動や、嫌がらせ・報復人事は当然無効となります。

したがって、過去の異動事例との整合性が認められる範囲で、人選の理由・異動の理由が積極的に説明できるようにしておく必要があります。
エ　また、どうしても辞めてもらわなければならない事態になったとしても、必ず退職勧奨の段階を踏むことを忘れないようにしましょう。合意退職という形で納めることができれば、後日、法的紛争として争われる危険はぐっと低くなりますし、解雇予告や通知等も不要ですむからです。
　　　その上で、問題となる従業員がこれに応じない場合には、はじめて解雇が検討されることになるのです。
オ　なお、試用期間終了時の本採用拒否については、留保解約権が認められており、いわゆる正社員の普通解雇に比べれば、相対的に雇用主の裁量の幅は大きいといえますが、解雇であることには変わりがなく、客観的に合理的な理由が存し社会通念上相当な場合でなければ認められないことに注意を要します。

5 優遇税制等の活用

　いざ、新しく従業員を雇用するとしても、給与だけでなく社会保険や雇用保険の事業主負担、旅費交通費などの負担もあり、想定していたより実際の人件費コストは高くなるものです。また、正社員を雇用すれば、ゆくゆくはボーナスやベースアップなどを検討する必要も出てくるでしょう。そうした事業主の負担を少しでも軽減するために、新しく従業員を雇用したり、既に雇用している従業員への給与を上げたりするなどした事業主には、税制の優遇制度や助成金の制度が設けられています。
　ここではその制度についてご紹介します。

(1) 税制における優遇制度

　税制においては、平成30年9月現在、主に、ア．地方拠点強化税制における雇用促進税制とイ．所得拡大税制（中小企業向け）という2つの優遇制度があります。

ア　地方拠点強化税制における雇用促進税制
① はじめに
　雇用促進税制（同意雇用開発促進地域において無期雇用かつフルタイムの労働者を新規雇用した場合に1人当たり40万円の税額控除が受けられる制度）は、平成29年度（法人の場合は平成30年3月31日までに開始する事業年度。個人事業主の場合は平成30年暦年）をもって終了しました。
　そのうえで、平成30年4月1日から、地方拠点強化税制にける雇用促進税制の制度内容が変更となりました。
② 制度の概要
　地方拠点強化税制における雇用促進税制とは、東京23区から本社機能を地方に移転する事業（移転型事業）や地方において本社機能を拡充す

る事業（拡充型事業）について、「地方活力向上地域等特定業務施設整備計画」（以下「整備計画」といいます）を作成し、その認定を都道府県知事から受けた事業主が、一定の要件を満たした場合に、法人税（個人事業主の場合は所得税）の税額控除が受けられる制度です。

控除額は、計画により整備した本社機能を有する施設の雇用者増加数1人当たり、最大90万円（拡充型事業の場合は最大60万円）です。

③ **適用要件と控除される税額**

ⅰ　基本部分（移転型、拡充型共通）

【適用要件】

ア	青色申告書を提出する事業主であること
イ	当該適用年度とその前事業年度に、事業主都合による離職者がいないこと
ウ	次のa、bのいずれかを満たすこと a　当該適用年度において、特定業務施設※1の雇用者増加数（有期雇用又はパートタイムの新規雇用者を除く）が2人以上であること b　当該適用年度より前のいずれかの適用年度においてaを満たし、かつ、当該適用年度より前の全ての適用年度において、法人全体の雇用者増加数及び特定業務施設の雇用者増加数が、ともに0以上であること
エ	適用年度における法人全体の給与等支給額が、比較給与等支給額※2以上であること
オ	風俗営業等を営む事業主ではないこと
カ	当該適用年度において、オフィス減税（特定業務施設の建物等の取得価額に対し、特別償却または税額控除が受けられる制度）の適用を受けていないこと

※1　特定業務施設とは、次のいずれかに該当するものであって、整備計画に基づき整備される施設をいいます。
・事務所であって、調査及び企画部門、情報処理部門、研究開発部門、国際事業部門、その他管理業務部門のうち、いずれかの部門のために使用されるもの
・研究所であって、研究開発において重要な役割を担うもの（事務所以外の施設内において研究開発を行う部門を含む）
・研修所であって、人材育成において重要な役割を担うもの

※2　比較給与等支給額＝前事業年度の給与等支給額×（1＋雇用者増加割合×20％）
なお、雇用者増加割合は、当該適用年度の雇用者増加数を当該適用年度の初日の前日の一般被保険者の数で除して算出します。

【控除される税額】

①	当該適用年度の特定業務施設における無期雇用かつフルタイムの新規雇用者の数につき、1人当たり60万円（法人全体の雇用者増加割合が5％（拡充型の場合は8％）未満の場合は、30万円）
②	当該適用年度の特定業務施設における新規雇用者の数から①の人数を控除した数（当該新規雇用者の数の4割が上限）につき、1人当たり50万円（法人全体の雇用者増加割合が5％（拡充型の場合は8％）未満の場合は、20万円）
③	当該適用年度の特定業務施設における雇用者増加数から、新規雇用者の数を控除した数につき、1人当たり50万円（法人全体の雇用者増加割合が5％（拡充型の場合は8％）未満の場合は、20万円）

ⅱ 移転型事業の上乗せ措置

　本社機能を東京23区から移転させた場合は、上記ⅰの基本部分に加え、以下の措置が適用されます。

【適用要件】

ア	ⅰのアと同じ
イ	ⅰのイと同じ
ウ	当該適用年度又はそれ以前の適用年度のいずれかにおいて、次のa、bのいずれかを満たすこと a　上記ⅰの基本部分の税制優遇措置の適用を受けていること b　オフィス減税の適用を受けていない（上記ⅰのカの要件を満たしていること）と仮定したならば、上記ⅰの基本部分の税制優遇措置の適用があると認められること
エ	当該適用年度及びそれ以前の全ての適用年度において、法人全体の雇用者増加数及び特定業務施設の雇用者増加数が、ともに０以上であること
オ	ⅰのオと同じ

※　ⅰのカに相当する要件がないため、オフィス減税との併用が可能です。

【控除される税額】

当該適用年度の法人税額から、当該適用年度及びそれ以前の全ての適用年度の特定業務施設における雇用者増加数の合計額につき、1人当たり30万円（特定業務施設の所在地が準地方活力向上地域（近畿圏及び中部圏の中心部）内である場合は、20万円）が控除されます。

④ 必要な手続
ⅰ 雇用促進計画を作成・提出

　適用年度開始後（整備計画の認定日を含む適用年度については、整備計画の認定後）2か月以内に、主たる事務所を管轄するハローワークに雇用促進計画を提出する必要があります。

ⅱ 雇用促進計画の達成状況の確認

　適用年度終了後2か月以内（個人事業主は翌年の3月15日まで）に、主たる事業所を管轄するハローワークに雇用促進計画の達成状況の確認を求める必要があります。

ⅲ 税務署に申告

　確定申告の際に、達成状況の確認を受けている雇用促進計画の写しと、計算に関する明細書を確定申告書に添付して、税務署に申告する必要があります。

イ　所得拡大税制（中小企業向け）
① 制度の概要

　所得拡大税制（中小企業向け）とは、青色申告書を提出している中小企業者等が、平成30年4月1日から平成33年3月31日までに開始される事業年度（個人事業主については平成31年から平成33年までの各年度）において、継続雇用者への給与等の支給額を前年度比1.5％以上増加させる等の要件を満たした場合、給与総額の前年度からの増加額の15～25％を、法人税額（個人事業主の場合は所得税額）から控除できる制度です。

② 適用要件と控除される税額
ⅰ　通常の場合（給与等の増加額の15％を税額控除）

【適用要件】

　継続雇用者給与等支給額（＝継続雇用者に対する適用年度の給与等の支給額）が継続雇用者比較給与等支給額（＝継続雇用者に対する前事業年度の給与等の支給額）と比べて1.5％以上増加していること

【控除される税額】

　雇用者給与等支給額（＝適用年度の所得の金額の計算上損金に算入される国内雇用者に対する給与等の支給額）から比較雇用者給与等支給額

（＝前事業年度の所得の金額の計算上損金の額に算入される国内雇用者に対する給与等の支給額）を控除した金額の15％を税額控除されます。ただし、調整前法人税額（個人事業主の場合は調整前所得税額）の20％が上限です。

ⅱ 上乗せ措置を利用する場合（給与等の増加額の25％を税額控除）
【適用要件】
継続雇用者給与等支給額が継続雇用者比較給与等支給額と比べて2.5％以上増加しており、かつ、以下のいずれかを満たすこと
 a 適用年度における教育訓練費の額が前事業年度における教育訓練費の額と比べて10％以上増加していること
 b 適用年度終了の日までに中小企業等経営強化法に基づく経営力向上計画の認定を受けており、経営力向上計画に基づき経営力向上が確実に行われたことにつき証明がされていること

【控除される税額】
雇用者給与等支給額から比較雇用者給与等支給額を控除した金額の25％を税額控除されます。ただし、調整前法人税額（個人事業主の場合は調整前所得税額）の20％が上限です。

③ 必要な手続
地方拠点強化税制における雇用促進税制の場合と異なり、計画の作成・提出や達成状況確認などの手続を行う必要はありません。
ただし、確定申告の際に、計算に関する明細書を確定申告書に添付して、税務署に申告する必要があります。

ウ 「地方拠点強化税制における雇用促進税制」と「所得拡大税制（中小企業向け）」の併用について

「地方拠点強化税制における雇用促進税制」と「所得拡大税制（中小企業向け）」は、同時に適用を受けることができます（ただし、一定の調整があります）。

表5-1 「地方拠点強化税制における雇用促進税制」と「所得拡大税制」のまとめ

	地方拠点強化税制における雇用促進税制	所得拡大税制（中小企業向け）
所管省庁	厚生労働省	経済産業省
制度の主旨	地方で本社機能を有する施設を整備し、雇用者を増加させることに対する支援	給与等の支給額を増加させることに対する支援
対象事業者	青色申告書を提出する事業主	青色申告書を提出する中小企業者等
事前手続	雇用促進計画を作成・提出	不要
事後手続	雇用促進計画の達成状況の確認	不要
確定申告書への明細書添付	要	
適用年度	事業主が整備計画の認定を受けた日（平成27年8月10日から平成32年3月31日までの間に限る）の翌日以後2年を経過するまでの期間内の日を含む各事業年度（個人事業主の場合は認定を受けた日の属する年以後3年内の各暦年）	平成30年4月1日から平成33年3月31日までに開始される事業年度（個人事業主の場合は平成31年から平成33年までの各年度）
創業初年度での適用	適用なし	適用を受けることが可能
控除される税額	雇用者増加数1人当たり最大90万円（拡充型事業の場合は、最大60万円）	給与等の増加額の15％（上乗せ措置を利用する場合は、給与等の増加額の25％）

第5章　人材の活用方法

(2) 雇入れ関係の助成金

　新たに労働者を雇い入れた際に利用できる雇入れ関係の助成金には実に様々な種類があり、年度によっても異なります。ここでは、平成30年度の雇入れ関係の助成金の一部をご紹介します。尚、助成金を受給するためには、それぞれの助成金の要件を満たす必要がありますので、詳しくは都道府県労働局・ハローワーク等へお問い合わせ下さい。

ア　特定求職者雇用開発助成金
　以下の8種類の助成金が設けられています。

Ⅰ　特定就職困難者コース
　高齢者（60歳以上65歳未満）や障害者などの就職が特に困難な者を、ハローワークまたは民間の職業紹介事業者等の紹介により、継続して雇用する労働者として雇い入れた事業主に対して、賃金相当額の一部が助成されます。

Ⅱ　生涯現役コース
　65歳以上の離職者を、ハローワークまたは民間の職業紹介事業者等の紹介により、1年以上継続して雇用する労働者として雇い入れた事業主に対して、賃金相当額の一部が助成されます。

Ⅲ　被災者雇用開発コース
　東日本大震災の被災地域における被災離職者等を、ハローワークまたは民間の職業紹介事業者等の紹介により、1年以上継続して雇用されることが見込まれる労働者として雇い入れた事業主に対して、賃金相当額の一部が助成されます。

Ⅳ　発達障害者・難治性疾患患者雇用開発コース
　発達障害者または難治性疾患患者を、ハローワークまたは民間の職業紹介事業者等の紹介により、継続して雇用する労働者として雇い入れた事業主に対して、賃金相当額の一部が助成されます。

Ⅴ　三年以内既卒者等採用定着コース
　学校等の既卒者や中退者の応募が可能な新卒求人の申込みまたは募集を行い、初めて雇入れ、一定期間定着した場合に、賃金相当額の一部が助成されます。

Ⅵ　障害者初回雇用コース

障害者雇用の経験のない中小企業が、雇用率制度の対象となる障害者を初めて雇用し、法定雇用率を達成する場合に、賃金相当額の一部が助成されます。

Ⅶ　長期不安定雇用者雇用開発コース

いわゆる就職氷河期に就職の機会を逃したこと等により長期にわたり不安定雇用を繰り返す者を正規雇用労働者（短時間労働者を除く）として雇い入れた事業主に対して、賃金相当額の一部が助成されます。

Ⅷ　生活保護受給者等雇用開発コース

地方公共団体からハローワークに対し就労支援の要請がなされた生活保護受給者等を、ハローワークまたは民間の職業紹介事業者等の紹介により、継続して雇用する労働者として雇い入れた事業主に対して、賃金相当額の一部が助成されます。

イ　その他の助成金

前記のほか、職業経験、技能、知識不足等から安定的な就職が困難な求職者等を一定期間試行的に雇い入れた場合のトライアル雇用助成金や、雇用情勢が特に厳しい地域等に居住する地域求職者等を雇い入れた場合の地域雇用開発助成金などもあります。

表5-2　雇入れ関係の助成金のコース別内容一覧（助成額は中小企業の場合を想定）

助成金の種類		助成対象	助成額
1	特定求職者雇用開発助成金		
	Ⅰ　特定就職困難者コース	高齢者（60歳以上65歳未満）や障害者などの就職が特に困難な者を雇い入れた場合	【高年齢者（60～64歳）、母子家庭の母等】 1人あたり60万円（短時間労働者は40万円） 【身体・知的障害者（重度以外）】 1人あたり120万円（短時間労働者は80万円） 【身体・知的障害者（重度または45歳以上）、精神障害者】 1人あたり240万円（短時間労働者は80万円）

	Ⅱ　生涯現役コース	65歳以上の離職者を雇い入れた場合	1人あたり70万円（短時間労働者は50万円）
	Ⅲ　被災者雇用開発コース	東日本大震災の被災地域における被災離職者等を雇い入れた場合	1人あたり60万円（短時間労働者は40万円）
	Ⅳ　発達障害者・難治性疾患患者雇用開発コース	発達障害者または難治性疾患患者を雇い入れた場合	1人あたり120万円（短時間労働者は80万円）
	Ⅴ　三年以内既卒者等採用定着コース	学校等の既卒者や中退者を雇い入れた場合	【既卒者等コース】 70万円 【高校中退者コース】 80万円 ※各コース上限1名、ユースエール認定企業は10万円加算
	Ⅵ　障害者初回雇用コース	障害者を雇い入れた場合	1企業あたり120万円
	Ⅶ　長期不安定雇用者雇用開発コース	いわゆる就職氷河期に就職の機会を逃したこと等により長期にわたり不安定雇用を繰り返す者を雇い入れた場合	1人あたり60万円
	Ⅷ　生活保護受給者等雇用開発コース	地方公共団体からハローワークに対し就労支援の要請がなされた生活保護受給者等を雇い入れた場合	1人あたり60万円（短時間労働者は40万円）
2	トライアル雇用助成金		
	Ⅰ　一般トライアルコース	職業経験、技能、知識不足等から安定的な就職が困難な求職者	1人あたり月額最大40,000円（最長3か月間） 対象者が母子家庭の母等または父子家庭の父の場合は、月額最大50,000円（最長3か月間） 若年雇用促進法に基づく認定事業主が35歳未満の対象者に対しトライアル雇用を実施する場合は、月額最大50,000円（最長3か月間）
	Ⅱ　障害者トライアルコース	就職が困難な障害者を雇い入れた場合	【精神障害者の場合】 ・助成期間：最長6か月 ・助成額：雇入れから3か月間→1人あたり月額最大8万円、雇入れから4か月以降→1人あたり月額最大4万円 【上記以外の場合】 ・助成期間：最長3か月 ・助成額：1人あたり月額最大4万円

Ⅲ	障害者短時間トライアルコース	直ちに週20時間以上勤務することが難しい精神障害者および発達障害者の求職者を雇い入れた場合	1人あたり月額最大4万円（最長12か月間）
Ⅳ	若年・女性建設労働者トライアルコース	若年者（35歳未満）又は女性を建設技能労働者等として雇い入れた場合	1人あたり月額最大4万円（最長3か月間）
3	地域雇用開発助成金		
Ⅰ	地域雇用開発コース	同意雇用開発促進地域、過疎等雇用改善地域または特定有人国境離島地域等などにおいて、地域求職者等を雇い入れた場合	事業所の設置・整備費用と対象労働者の増加数等に応じて48〜760万円＜60〜960万円＞を支給（最大3年間（3回）支給） 創業の場合、1回目の支給において支給額の1／2相当額を上乗せ 中小企業の場合、1回目の支給において支給額の1／2相当額を上乗せ
Ⅱ	沖縄若年者雇用促進コース	沖縄県内において、沖縄県内居住の35歳未満の若年求職者を雇い入れた場合	支払った賃金に相当する額の1／3助成対象期間は1年間（定着状況が特に優良な場合は2年間） 定着状況が特に優良な場合の2年目の助成額は、支払った賃金に相当する額の1／2

(3) 優遇税制と助成金の違い

　優遇税制も助成金も、利用するには一定の要件をクリアすることが必要です。優遇税制は更に、法人税や所得税から税額を減らすことでしか効果がないため、例えば法人税や所得税が課せられない赤字の事業年度などでは利用することができません。

　これに比べ助成金は要件を具備していれば受けることができます。ただし、申請から審査の結果が出るまで時間がかかることがあるので、あらかじめ資金繰りに入れておくのには注意が必要です。

　また雇入れ時の助成金を受けた場合には、所得拡大促進税制の計算において、給与等支給額から助成金の受給額を減らす必要があります。

　両者を同一年度で受ける場合には、特に税制をよく確認しましょう。

6　休暇の定め方

　近時の募集・求人状況において、有為な人材を確保し、また事業の継続的な発展を目指すには、雇用主として、労働者に適切な休暇を提供できるようにすることが重要です。いくつかの休暇制度などについて、みておきましょう。

(1)　年次有給休暇

⑴　一般に「有給」と呼ばれることの多い年次有給休暇の権利は、雇い入れの日から6ヶ月間継続勤務し、全労働日の8割以上出勤した労働者について、法律上当然に発生するものとされています。要件を充たした一般社員およびそれに準ずるパートタイム労働者には、6ヶ月間継続勤務した翌日に10日間の年休権が発生し、1年6ヶ月以上継続勤務した場合には、前年度の1年間に全労働日の8割以上出勤した者には、当該年度には1日加算して年休権が認められ、その後も一定期間の加算が認められます（労基法39条1項、2項）。パートタイム労働者にも、年次有給休暇が認められていることには注意を要します。

　上記と異なり、週所定労働日数が少ないパート労働者については、法定の年次有給休暇付与日数が別途規定されています（労基法39条3項、労働基準法施行規則24条の3）。

⑵　それでは、年次有給休暇を取るタイミングは、労働者が自由に決められるのでしょうか。原則として、雇用主は、労働者の請求する時季に有給休暇を与えなければなりません（労基法39条5項）。具体的には、労働者は、休暇を取る日・期間を特定して雇用主（使用者）に届け出ることで足ります。

　一方、雇用主は、労働者が請求した時季に有給休暇を付与することが事業の正常な運営を妨げる場合には、他の時季に有給休暇を付与することができるとされています（労基法39条5項但書）。ただし、単

なる「業務繁忙」「人員不足」というだけでは、この使用者の時季変更権には該当しないとされていますので、注意が必要です。

なお、我が国における有給休暇の確実な取得の向上を目的として、今般の法改正（平成31年4月1日施行）により、使用者は、10日以上の年次有給休暇が付与される労働者に対して、そのうち5日については、毎年、時季を指定して与えなければならないこととなりました（労働者による時季の指定や有給休暇の計画的付与によって取得された日数分については指定の必要はないとされています）。

(2) 産休、育休、介護休業

(1) 女性人材の活用、活躍が求められるなか、産休についても留意すると共に、男女問わず、いわゆる育休、介護休業についても目配りが求められる時代となっているというべきでしょう。各休暇について、みてみましょう。

(2) 一般に産休と呼ばれるものには、産前休業と産後休業があります。使用者は、6週間（多胎妊娠の場合は14週間）以内に出産する予定の女性が休業を請求した場合には、就業させてはなりません（産前休業：労基法65条1項）。また産後8週間を経過しない女性を就業させてはなりませんが、産後6週間を経過した女性が請求した場合で、医師が支障ないと認めた業務に就かせることは可能です（産後休業：労基法65条2項）。このほか、妊産婦が請求した場合には、1日および週の法定労働時間を超えて労働させてはならず、時間外労働、休日労働および深夜労働をさせてはなりません（労基法66条）。

これらは、法律上の要請ですが、現代において、女性の活躍を求めるには、使用者もこうした点に、積極的な配慮、工夫をすることが必要でしょう。

(3) 近時は、育休についても、メディア等で取り上げられることが増えています。育児休業の対象となるのは、1歳に満たない子どもを養育する労働者とされています（育児休養、介護休業等育児又は家族介護を行う労働者の福祉に関する法律、以下「育児介護休業法」という。同法5条1項）。このように、育休の対象となる労働者は男女を問い

225

ません。

　なお、有期雇用労働者についても、育児休業を申し出た時点で、当該事業主に引き続き雇用された期間が過去1年以上あり、かつ、子が1歳6ヶ月になるまでに、その雇用契約がなくなることが明らかでない者については、育休取得の対象となります。

　また、事業主には、小学校就学に達するまでの子を養育する労働者が育児に関する目的で利用できる休暇制度(配偶者出産休暇、入園式・卒園式などの子の行事参加のための休暇など）を設ける努力義務が認められるようになりました。

(4)　介護のための休業も、現実的な問題となってきています。介護休業の対象となるのは、要介護状態にある対象家族の介護その他の厚生労働省令で定める世話を行う労働者です（育児介護休業法16条の5）。ここでも、期間雇用労働者にも、当該事業主に引き続き雇用された期間が1年以上あり、かつ介護休業を取得予定日から起算して93日を経過する日から6ヶ月を経過する日までに、雇用契約がなくなることが明らかでない者については、介護休業取得の対象となります。

(3)　その他

　いわゆる働き方改革の一環として、労働時間等の設定の改善に関する特別措置法が改正され、勤務インターバル制度（前日の終業時刻と翌日の始業時刻の間に一定期間の休息を確保すること）の普及促進が導入され、事業主に、そのような措置をとるよう努力する義務が設けられました（同法2条1項）。

　あくまでも努力義務ですが、事業の継続的発展のためには、雇用主にも、労働者が健康で働きやすい環境を整えるよう、様々な創意工夫をしていくことが重要な時代であるといえるでしょう。

第6章

会社の成長と手続

1 次のステージのために知っておきたいこと
2 出資における必要な知識
3 会社の機関設計
4 成長したら登記手続をしよう

1 次のステージのために知っておきたいこと

　事業が順調に進むと事業拡張のために資金が必要になります。

　まだ大規模な借り入れができない段階だと、第三者からの出資という形で資金調達をすることが想定されます。

　出資とは株式が第三者に渡ることを意味しますから、出資を受ける前と比べて発行した株式数は増加しているかもしれませんし、創業者のみが取締役であったものが、第三者の取締役が増えて機関が変更することになるかもしれません。そしてこれらの変化を登記に反映させることが必要になります。

　この章では、事業の成長とともに必要となる対応のうち、第三者からの資金調達において必要になるかもしれない知識、機関変更のタイミングとその対応、登記手続がどのようなときに必要になるのかについてご紹介します。

2 出資における必要な知識

(1) 種類株式を知ろう

　事業が順調に進み業績も上向いてくると、事業拡張のために資金が必要になります。

　事業拡大ためですから大規模な資金調達となるため、創業者やその関係者以外からの出資を受けることが想定されます。

　いわゆるベンチャーキャピタルから出資を受けることはその一例といえるでしょう。

　ベンチャーキャピタルは、ベンチャー企業に資本を供給することを主たる業務とする投資の専門家です。リスクが大きく担保力が小さいため、銀行等の金融機関から融資を受けることができない場合でも、投資という観点からベンチャー企業に資金を供給すると同時に、役員への就任や経営陣の紹介など経営に関するアドバイスや提携先などの紹介を行ってベンチャー企業の価値を高め、最終的には取得した株式を売却することによる利益を得ることを目的としています。

　このため、ベンチャーキャピタルによる出資に際しては、株式の譲渡が求められます。

　出資には株式取得という側面があるため、つまり、第三者が新たに株式を取得して株主に加わるので、既存株主である創業者側と新たに加わった第三者である投資家（例えばベンチャーキャピタル）では、その立場の違いから利害が異なってきます。

・創業者側は、持株比率の希薄化による会社支配権の低下を回避しつつ（＝経営に対する支配権の維持）、少しでも多く出資を引き出したい。
・投資家側は、ベンチャー企業が大成功する事例は少なく（起業後５年後生存率約15％などと聞いたことがあると思います。）出資を回収できないリスクを抱えていることから、経営に対して一定の関与をしたり、引き上げ時の出資金回収の手段を確保しておきたい。

これらの利害を調整する手段として、種類株式制度が用いられることがあります。
　このため、種類株式の内容とその目的について整理し、将来のために備えておく必要があります。

(2) 種類株式の内容

ア　普通株式の内容

　種類株式は、会社法上「異なる種類の株式」とありますので、その対象となるいわゆる普通株式の理解が必要になります。
　普通株式に関し、会社法では、株主の権利として規定しています。具体的には、
1　剰余金の配当を受ける権利（会社法105条第1項第1号）
2　残余財産の分配を受ける権利（会社法105条第1項第2号）
3　株主総会における議決権（会社法105条第1項第3号）
の3つをあげています。
　1については、いわゆる配当金を受ける権利です。会社が事業を行っていることを前提として直接経済的利益を受ける権利といえます。
　2については、会社の財産を株式割合に応じて分けてもらう権利です。会社が清算し事業が終了したことを前提として会社から直接経済的利益を受ける権利といえます。
　3については、株主総会における権利行使で、会社の経営に参与することを目的とする権利といえます。

イ　株式の種類

　会社法は、種類株式を9種類列挙しています（会社法108条1項）。
　これに加えて、会社法は「公開会社でない株式会社は、105条1項各号に掲げる権利に関する事項について、株主ごとに異なる取扱いを行う旨を定款で定めることができる。」（会社法109条2項）と規定し、さらに「剰余金の配当を受ける権利、残余財産の分配を受ける権利、株主総会における議決権」について普通株式と異なる内容を定めることができるとしています。いわゆる属人的種類株式です。

このため、計10種類が規定されていることになります。

表6-1　種類株式一覧

	内　容
①剰余金の配当株式	会社が剰余金を配当する際に、他の株式と比較して優先または劣後して剰余金の配当を受け取れる株式
②残余財産の配当株式	会社が残余財産を配当する際に、他の株式と比較して優先または劣後して残余財産の分配を受け取れる株式
③議決権制限株式	株主総会で議決権を行使することができる事項やその条件について異なる定めがされた株式
④譲渡制限株式	株式を譲渡によって取得することについて会社の承認を要することが定められている株式
⑤取得請求権付株式	株主が会社に対して株式取得を請求する権利があることが定められた株式
⑥取得条項付株式	一定の事由が生じたことを条件として、会社がその株式を強制的に取得することができると定められた株式
⑦全部取得条項付種類株式	株主総会の特別決議により会社がその種類株式の全部を強制的に取得することができる株式
⑧拒否権付株式（黄金株）	株主総会等の決議事項につき、その決議に加えて拒否権付株式の種類株主総会の決議を必要とすることが定められた株式
⑨役員選任権付種類株式	取締役・監査役につき種類株主総会で選任することが定められた株式
⑩属人的種類株式	非公開会社において、特定事項につき株主ごとに異なる取扱いを行うことができる株式

理解の整理としては、株主の経済的利益を強調したり弱めたりするもの（①、②、⑤）、株主の経営への関与を薄めるもの（③）、株主の分散を防ぐ、経営陣に株式を集中させるもの（④、⑥、⑦、⑩）、株主の経

営への関与を強めるもの（⑧、⑨、⑩）と分類できるといえます。
　そして、これらを組み合わせて多様な種類株式を発行することができます。

⑶　ベンチャー投資において使われる可能性がある種類株式

ア　種類株式は、会社法上10種類ありますが、このうちベンチャー投資において使われる可能性があるのは、次の5種類であると考えられます。
②残余財産の配当株式
⑤取得請求権付株式
⑥取得条項付株式
⑧拒否権付株式
⑨役員（取締役・監査役）選任権付種類株式

　その理由としては、ベンチャーキャピタルのビジネスモデルを考えればよいでしょう。
　ベンチャー企業の価値を高めるために、経営に関するアドバイス等を行うことからすれば、経営に関与する権利を強化する⑧⑨は必要になります。
　また、最終的には取得した株式を売却することによる利益を得ることを目的であることからすれば、清算にかかる②や普通株式に交換することで売却しやすくする⑤⑥が必要になります。

イ　②残余財産の配当株式について
　会社法の概念に沿えば、会社の清算においては債権者への支払が終わってもなお会社に財産があった場合に、株主に対し残余財産を分配します。
　残余財産の配当株式、会社の清算に際して、他の株式と比較して優先または劣後して残余財産の分配を受けることが定められた株式です。
　なお、会社の清算とは、会社の業務を全て終わらせ、会社の法人格を消滅させる手続をいいます。
　これだけですと、この種類株式の活用場面は会社が潰れた場面という

ことになりますが、余力を残して清算手続が行われる場合もありますし、残余財産分配が行われるのは会社が潰れたときだけではなく、M＆Aの際に取得した対価を残余財産とみなす場合（いわゆる「みなし清算」）に創業者と投資家との間でM＆Aで得られた対価から投資家が投資した資金を優先的に回収する用いられることがあります。この意味でベンチャー投資に用いられる株式です。

ウ ⑤取得請求権付株式・⑥取得条項付株式について

　会社法の概念に沿えば、⑤取得請求権付株式は株主が会社に対して株式取得を請求する権利があることを定められた株式であり、⑥取得条項付株式は一定の事由が生じたことを条件として、会社がその株式を強制的に取得することができると定められた株式です。

　ベンチャーキャピタルの投資目的は企業価値を高め、取得した株式を売却することによる利益を得ることです。最も企業価値を高める場面はIPO（株式上場）やM＆Aであり、株式を売却するときに備えるため、種類株式を普通株式に替えておく必要があるため、ベンチャー投資で用いられるのです。

エ ⑧拒否権付株式について

　会社法の概念に沿えば、株主総会等の議決事項について、その決議に加えて拒否権付株式の種類株主総会の決議を必要とすることが定められた株式です。

　つまり、株主総会のほかに拒否権付株主による株主総会での決議も別途必要になることを定めたものです。

　この種類株式の株主は、経営に強く関与できること意味します。

　なぜならば、株主総会の決議事項は、合併や事業譲渡といった会社の行く末を定める事項が多く、特別決議（発行済み株式の３分の２以上の賛成が必要な決議）を制するほどの株式を保有していなくとも、合併や事業譲渡を阻止するなどの影響を与えることができるからです。

　ベンチャーキャピタルなどの投資家にとっては売却時期なども投資目的を達成するために重要な事項であり、他方で、投資を受ける側としては、資金調達のための種類株式として用いられるのです。

オ ⑨役員（取締役・監査役）選任権付種類株式について

　会社法の概念に沿えば、取締役・監査役につき、種類株主総会で選任することができることが定められた株式です。

　取締役や監査役は、株主総会の普通決議で選任されるものですが、この種類株式を発行した場合、取締役等の選任は全体の株主総会ではなく取締役等の選任付株式を付与された株主による種類株主総会でなされることになります。解任も同様です。

　これは、出資しているベンチャー投資家が、出資割合や関与の程度に応じて取締役や監査役を送り込むことができるようにするための株式ですので、ベンチャー投資に用いられる株式といえます。

3 会社の機関設計

(1) 機関設計

ア 機関設計を検討するとき

株式会社の機関とは、株式会社の運営や意思決定を行う者や合議体をいいます。具体的には、株主総会、取締役、代表取締役、取締役会、監査役、監査役会などを指します。

なお、総務部や営業部などの会社の組織は、会社の機関ではありません。しいて言えば代表取締役や取締役といった業務執行を行う機関の事務を補助するためのものという位置づけと考えられます。

事業が順調に進み業績も上向いてくると、機関設計の検討が必要になります。

機関設計を検討する段階としては、次のようなことが考えられます。
① 設立時点
② ベンチャーキャピタル等から出資を受け、創業者以外の株主及び取締役を受け入れる段階
③ 増資等により資本金が5億円以上、または負債総額が200億円以上になった段階
④ IPOを控えて株式の譲渡制限を撤廃する場合

イ 機関設計を検討する理由

これらの段階で、機関設計を検討しなければならないのは、会社の規模に応じて、会社の適正な経営のために会社法が要求する機関が増えるからです。

株式会社では、株主＝会社の出資者と、取締役＝会社の経営者が必ずも一致しなくてもよいとされています（これを所有と経営の分離といいます。）。

出資者と経営者が一致している場合、経営者の利益を図ることと出資

者の利益を図ることは一致するのですが、これが異なる場合、経営者が出資者の犠牲の下に経営者自身の利益を図ることもあり得るのです。例えば、全く成算の見通しがないのに注目を集めたいという理由で新規事業を興したり、会社のお金を遊興費に充てたりといったことです。

　このように株式会社では所有と経営の分離しているため制度的に取締役が適正な経営を図らない可能性があるので、その可能性を防止するために適正な運営がなされるよう取締役を監視するための機関を設けるとされており、会社の利害関係者が増える段階に応じた機関設計をする必要があるのです。

(2)　各段階における機関設計

ア　設立段階（株主総会＋取締役）

　創業者が会社を設立した段階での機関設計は、株主総会と取締役1名以上であることが多いと思われます。

　会社の関係者が創業者株主のみであり、取締役も創業者とその関係者である場合には、所有と経営が事実上一致しており、出資者の利益を犠牲にして経営者の利益を図ることが想定しにくいからです。

　このため、会社法上も最小限の構成の機関設計として株主総会と取締役1名としているのです。

　この機関構成がとれるのは、株式に譲渡制限が付されており（「非公開会社」もしくは「閉鎖会社」といいます。）、資本金も5億円未満かつ負債総額が200億円未満である（会社法上の大会社ではない。）株式会社になります。

　そして、設立段階でのベンチャー企業は非公開会社かつ非大会社から始まることが多いです。

イ　ベンチャーキャピタル等から出資を受け、創業者以外の株主及び取締役を受け入れる段階（取締役会の設置と監査役の設置）

　事業が順調に進むと、創業者やその関係者以外からの出資を受けることが想定されます。いわゆるベンチャーキャピタルから出資を受けることはその一例といえるでしょう。

ベンチャーキャピタルでは、出資の条件として融資先のベンチャー企業の価値を高めるために、取締役の就任や経営陣の紹介、事業戦略上のアドバイスを通じて、会社の経営に積極的に関与しようとする場合があります。
　つまり、創業者以外の株主及び取締役を受け入れる段階になるのです。
　この段階でも、非公開会社かつ非大会社であれば、①設立段階と同じ機関設計のままでいることもできます。
　取締役会が設置されていない会社（取締役会非設置会社といいます。）においては、会社の業務取締役1人1人が会社の代表権を有して行動ができます。そして、創業者側とベンチャーキャピタル側で経営の方針が異なる場合もありうるにもかかわらず、各取締役が個々に代表権を有したままでは、円滑な業務執行ができない恐れもあります。また、取締役会非設置会社では株主総会が全ての業務執行の意思決定を行うとされているので創業者のみが株主であったときに比べて経営意思の機動性に欠けます。
　これらのデメリットが生じうるので、ベンチャーキャピタルの出資を受ける際には取締役会を設置することが求められることが通常であると思われ、それが適切であるといえます。
　取締役会設置の結果、代表取締役の選任が必須になり、代表取締役のみが会社の代表権を有し、業務執行の意思決定を取締役会ですることより会社の関係者が増えたにもかかわらず機動的な経営をすることができるようになります。
　このため、この段階で取締役会を設置するという機関設計を検討する必要があるのです。
　取締役会を設置した場合、会社法上、監査役（監査役会を含む）または会計参与のいずれかの機関の設置が義務づけられます。
　この段階での機関設計としては一般的に
・株主総会＋取締役会＋監査役
になると考えられます。

ウ　増資等により資本金が5億円以上、または負債総額が200億円以上になった段階

　この段階ですと、資本金または負債総額の関係で会社法上の大会社になっている場合です。IPOに向けて具体的な準備を開始する段階になっているかもしれません。

　非大会社から大会社になることを受けて、会社法上、最小限の機関設計である株主総会と取締役に加えて、会計監査人と監査役の設置が義務づけられます。

　これは資本規模が大きくなるため、会計に関する監査を適正に行うことが制度上も求められ、かつ会社の規模の大きさに鑑みて監査役による業務監査も必須とし、適正な会社の運営をなさしめるためと考えることができます。

　このため、この段階での機関設計としては、上記②の段階も踏まえると一般的には
・株主総会＋取締役会＋取締役＋監査役＋会計監査人
・株主総会＋取締役会＋取締役＋監査役会＋会計監査人
になると考えられます。

エ　IPOを控えて株式の譲渡制限を撤廃する段階

　上場申請に向けて、株主譲渡制限を撤廃して公開会社となった段階といえます。

　大会社かつ公開会社となるため、会社法上、最小限の機関設計である株主総会と取締役に加えて、①取締役会＋監査役会＋会計監査人か、②委員会設置会社：取締役会（報酬委員会＋指名委員会＋監査委員会）＋会計監査人か（この場合業務執行を行う機関は取締役ではなく執行役）、③取締役会（監査等委員会）＋会計監査人の3通りの機関の設置が義務づけられます。

4 成長したら登記手続をしよう

(1) 登記の必要性

　事業をしている方にとっては、登記は実は身近なものであるはずです。

　例えば、事業を立ち上げた際、会社を作ったのであれば、少なくとも会社の設立登記をしているはずです。

　それでは、会社では登記が必要になるのでしょうか。

　会社≒法人は、一定の目的を持つ個人の集団に対し個人とは別に法的に独立した人格を設けたものです。つまり、会社という主体は観念的なもので物理的に確認することができません。しかし、これでは、取引相手としてはそもそも実在するのかもわからず取引を進めることになってしまいます。そこで、会社に取引条重要な事項を登記簿に登記して公示することで、会社等に関する信用の維持を図り、かつ、取引の安全と円滑に資するとしたのです。

　これが商業登記制度です（商業登記法1条）。

　そして、会社で決めたことを登記しなければ、取引先などの第三者に対し決めたことを主張することはできません。例えば、代表取締役が交代したとしても、代表取締役の変更登記をしなければ、取引先に対し代表取締役が代わったと扱ってもらうことはできないのです。

(2) どのような分野で登記が必要になるのか

　登記事項は会社法や商業登記法で定められていますが、大まかな分野としては、会社の主体に関すること（商号、本店所在地、会社の目的、機関構成など）、株式に関すること、資本に関することといえます。

　これらが登記事項とされているのは、会社関係者（取引先、株主、債権者など）にとって必要な情報だからです。

　会社の主体に関することとは、「商号」「本店」「目的」「役員に関する

事項」などの項目からすれば、誰（商号、機関）がどこで（本店所在地）何をしているのか（会社の目的）ということですので、これがわからなければ取引の検討のしようがありません。

株式に関することとは、「発行可能株式総数」などの項目からすれば、株式の増減に関することであるといえます。

株式の増減によって、株式の保有割合が増減することになります。会社の基本事項を決める株主総会では多数決で決せられますので、議決権割合の基礎となる株式の保有割合は株主によって重要関心事項だからです。

資本に関することとは、「資本金の額」などの項目からすれば、資本の増減に関することといえます。

債権者の株式会社に対する債権回収の原資は、個人保証がある場合以外は会社資産のみとなるため、債権者にとっては会社財産の多寡を示す指標である資本が関心事項といえます。

(3) 登記手続をする場面

ア　会社の名称を変更するとき

会社の名称を変更することを商号変更といいます。

商号は、定款の絶対的記載事項であるため、商号を変更をするためには、定款変更手続きとして、株主総会の特別決議を経なければなりません。

ただ、定款変更手続きを経ただけでは、取引先等に商号が変更になったことを主張することはできません。

そこで、会社の所在地を管轄する法務局に商号変更登記申請を行い、商号が代わったことを対外的に示す＝公示することになります。

イ　会社の事業内容を変更（追加・削減）するとき

会社の事業内容を変更すること会社の目的の変更といいます。

会社は、事業の目的に関することにしか権利主体になれません。このことは、例えば飲食店の経営のみを会社の目的としていた場合、労働者派遣業をしたいとしても目的外行為としてそもそも会社として扱うこと

ができないことを意味します。

　会社の目的は、定款の絶対的記載事項であるため、会社の目的を変更するためには、定款変更手続きとして、株主総会の特別決議（定義）を経なければなりません。

　ただ、定款変更手続きを経ただけでは、会社の目的が変更になったことを主張することはできません。

　そこで、会社の所在地を管轄する法務局に目的の変更登記申請を行い、会社の目的が変わったことを対外的に示す＝公示することになります。

ウ　会社の場所を移るとき

　会社の場所を移すことを本店移転といいます。

　本店所在は、定款の絶対的記載事項ですが、本店を移す際に定款変更手続きが必要であるかどうかは、定款における本店所在地の定め方によって変わってきます。

　別の市区町村に移転する場合には、必ず定款変更手続きが必要になります。

　同じ市区町村内で移転する場合で、定款で本店所在地を「当会社は、本店を○○市区町村○○一丁目○番○号に置く」と所在地番まで記載している場合には、定款変更手続きが必要になります。

図6-1　本店所在地の変更における定款変更手続きの要否
（例：東京都千代田区丸の内●丁目●番●号から東京都千代田区丸の内▲丁目▲番▲号に移した場合）

定款上の記載	定款変更手続きの要否
当社は、本店を東京都千代田区丸の内●丁目●番●号に置く。	必要
当社は、本店を東京都千代田区に置く。	不要

　そして、定款変更続きが必要なときには、株主総会の特別決議を経なければなりません。

　ただ、定款変更手続きを経ただけでは、会社の本店所在地が移転したことを主張することはできません。

そこで、会社の旧本店所在地（前の会社の所在地）を管轄する法務局に本店移転登記申請を行い、会社の場所が移ったことを対外的に示す＝公示することになります。

エ　会社の役員を替えるとき
　会社の役員としましたが、ここでは会社法上の役員、代表取締役を含む取締役、監査役等をいいます。会社法上の機関ではない執行役員・本部長・部長といった役職ではないことに注意してください。

①　どのようなときに替えるのか（取締役就任してから２年後に注意）
　役員を替えるとしましたが、その内容は、新たに選任すること、引き続き役員にとどまること（重任といいます。）、退任することを指します。
　また、退任理由としては、任期満了、辞職、解任、死亡などがあります。
　役員変更登記で忘れがちなのが任期満了に伴う退任と選任です。
　会社法上、取締役の任期は２年、監査役の任期は４年です（任期は、定款で最長10年まで伸ばすことができます。）。引き続き同じ方が取締役や監査役を務めるとしても、役員変更登記は必要になりますのでご注意ください。

②　選任等手続
　役員を就ける場合の手続は会社の機関設計によりますが、原則として株主総会の普通決議で選任されると考えておけば足りるでしょう。経営を誰に委ねるか、業務監査を誰に委ねるかを決めるのは、会社の実質的所有者とされる株主が決めることだからです。
　なお、代表取締役は、取締役会設置会社では取締役の中から選任されます。取締役会設置会社でない場合には、定款に定める方法によるか、株主総会の普通決議によることになります。
　退任の理由には、任期満了、辞職、解任、死亡、欠格事由に該当があります。
　任期満了は期間の経過に伴い当然に発生し、辞職は役員の意思によりますし、死亡や欠格事由該当したら当然退任となりますので、会社法上の手続を必要としません。
　これに対し、解任は、選任をした機関の決定によりなされることから、

株主総会で選任した場合には、株主総会で解任手続をすることになります。

このほか、役員に関する登記の種類としては、会計監査人、社外取締役・社外監査役・特別取締役、取締役及び監査役の会社に対する責任の免除又は制限の規定の設定による変更登記、監査役の監査の範囲に関する登記がありますが、選任等に関する基本的な考え方は同じになります。

これらの役員変更事由が生じたとしても、そのままでは第三者に対し役員の変更を主張することはできません。

そこで、会社の所在地を管轄する法務局に役員の変更登記申請を行い、会社の役員が替わったことを対外的に示す＝公示することになります。

オ　会社の取締役会や監査役を置くようになったとき（新たな機関を設けるとき）

2のように、会社の成長に伴い、取締役会や監査役を設置したり、さらには、IPOに向けて、監査役会設置会社とすることがあります。

会社の機関設計は、定款記載事項ですので、定款変更手続きとして、株主総会の特別決議（定義）を経なければなりません。

そして、取締役会を設置する場合、代表取締役は取締役会の決議で選任されるので、新たに代表取締役選任に関する決議も必要になります。

そこで、会社の所在地を管轄する法務局に設置及び役員の変更登記申請を行い、会社の機関が代わったことを対外的に示す＝公示することになります。

カ　株式を増やすとき・資本金を減らすとき

出資を募る場合、つまり株式を新たに発行し資本金を増やす（増資）する場合には、登記が必要になります。

また、資本金を減らす（減資）場合にも登記が必要になります。

株式は会社に対する権利であるところ、その増加は既存株主の株式保有割合の低下、単位の変更は議決権がなくなるなど、会社の支配権に影響があり、株主にとって重要関心事項であること、また増資には資本金の変動が伴い、会社財産のみを信用の対象とする取引先にとって重要な事項であるため、株式に関する変更・減資については登記により公示す

るとしたのです。

　株式に関する登記としては、次のようにいろんな項目がありますが、いずれも株式の発行一形態と株式の単位の変更があると整理すればよいでしょう。

キ　M＆Aをするとき

　M＆Aとは、「Mergers and Acquisition」（合併と買収）の略です。

　その手段として、株式譲渡、事業譲渡、会社分割、吸収分割、株式交換、株式移転等があります。

　これらのうち、会社分割、吸収分割、株式交換、株式移転は既存の会社を使って実質的に新たな会社を設立するという側面を有するので、会社の設立同様、登記が必要になります。

ク　事業を終わらせるとき

　事業を終わらせる際には、事業の主体である会社も終わらせる必要があります。これを法人格の消滅といいます。会社が消滅したということも登記により第三者に主張することになります。

　手続としては、会社が終わらせる手続に入ったことを示す解散の登記が必要になります。解散登記をすると会社の機能は会社の債権債務を整理し、残余財産を換金して処分するという残務処理に限定したものになります。この状態を清算株式会社といいます。

　清算株式会社も会社ですので、機関を定めることになりますので、清算人を選任し、これを登記することになります。

　そして、清算が終わったら、清算結了の登記を行います。

　その結果、会社の法人格は消滅し、会社の登記簿は閉鎖されます。

　仮に、事業終了したにもかかわらず、精算手続きをおこわなず登記を放置しておくと、法的にはいつまでも会社が残っていることになります。

第7章

実際にビジネスを始めてみよう！

1. ビジネスの具体例を見てみよう
2. 喫茶店を始める
3. 小売業を始める
4. 大学発のものづくりベンチャーを始める
5. 個人向けマッチングプラットフォームの事業を始める

1 ビジネスの具体例を見てみよう

　これまでビジネスモデルの具体化の方法や、ビジネスプランを作る際のポイント、ビジネスを行う際の形態（法人や個人）、人の活用方法、資金調達の方法を見てきました。では、実際にビジネスを始めてみましょう。

2　喫茶店を始める

(1)　喫茶店とは

　喫茶店を始めるにあたり、まずは喫茶店というものを知る必要があります。「おしゃれな喫茶店を始めたいなぁ」というのと、「おしゃれなカフェを始めたいなぁ」と言うのでは、実は大きく異なります。

　食品衛生法によれば、喫茶店やカフェは「調理業」に分類され、営業を行うには法律に基づく営業許可が必要になります。その営業許可は喫茶店営業と飲食店営業で異なります。

　一般に喫茶店営業とは、『喫茶店、サロンその他設備を設けて酒類以外の飲物又は茶菓を客に飲食させる営業のこと』を指すと言われ、飲食店営業とは、『一般食堂、料理店、すし屋、そば屋、旅館、仕出し屋、弁当屋、レストラン、カフェ、バー、キャバレーその他食品を調理し、又は設備を設けて客に飲食させる営業のこと』を指すと言われています。この両者の違いは何でしょうか？　主には『アルコール類の提供』と『調理の有無』で異なると考えられます。

　あなたの考えたビジネスモデルの中で、アルコール類を提供することを想定していたり、自分の作った料理を食べてほしいということを想定しているのであれば、飲食店営業許可をとった方が良いでしょう。また、喫茶店営業だけでは差別化することが難しいので、『他社との差別化』という観点からも飲食店営業許可をとった方が、後の事業展開を狭めることは少ないのではないかと考えられます。

(2)　実際に始めるには

　飲食店営業許可を取得するには、主に次のような手続きを踏んでいく必要があります。詳しくは営業を行う都道府県のホームページ等に記載されていますが、東京都の手続きを記載しておきます。当然最初にあな

たのビジネスプラン、それを計画に落とし込むことが必要になります。
① 事前相談
　施設基準に適合しているかなどを事前に確認する必要があるので、施設の工事着工前に図面等を持参の上、保健所の食品衛生担当に相談を行う。この際、食品衛生責任者を決めることも必要となります。
② 営業許可の申請（書類の提出）
　事前相談が終わり、問題がなかった場合、施設完成予定日の10日くらい前までに必要書類を保健所に提出する必要があります。必要書類には、営業許可申請書の他、営業設備の大要・配置図なども必要になります。また、食品衛生責任者の施策を証明するもの（食品衛生責任者手帳等）も必要になります。
③ 施設検査の打ち合わせ
　実際に保健所の担当者が施設を確認しに来ますので、その日程調整を行う必要があります。
④ 施設の確認検査
　施設が申請のとおりか、施設基準に合致しているかを保健所の担当者が確認しに来ます。その際立ち会う必要があり、施設基準に適合しないと判断された場合は許可が下りません。不適事項を改善し、改めて検査日程の調整を行う必要があります。また、施設基準に合致していることが確認できた場合、営業許可書交付予定日のお知らせ、が交付されます。
⑤ 営業許可書の交付
　営業許可書交付予定日になったら、営業許可書交付予定日のお知らせ及び認印を持参し、保健所で営業許可書の交付が受けられます。
⑥ 営業開始
　営業許可書の交付を受けた後、実際に営業することができます。ただし、施設等に変更が生じたりした場合、保健所まで届け出る必要があることもあります。

　このような手続きを行い、実際に喫茶店の営業を始めることができます。

(3) 競合他社に負けないためには

① 特徴を活かす

喫茶店は産業分類として『サービス業』に分類されます。実はこのサービス業、日本で最も開業率が高い業種となっています。一方で廃業率も日本で最も高く、競合他社との競争が激しい業界であるといえます。そのため、他社に負けないよう、自分の特徴を前面にアピールし、顧客のニーズに応えていく必要があります。

では、自分の特徴とは何か。それを起業前も起業後も毎日毎日考え意識し続けることが必要です。経営学的に言うと、『強み』を持つということになります。一般的に喫茶店の場合、お客さんに出す主な商品は、『コーヒー』や『紅茶』などの、アルコールの入っていない飲料になると思います。温かいものを提供することに特化するのか、冷たいものを提供することに特化するのか、両方を提供するけど他の喫茶店と違った特徴のある飲料を提供するのか、など考えることはたくさんあります。また少し特徴を出すために、『コーヒー』や『紅茶』ではなく、『スムージー』や『フレッシュジュース』を提供するといいことも考えられますね。ただし、これらは提供する商品次第では『調理』にあたる可能性もありますので、事前に良く調べておく必要があります。このようなリスクを回避するためには、喫茶店営業許可より飲食店営業許可を事前に受けておいた方が良いですね。

このように起業する前だけではなく起業した後も、他社と差別化した商品がお客さんに提供できているかどうか、を常に考える必要があります。

② 特徴を最大限活かせる立地

自分の今までの経験や技術を持ってしてもあまり差別化した商品を提供できそうにはないなぁ、とか、一方で他社に負けない商品を提供できそうだ、ということが把握できると思います。そうしたらその次は、提供する商品で売上を最大限獲得できる場所にお店を構える必要があります。そのためには、出店候補地のマーケットを分析し、お客さんにどのようなニーズがあるのかをしっかり把握する必要があります。

乗降客数が少ない駅前のお店で、そもそもの見込客が少ない場合でも、

喫茶店がほとんどなく、電車の本数も少なく、電車に乗りたい人はどこかで時間をつぶす必要があるような場合、『コーヒー』や『紅茶』だけを提供するお店を出すだけで、それなりの収入が見込めることがあります。この場合、お客さんのニーズは『コーヒーが飲みたい、紅茶が飲みたい』と言うよりも、『座って少し時間がつぶせる場所が欲しい』というものだと思われます。そのような場合、高価でこだわりを持った『コーヒー』や『紅茶』を提供するよりも、ほどほどの値段でほどほどの味でも、座り心地の良い席を用意し、無線LANをお店に飛ばすだけで、お客さんが集まる可能性があります。そしてそのお客さんは電車が来る時間になったら必ずお店を出ていくので、長居することはありませんし、お店としても回転率を上げることができます。

　他方、とてもこだわりのある『コーヒー』や『紅茶』を提供できる技術や経験がある場合、その商品で勝負していくこともできます。『コーヒー』であれば、豆の種類にこだわるとか、水出し等の抽出方法にこだわるとか、いろいろ考えられます。また、特徴のないコーヒーでも、それにトッピングするものに一工夫加えて特徴とすることも考えられます。『紅茶』であれば苦みの少ない抽出方法にこだわるとか、茶葉の酸化発酵の程度にこだわるとか、香料を入れフレーバーティにするとか、こちらもいろいろ考えられます。どのような特徴をお客さんにアピールするかと言うのは、起業する際の大きなポイントになりますし、一番楽しい考えごとになると思います。ただし、ここでよくある失敗が起こります。『自分が作るこのコーヒーもしくは紅茶は他の人には絶対出せない風味なので、お客さんがいっぱい来て、売上も右肩上がりだろう』と考える失敗です。そのような考えは、筆者のような投資家から見ると、ゼロ評価どころか、マイナス評価になります。一般的な経営学の本では、他社との差別化が重要、とありますが、実はそれだけでは成功しません。もちろん、成功のために必要な要素の一つなのですが、これにこだわると、筆者の経験上、最初は良いのですが、次第に飽きられ、ほぼ失敗します。

⑷ 異業種とのコラボレーション

　みなさんも道を歩いてお気づきかと思いますが、最近コーヒーショップと書店がコラボレーションしたお店を見かけると思います。いわゆるブックカフェ、と呼ばれているお店です。有名なのはスターバックスとTSUTAYAですが、小さな書店でもコーヒーを提供するお店が増えていると感じていると思います。これは、お店側としてみると、立ち読みしているお客さんは購入するまで書店側の売上になりませんが、その時間にコーヒーを購入してもらうことで、売上の増加が見込まれます。一方お客さんの方から見てみると、ただ単に本が並んだお店で本を選ぶよりも、少しおしゃれな内装のお店で、コーヒーを飲みながらゆっくり本を選ぶことができる、という高揚感や満足感が得られます。しかもお気に入りのものがなければ本を購入しなくても良く、コーヒー代だけでお店を出ることも可能です。このように、コーヒーショップと書店、お客さんのみんなにメリットがあるので、このような業態が増えてきているのではないかと思われます。

　ただし、この業態が成り立つ前提として、出版業界特有の『再販制度』と『委託販売制度』があります。つまり、書籍等については書店側で勝手に値下げすることができないかわりに、委託販売形式にすることで書店側は在庫リスクをおさえているからです。契約にもよるのですが、委託販売制度では軽微な汚損程度であれば返品できることが多いです。このような制度があるので、コーヒーショップと書店のコラボレーションが成り立つものと考えられています。

　次に、よく見かけるのが猫カフェ等のいわゆる『動物カフェ』です。喫茶店に動物を置くことで集客効果を高めようというものです。これは、例えば自宅では猫を買っていないがたまには触れ合ってみたい、とか、いろいろな種類の動物と触れ合ってみたいというお客さんのニーズを反映したカフェになります。それなら動物園でもいいのではないか、と思われますが、動物園で入場料を払って動物と触れ合うより、カフェでコーヒー代を払えば動物と好きなだけ触れ合えるという手軽さがうけています。ただし本と異なり動物は生き物ですので、日々の餌代や糞尿の始末代、予防接種や、お客さんがけがをした時の補償など、様々な費用が

かかります。それを支払ってもなお利益が上がるような料金設計にしないと、運営は難しいのではないかと考えられます。

3 小売業を始める

(1) 小売業とは

　お店を持ってみんなに何かを売りたい！というのは、イーコマースを除き一般的には『小売業』という業態になります。その『小売業』と言っても様々なお店があります。経済産業省では小売業は、百貨店・スーパー、コンビニエンスストア、専門量販店、その他に分類されており、専門量販店の中には、家電大型専門店、ドラッグストア、ホームセンターが含まれ、その他には衣料専門店や食品スーパー、カーディーラー等が含まれています。自分のビジネスがどの分野に入るかを知っておくことは、マーケット規模やその推移を知る上で重要なことなので、意識しておいた方がよいと思います。

　いざ、小売業で起業しよう！と思っても、百貨店や総合スーパー、家電大型専門店、ドラッグストア等、それなりの資金が必要だったり資格が必要だったりするケースが多いです。この小売業の中でも小さな資本で始められるとしたら、衣料専門店になるのではないかと思います。そのため、以下では衣料専門店についてもう少し分類していきます。

　衣料専門店と言ってもその分野は広く、自社で商品を作るのか、自社以外の提携工場で商品を作ってもらうのか、他社ブランドの商品をお店に並べて売るのか、によっても分かれますし、紳士服を扱うのか、若い女性向けの衣類を扱うのか、下着を扱うのか、子供服を扱うのか、ジーンズだけを扱うのか、などターゲットとするお客によっても分かれます。自社で商品を作る場合、日本国内で製造するのか、海外で製造するのか、も検討する必要がありますし、提携工場で作ってもらう場合にも同様の検討が必要になります。ちなみに、提携工場で製造し、自分のお店でその商品を販売する業態は、SPA（製造小売業、speciality store retailer of private label apparel）と呼ばれます。また、他社ブランドの商品を自分のお店で販売する業態は、俗にセレクトショップと呼ばれます。セ

レクトショップには様々なブランドが陳列されるため、特定ブランドが好きと言う訳ではなく、今の流行りの服が欲しいというお客がターゲットになります。言い換えれば、ブランドのコアなファンをターゲットとしているわけではないということです。そのため、自分の目利きで次第で、売上が大きく変動する業態ということができるでしょう。

以下では筆者が経験のあるSPAについてみていきます。

(2) 実際に始めるには

実店舗型でSPAのアパレルを開業したい、といってもすぐに洋服を作れるようになるわけではありません。一般的に、最初は卸問屋やメーカーなどから商品を仕入れ販売するセレクトショップから始めることが多いです。セレクトショップがある程度軌道に乗ってきて、資金的にも余裕ができ、卸問屋やメーカーとある程度のパイプができてから、自分のブランドを立ち上げるというケースが良いのではないかと思います。ただし、セレクトショップではどのような商品を陳列するかということを、気をつける必要があります。なぜなら、自分のブランドを立ち上げた際、最初にお客さんとなってもらうのがセレクトショップで買い物をしてくれるお客さんだからです。そのため、将来どのような洋服を作って販売したいかを考慮した上で、自社で陳列する商品コンセプトやターゲット層を事前に検討しておいた方が良いと思います。一方、セレクトショップで色々試してマーケットを把握してから自分のブランドを立ち上げる、という戦略も考え方の一つだとは思います。

このように、実店舗型のSPAアパレルがそうなると、決めることは大きく4つあります。1つ目は上述したとおり、陳列する商品です。2つ目は店舗の出店場所（ロケーション）です。3つ目は製造工場、4つ目は物流、になります。

① 陳列する商品について

まず、どのような人をターゲットにした商品にするのか、つまり商品のコンセプトを決める必要があります。ここで最も注意しなければならないことは、その商品に対する人々のニーズが本当にあるのかどうか、ということです。筆者のような投資家の下には多くのベンチャー企業の

社長がきます。その中で最も多いのが、『本当にそのニーズがあるの？』ということを考えずプレゼンしてくることです。つまり、自分の技術や感性に自信があり、それを販売・提供することで売上を上げ成長していくというものです。申し訳ないのですが、ただこれだけだと投資はしませんし、『自分の技術や感性は最高だから、必ず売れる』という考えを改めてもらうまでは、次の話も聞きません。必ずターゲットとするお客さんを想定し、そのお客さんたちは何を望んでいるのか、それに対して自社は何を提供してお客さんを喜ばすのか、を考える必要があります。これは、『仮説⇒検証⇒分析⇒仮説⇒検証⇒…』を繰り返し、ようやくわかることです。アパレルの場合も同じことで、どうしてそのようなコンセプトの服を陳列するのか、ターゲットとするお客さんはどのような人々なのか、そのマーケットはどれくらいの規模で将来成長するのかシュリンクするのか、を考える必要があります。その上で、どのような商品をお店に陳列するかを決めた方が良いと思います。

② 店舗の出店場所（ロケーション）について

次は出店場所です。店舗を出店する際、様々なことを検討する必要があります。しかしその大前提は、自分のお店に陳列した商品が売れるかどうかです。つまり、自分のお店の商品を購入してくれそうな人が多くいる場所に出店する必要があります。陳列する商品のコンセプトを決める際、そのターゲットを想定していると思います。そのターゲットとなる人たちが多く通る場所や集まる場所に出店を行えば、商品が売れる確率が上がります。ターミナル駅の駅ビルに出店した方が良いのか、地方のショッピングセンターに出店した方が良いのか、ロードサイドに路面店として出店した方が良いのか等、ターゲットとするお客さんが集まりやすい場所を想定します。それと同時に、本当にお客さん候補となる人たちがいるのかどうか、商圏調査を行います。お金に余裕があればプロのコンサルタントのような人に調査を頼んでも良いですし、そうでない場合、少なくとも自らその場所を訪問し、曜日別・時間帯別・天気別でお客さんの層や数がどのように変わるのか、等を把握する必要があります。そのようにして出店地を決めた後、物件の契約を行います。もちろん、自分が望むような物件がそこにはないこともありますし、実績がないと契約してもらえない物件もあります。そのため、出店候補地は複数

検討しておいた方が良いと思います。

③ 製造工場について

　SPAの場合、製造工場の管理も自社で行う必要が出てきます。自分がイメージした服を工場に作ってもらうのですが、イメージ通りの仕上がりになっているか、縫製はしっかりしているか、生地は指示したものを使用しているか、という点は当然管理する必要があります。それ以外で管理する必要があることとしては、製造工場内の管理がしっかりしているか、つまり、衣類に針が混入しないかどうか、衣類を汚さないような保存の仕方をしているかどうか、ということを注意する必要があります。針が混入していたり汚れが付着した商品を販売した場合、直接お客さんからクレームが入ることが予想され、その対応で不必要な資金が流出するだけではなく、自社のブランドの毀損にもつながるので、要注意です。また、大概の場合、製造工場で『タグ』もつけてもらうのですが、値段が正しいか、表記方法が正しいか、を確認する必要もあります。また、製造工場が海外の場合、お店に並べる日から逆算して決定した納期に製造が間に合うかどうか、量が間に合うかどうか、も管理する必要があります。

④ 物流について

　意外と見落としがちなのが、物流です。製造拠点からお店につくまでの流れを考えなければなりません。お店が１店舗だけであれば、バックヤードに商品を保管することだけを考えれば良いですが、お店が複数店舗になってくると、どこか１カ所に商品を集め、そこから各店に配送するとか、製造拠点から直接個々のお店に配送するとかを考える必要があります。また、製造拠点が海外の場合、海外の工場から海外の輸出拠点、そこから日本に配送、日本の保管拠点、個々のお店への配送、という流れも検討しなければなりません。

　一方で、適正在庫も考える必要があります。お店に並べている商品がどれくらいのペースで売れ、品切れを起こさないよう商品を保管できるか、保管場所もスペースが限られているので、そこにどれくらいの商品を何日間置く予定なのか、ということです。保管場所や店頭に商品を大量に置いた場合、仕入れに関する資金支出が商品の販売による入金より先に発生する可能性もありますので、資金繰りに注意する必要がありま

す。俗にいう、「勘定合って銭足らず」という状況が起きます。また、過度に商品を仕入れた場合、商品が売れ残ることがあります。流行ものであればあるほど、売れる期間は短くなります。当初の販売期間が過ぎてしまった商品は、業界ではキャリー品と呼ばれ、次シーズンに販売することになりますが、そうなった場合、原価を下回る販売価格になることも多いので注意が必要です。

　このように適正在庫を維持できるよう、製造拠点から保管場所・店頭までの流れを考えなければなりません。製造拠点から商品が集約される倉庫までは何日かかるのか、集約された倉庫からお店までは何日かかるのか、ということです。なお、海外の製造拠点から日本国内に輸入する場合、各国の税関を通す必要があります。関税の徴収や、偽物のチェック等が行われるため、数日要すことがあります。また、船便で運ぶ場合は海の時化であったり、飛行機で運ぶ場合は台風であったり、その時々の自然環境もリードタイムに織り込む必要があります。

(3) 競合他社に負けないためには

① 特徴を活かす

　小売業ですが、業界としては開業率がやや低く、廃業率がやや高い業界とされます。起業にあたり、資金が必要になる分、サービス業より起業しにくいのかもしれません。一方で変わりやすい顧客ニーズに対応するのも難しく、廃業率が他の業界よりやや高いという結果になっているのではないかと思われます。そうなると、やはり他社に負けないよう、自社の特徴を活かす必要が出てきます。

　洋服屋さん、というのはセレクトショップでも自分のブランドでも、お客さんから見た場合、意外と変わりはないものです。ブランドと言うのはお客さんにとっては安心感のようなもので、言い換えると、そのブランドだから縫製は大丈夫だろうとか、洗濯した時の色落ちはあまりないはず、とか、その程度のものです。ただ、お客さんの２割～３割がコアなファンとなり、そのコアなファンへの売上が全体の８割くらいを占めることは良くあるので、ブランドを大事にするということは大切にはなります。

では、お客さんは何をみて服を買うのでしょうか？まずお店に入る動機ですが、洋服の値段と色や形などのデザインです。お店の前を歩いている人が見るものとしては、店頭にあるボディと呼ばれるマネキンがあります。筆者は過去投資先を通じてお客さんにアンケートをとったことがありますが、店頭に並んでいる服やマネキンが着ている服を見てお店に入った、というケースも多かったです。つまり、店頭に何を置くか、マネキンに何を着せるかが重要になってきます。そこで自分のお店の特徴をアピールすることができます。

　次に、どのような特徴をアピールするのか、を決める必要があります。SPAという業態ですと、セレクトショップ等より仕入値・製造原価を安くすることができるので、お客さんへ販売する値段を安くすることができます。しかし、安いだけではなく、製造工程も管理しているので、質が高いものを販売することができます。またSPAは比較的短期間で製造できるので、流行りそうな洋服を製造し、お客さんのその時のニーズに合った商品を販売することが可能です。そのため、値段と商品の質、今の流行であること、がアピールポイントになります。それを店頭で上手にアピールし、お客さんを引き付けることが必要となります。

② **在庫管理**

　SPAでは製造工程まで管理をおこなうのでお客さんに良質な商品を比較的安価に供給することができる一方、流行っている商品を供給するため、在庫リスクが高いのが特徴です。セレクトショップのように仕入れて売るだけであれば、店頭商品がなくなりそうな時、その時に卸売業者が販売している商品を購入することで対応できますが、SPAではそうはいきません。利益率が高い分、品切れ損失のリスク（機会損失）もあります。また、残った商品は通常簿価の切り下げを行いますので、残った商品からも損失が発生します。そのようなことをすべて考慮に入れたうえで、どれくらい作るのか、どれくらい店頭に並べるのか、どれくらいバックヤードで保管するのか、を計算し、在庫管理を行う必要があります。

　これらの情報についてはすべて一元管理する必要があります。通常の会社だと、商品の製造や価格付けについてはバイヤー、店頭での在庫管

理は店長やその上のマネージャーが行うケースが多いです。そしてこれらを一元に管理する職種として、アパレルではMD（マーチャンダイザー）があります。販売の計画や生産・在庫の管理を行います。MDの業務の1つとして、マーケットやトレンドを把握し、マーケティング業務も行わせる会社もあります。

このように在庫管理を確り行うか行わないかによって、会社の優劣が決まってしまいますので、その管理に経営資源を投入することで、他社と差別化することができることになります。

(4) 異業種からの参入

では異業種から参入するケースをみていきましょう。と、その前に、今更ですが皆さんはSPAのアパレル、と聞いて想像するブランドや企業はありますか？意外とわからないかもしれませんね。海外のブランド・企業で言えば、有名なのがGAPやH&M、ZARAがあります。日本だとユニクロやコムサデモード、LOERYS FARMのアダストリア、RETRO GIRL等があります。ちなみにSPAという言葉は1980年代にGAPが自らの業態を説明する際に使用したことが始まりと言われています。

上述のブランドを見てもわかる通り、SPAのアパレルは今成長しているブランドばかりで、現在のアパレル業界の主流と言われています。その為、様々な業種からの参入があるのがこの業界の特徴です。例えば、ECのマーケットプレイスの企業であるZOZO（ZOZOTOWN）は自ら製品を製造することを選択しました。ZOZOTOWNには様々なブランドが出店し、出店者から販売手数料を取るのが元々の同社の収益モデルでした。しかし自ら製品を製造し販売することで販売手数料だけではなく商品を販売することによる粗利も享受しようというものです。ただ、わたくしの予測ですが、ZOZOの狙いは粗利だけではなく、個人のサイズを収集することで、ビッグデータビジネスにつなげることを狙っているように思います。そのほか、RIZAPグループも異業種からの参入企業と言えます。RIZAPグループに関しては企業を買収するM&Aという手法でSPAの業界に参入してきました。元々美容に関する分野に強みを持っていた同社ですが、人々の『きれいになりたい』とか『認められた

い』というニーズをさらに満たすため、アパレル分野に参入してきたとされています。そうすることでグループで顧客を取り込むことができ、全体の収益の底上げにつながると考えたようです。また自社製品を作り続けてきた同社にとっても、自ら製品を作るSPAという業態は同社の企業風土にもあっており、参入してきたのではないかと考えられます。ただし、ZOZOと異なり全くの異業種からの参入なので、買収した企業の業績を上げさせることができるかどうか、が注目されます。

　このように他業種からの参入もあるのがSPAの現在の動向になっています。

4 大学発のものづくりベンチャーを始める

(1) 製造業とは

　製造業とは、原材料などを加工し、製品を生産する業種で、俗に第二次産業と呼ばれています。この業界でいざ起業をしようとしても、かなりハードルは高いです。その中でもよくあるのが、大学で研究した内容を武器にして起業する、というものです。これは大学発ベンチャーといわれることが多いです。経済産業省が調査し、2018年3月に公表した結果ですが、日本の大学発ベンチャーは2,000社強、大学別にみると、東京大学、京都大学、筑波大学、大阪大学と続きます。国立大学が上位を占めている状況です。その2,000社強のうち、製造業といわれる、いわゆるものづくり系企業に関しては、400社強となっており、バイオ系、IT系、サービス系に次ぐ順位となっております。

　他方、大学発ベンチャーではない企業もあります。大学で培った知識を基に卒業生や教授が起業したり、事業会社で培った知識・経験を基に起業したりするケースです。事業会社の社員が起業するケースで多いのが、事業会社のなかで研究を行って結果も出たが、その事業会社の主力事業とかけ離れているし、潜在のマーケットも大きくないと判断されたので独立した、というものです。そのような事業は、当初社内でその企画が盛り上がり、もしかしたら近い将来大きな売上につながるかもしれない、という期待感から多くの研究開発費を予算としてあてがわれたものの、時間が経過するにつれ、他の企業も同じような研究が進んでいることがわかり、自社の一人勝ちにはならないかもしれない、といったケースや、時間の経過とともに見込み客が他の製品やサービスに移ってしまい、期待していたマーケットがそれほど大きいものではなくなってしまった、というケースです。

　少々ネガティブなことを書きましたが、日本の高度経済成長を支えてきたのは製造業であり、今でこそやや衰退していますが、まだまだ成長

できる可能性があると思われているのも事実です。以下では筆者も経験のある大学発のものづくりベンチャーを起業するという視点から記載していきます。

(2) 実際に始めるには

① 特許の確認

　自分には技術がある！自分には研究開発したこの素材がある！こんな意気込みで起業に向けて動き出す人が多いです。しかし気をつけておかなければならないこととして、特許の存在です。大学発ベンチャーの場合、特許は大学が保有していたり、大学の関連機関が一括管理していることが多いです。それはそうですよね、大学のお金を使って研究開発をしているので、その結果（果実）は大学が所有するというのは当然だと思います。その為、起業にあたり、特許を誰が保有しているのかを再度確認する必要があります。

② 自社の特許にする

　大学等で保有している特許を自社の特許にするためには、やはり対価の支払いが生じます。対価ですが、現金で支払うこともありますし、近年の動きでは大学に特許を現物出資してもらう一方、自社の株式を保有させる、というやり方や、将来上場を目指しているのであれば、対価としてストックオプションを割り当てるという方法もあります。大学側が特許を手放さない場合、特許有効期間中の専用実施権を設定するということもあります。

　いずれにせよ、その特許を自社だけで利用できるようにする必要があります。そうでない場合、特許に抵触し、自社のビジネスモデルが成り立たない、という状況に陥ってしまうこともありますし、専用実施権を設定していないことにより他社も同じ特許を利用してしまい、ビジネスの競争が厳しくなり、せっかく起業したのに思ったような売上を上げることができない、ということも想定されます。

③ 大学発ベンチャーの承認をもらう

　これは必要なことではないのですが、特許の移転に関して理解を得やすかったり、起業後も大学の設備を使用しやすくなるなど、メリットは

あります。ただし、大学教授が起業する場合、大学教授という肩書を維持するためにある程度の時間の制約が発生するケースもあります。具体的には、授業やゼミを持たなくてもよい一方、大学内の各委員会のメンバーとして会議への出席を求められたり、事務作業が発生することもあります。

また、大学発ベンチャーの承認をもらった場合、大学にその技術や素材等が認められるので知名度が上がったり、増資等の資金調達が容易になることもあります。その承認手続きに関しては大学ごとに異なるので、確認をしておいたほうが良いでしょう。

④ オフィスの場所を決める

意外と重要です。大学発ベンチャーないしは大学の技術を切り出したベンチャーといった場合、起業後もある程度大学との連携が必要になってきます。また、従業員の人も大学を訪問する機会が多くあると思われます。その為、大学の近くにオフィスを構える会社が多いです。しかし大学が駅前にあれば良いのですが、駅から遠く、バス等も昼の時間帯は一時間に1本程度しかなく、実際は車が必要となってしまうケースとかがあります。従業員が車で通勤するということは、その駐車スペースもそうですし、通勤中におきた交通事故に関しても注意をする必要が出てきます。

また、構内にインキュベーション施設を設けている大学もあります。大学発ベンチャーの場合、他の企業と比べると入居審査はそれほどハードルが高くないケースが多いです。ただし気を付けなければならないのは、入居可能期間です。大学発ベンチャーのインキュベーション、という趣旨でその施設が運営されているケースが多いので、入居後5年まで、とか、起業後5年まで、とか、入居可能期間が設定されていることがあります。それ以降は原則退出しなければいけません。ここで難しいのは、その施設内にクリーンルーム等の研究設備を設けてしまった場合です。いったん作ってしまったクリーンルーム等を他に移転する場合、機材を壊さないようにする必要があり、また、移転後も同じような環境を用意する必要もあり、意外と移転場所が見つからなかったり、移転費用が多額になってしまったりすることがあります。

このように、他の業種と異なり、ものづくりの大学発ベンチャーがオ

フィスの場所を決めるのは、かなり重要になってきます。

(3) 競合他社に負けないためには

① 特徴を活かす

　大学発ベンチャーとしての特徴は、その特許で守られている素材や技術等にあると思います。他社に負けない素材・技術…実はそれがネックにもなります。先ほども少し書きましたが、特許に守られた素材・技術ですが、時間の経過とともに他の手法でも同じことができてしまう可能性があります。つまり、当初の特許は陳腐化してしまい、それだけだと競合他社には勝てないという状況が生じるケースが多々あります。その為、当初の特許だけで満足せず、引き続き研究開発を行い、新たな特許を申請し続けていく必要が生じます。そのような場合、時間もかかりますし、売上がほとんど期待できない分、補助金や増資等により、資金調達をしておく必要があります。

　また、特許で守られた素材や技術だけでは、売上につながりにくいことにも注意する必要があります。つまり、今までにない新しい素材や技術なので、既存の製造工程では対応できないことがあります。ものづくりの大学発ベンチャーの場合、自社で大量生産の製造ラインを構築するには、相当の時間と資金が必要となります。その為、規模の大きい事業会社と共同研究を行い、事業会社の製造ラインを利用させてもらうケースがよくあります。その場合、事業会社側としては今までにない素材や技術のため、既存の製造ラインを一部変更するか新たに製造ラインを作る必要が出てきます。事業会社としては、その追加費用分を負担しても、将来大きな収益が獲得できる、と判断しない限り、先行で費用が発生することにはネガティブになると思います。素材や技術は魅力的ですが、費用対効果の観点からそのような素材や技術は日の目を見ないことになってしまいます。

　このようなことを極力避けるため、当初の特許だけではなく、さらなる研究開発を行い、より汎用性のある素材や技術に関して研究を行って、自社の強みを維持する必要があるといえます。

② 特徴を最大限活かせる分野への展開

　元々の特許から、さらに研究開発を続け新たな特許を取得していくと、当初想定した分野以外でもその素材や技術が応用できることがあります。これは当事者だけではなかなか思いもつかないことです。起業する際、『この分野の新しい素材や技術』という思いがあると思いますが、それにこだわりすぎ、周りが見えなくなってしまいます。そのため、考えを常に柔軟にするとともに、様々な分野の協力者を増やし、自社の素材や技術はどのような分野で活かせるのか、と常に意識しておく必要があります。筆者が経験した悪い例では、特許をとったとても優秀な素材だったのに、その社長は特定の分野での活用方法しか頭になく、筆者のような外部の投資家の意見を聞かず、そのうち代替品が出てしまい、倒産してしまう、ということがありました。もし様々な分野の協力者がいて、その人たちの意見を聞く耳が社長にあったならもう少し違う展開があったのかもしれません。起業する際、自分に自信があるが故の失敗なのではないかと思います。

　新規性が認められないと特許を取得することはできません。言い換えると、新しい素材や技術なので、様々な分野での利用も想定できるものだと思います。そのため、いくら自信があっても様々な人の意見を一回は聞くべきだと思いますし、競合他社に勝つために、1つの分野にこだわらず、様々な分野にどんどんチャレンジしていくべきだと、私は思います。

⑷　注目されてきている大学発ベンチャー

　では最近の動向を見ていきましょう。近年、文部科学省が旗振り役となり、官民イノベーションプログラムが進んでいます。具体的には、大学の研究成果を実用化するための資金を国が大学に提供し、大学はその資金及び民間企業から出資を行ってもらい投資会社及び投資事業有限責任組合（ファンド）を設立、そして大学発ベンチャーにファンドから出資するというものです。現在は東北大学、東京大学、京都大学、大阪大学の４国立大学に国は合計1,000億円の資金を提供しています。そこから出資を受けた株式会社ジェイテックコーポレーションと言う会社が

2018年2月に上場をしております。この会社は大阪大学と共同研究を実施しており、大阪大学のベンチャーキャピタルから出資を受けました。官民イノベーションプログラムとして初めての成功事例です。事業内容は、細胞を培養する培地を自動的に製造する機械を作っていたり、凹凸がほぼない鏡を作っていたりします。いわゆる、大学発の技術を利用したものづくりベンチャーになります。

　また、2014年度から国立研究開発法人科学技術振興機構（JST）と国立研究開発法人新エネルギー・産業技術総合開発機構（NEDO）が事務局となり、大学発ベンチャーの表彰を行っています。この表彰では文部科学大臣賞、経済産業大臣賞、科学技術振興機構理事長賞、新エネルギー・産業技術総合開発機構理事長賞、日本ベンチャー学会会長賞、アーリーエッジ賞が用意されています。ちなみに2018年度の文部科学大臣賞を受賞した会社は株式会社マテリアル・コンセプトという会社で、東日本大震災後設立された東北大学発のものづくりベンチャーになります。銅のペーストを作っており、電子部品に利用することで、より安価でエネルギー効率を良くすることができます。こちらも大学発のものづくりベンチャーになります。余談ですが、筆者は同社が設立して間もないころ出会い、この素材は世の中を大きく変えると思い、2014年に投資を実行いたしました。

　このように近年、日本の大学にある技術を民間に転用して日本の経済を活性化させようという動きがあり、資金提供だけではなく、表彰制度も設け、大学発ベンチャーが増加しております。

個人向けマッチングプラットフォームの事業を始める

(1) WEB関連の事業とは

　近年インターネットに関するビジネスが増えてきています。WEBを利用したサービスであったり、情報処理のサービスであったり、ソフトウエアのサービスであったり、インターネットを利用するためのハードウエアの製造販売もインターネットに関するビジネスと言われることがあります。

　WEBを利用したサービスですと、企業のWEBサイトやインターネット広告を制作するような企業向けサービスを行っている会社と、SNSサイトの運営やネット販売のサイトの運営を行っているような個人向けサービスを行っている会社とに分かれます。情報処理のサービスですと、他企業の情報システムの導入や運用をサポートする会社があります。ソフトウエアのサービスだと、システム全体を管理する、いわゆるオペレーションシステム（OSと呼ばれるものです）を作っている会社と、そのシステム内で起動するアプリケーションソフトを作っている会社とがあります。ハードウエアの製造販売ですと、パソコンを製造していたりマウスやキーボード、各種タブレット端末、プリンター等を扱っている会社があります。

　以下では起業しやすい、個人向けのWEBサービスのうち、比較的起業しやすいマッチングのプラットフォームを運営する企業についてみていきたいと思います。

(2) 実際に始めるには

　マッチングのプラットフォーム、そう聞いたときみなさんはすぐに具体的なサービスが思いつくでしょうか？意外と皆さん利用しています。具体的には、楽天市場とかアマゾンも一部そうですし、最近話題になっ

ているのはメルカリ、ZOZOTOWN もそうです。つまり、インターネット上で何かを売りたい人と何かを買いたい人が出会う場所が、マッチングのプラットフォームと呼ばれます。このマッチングのプラットフォームの収益構造は比較的単純で、主に２つです。１つはマッチングが成功した場合、つまり売買が成立した場合に得る手数料収入です。もう一つはプラットフォーム上に広告枠を設けて置き、そこの広告収入です。起業する際はまずこの収益構造で事業計画を立てる必要があります。

　その他気を付ける点として、どのように売り手と買い手を集めるか、ということです。実際にサービスをローンチしてみないとわからないのですが、広告宣伝を行うのか、行うとしたらそれはWEBで行うのかTVCMで行うのか。広告宣伝費を費やさず、インスタやFacebookで情報発信していくのか、各種メディアに連絡をして取材を受け記事にしてもらうのか。競合他社がかなり多い業界ですので、何もしないと埋もれて終わりになってしまいます。その為、事前にある程度検討しておいた方が良いでしょう。

　では実際に始めるには、どうしたらよいのかを見ていきます。

① **アイディアを出す**

　当たり前じゃないか、と思われるかもしれませんが、結構重要です。どのような商品のマッチングサイトを作るか、マッチングサイトはウェブブラウザだけの対応にするのかアプリも作るのか等、アイディアは複数あります。扱う商品に関しても、衣類や食材とか建設資材とかの有形の『モノ』である必要もありません。利用者の労働時間であったり、専門知識であったり、法人格を有した会社であったり、ゲームサイトであったり、無形の『モノ』も扱うことができます。今どのような『モノ』が求められているのかや、他に扱っていないけどニーズがあるような『モノ』を扱ってみようとか、考え出すときりがないと思います。その為、最初に熟考してアイディアを出すことが必要になってきます。このビジネスは参入障壁が低いので、誰でも真似ができてしまいます。特許で守られるケースもほとんどありません。そのようなことから、一気にマーケットをとることが必要になってきます。要は事業スピードが重要になってきます。下記②にも関連するのですが、しっかり考え、アイディアを出し、『これだ！』と決めた場合、一気に事業を行う、ということが

必須になってきます。

② メンバーを集める

　意外だと思われる方もいると思いますが、一人で全てをこなすのはかなり難しいです。事業として成立させるためには、プログラマーやシステムエンジニア、WEBデザイナー等、が必要になってきます。それを一人で全てをこなすのはかなり難しいです。能力的にもそうですが、個々の業務に割かれる時間も多く、模倣可能性が高い業界では、一人でこつこつ行うことはお勧めしません。その為、WEBサービスで起業する場合、役割を分担して複数人で起業するケースが多いですし、そのようにした方が事業のスピードもはやまるので、良いのではないかと思います。

③ ドメイン取得、アプリ審査

　ウェブブラウザ型でサービスを提供する場合、ドメインの取得が必要になってきます。『http://○○.com』とか『http://○○.co.jp』とかです。もちろんそのドメインのアドレスも必要になります。これは空いているドメインがあれば利用ができるので、そんなに労力は必要ないのではないかと思いますが、自分が提供するサービス名をドメインにする方がよりサービスを認識されやすいので、サービス名とドメインを合わせることが多いです。そうなると結構厄介です。自分の欲しいドメインが既に他社に利用されていて、使用できないことがあります。そうなった場合、サービス名を変えるのか、サービス名とドメインとが違うことを選択するのか。かなり重要な判断になると思います。他社の事例ですが結構使われている例として、サービス名をドメインにするのですが、他社と被らないように、『http://サービス名-○○.com』のように、サービス名に何かを付けてドメインを取得するケースがあります。

　サービスをアプリで提供する場合、原則アプリの審査を受ける必要があります。現在アプリを提供する場合、Googleの審査かAppleの審査か、その両方の審査を受ける必要があります。アプリの公式ストアがこの2つしかないので、審査もこの2つとなります。何が違うのかと言うと、アンドロイド端末（主にiPhoneやiPad等以外です）で利用できるアプリを提供する場合は、Googleの審査、iOS端末（iPhoneやiPad等のことです）で利用できるアプリを提供する場合には、Appleの審査、が必要になります。アンドロイド端末とiOS端末では使用している言語が異なります

ので、その審査も異なるということです。審査があるということは、アプリを公開するまで時間が必要と言うことになります。また、審査に通らなかった場合、指摘事項を修正するまでアプリが公開できないということにもなります。調べていただくとわかりますが、Googleの審査期間よりAppleの審査期間が長いと言われています。理由は明確になっていません。また審査ポイントに関しても随時更新されていますので、アプリを提供する場合は、審査を通すのに時間がかかるリスクも加味しておく必要があります。その為、経験者を採用しておくのが望ましいのではないかと思います。

(3) 競合他社に負けないためには

① 特徴を活かす

　競合他社に負けないためには、他と同じように特徴を活かす必要があります。では特徴とは何でしょうか。扱っている商品が特殊である、とか、手数料が安い（もしくはゼロ）とか、サイトにアクセスしやすいとか、アプリが使いやすいとか色々あると思います。自ら経験してきたことや、集まったメンバーの強みとかから判断する必要があると思います。ただ、参入障壁は低い業界ですので、常に他社と比較し、特徴を前面に打ち出していく必要があります。そのため、業界の動向やその分析、優秀な人材の確保を常に続けていく必要がありますし、自らも最新動向について常に勉強する必要があります。

② 事業の成長スピード

　特徴を活かすことは必要なのですが、参入障壁が低い業界ですので、事業の成長スピードが非常に重要になります。どんなに優秀な人材を雇っても、どんなに特徴のある商品を扱っていても、他社に模倣される可能性は非常に高いので、事業の成長スピードが競合他社に負けないための大きな要素になります。用意周到に準備をし、一気にマーケットをとりに行く、という戦略が必要になってきます。それには資金も必要ですし、新たなニーズを掘り出すような戦術も必要になってきます。一方でユーザーがそのサービスを気にいった場合、リピートする可能性が高い

のも、特徴の一つです。そのため、一気にマーケットをとった場合、ある程度の期間一定の収益を見込むことができます。ただし、ユーザーはいつも同じサービスに飽きやすい傾向もあるので、常にUI（ユーザーインターフェイス）やUX（ユーザーエクスペリエンス）を意識し、サイトやアプリをアップデートしていく必要があります。そのためには、マーケティングが欠かせません。

⑷ 特徴のあるプラットフォーマー

　では最近の動向をみていきましょう。筆者が知っている中で初めてCtoCモデルを確立したのが、BUYMA（バイマ）というサイトを運営しているエニグモです。元々BUYMAでは、海外在住者に現地のブランド品を購入してもらい、それをBUYMAのサイトにアップし、日本在住者がそれを購入するというモデルでした。日本に入ってきていないが、海外では販売されているブランド品が購入できる、という点がユーザーに支持され、大きく拡大しました。また最近話題のフリマアプリを運営するメルカリもCtoCモデルで成功した事例です。メルカリの特徴はユーザーがもう使わなくなったものをサイトやアプリに価格とともにアップロードし、それを欲しい他のユーザーが購入するというものです。今まで捨てるかリサイクルに出すしかなかった不要なものを、サイトやアプリを通じて販売できるという点が支持され、大きく業績を伸ばしております。ただし、BUYMAもメルカリも、盗品や偽物を販売することも可能なビジネスモデルであるので、そのような商品が出てこないように、常に監視をしており、怪しい商品はアップされてもすぐに削除されるような仕組みを整えております。

　他社とは少し異なるマッチングのプラットフォームを運営しているのが、クラウドワークスです。これは、クラウドワークスと言うサイトに企業が仕事の依頼を行います。それを個人が受け、作業をし、発注元の企業に納品することを支援するマッチングプラットフォームです。何か『モノ』のやり取りだけを行っているわけではなく、プログラミングとか、デザイン画とか、無形の『モノ』のやり取りができる点に特徴があります。仕事の受け手はフリーランスのような個人が多いことも特徴です。

もう一つ無形の『モノ』のマッチングをサービスとして行っている会社として、ピクスタがあります。最近フィルムで写真を撮る人はほとんどいなくなりました。代わりにデジタルカメラで写真を撮る人が増え、デジタルカメラの画像処理技術も大幅に進歩しています。そこに目を付けたビジネスを行っています。ピクスタが運営するPIXTAというサイトでは、アマチュアカメラマンが中心となって、自分が撮影したデジタルカメラの画像がアップされています。そのサイトにアップした画像は購入希望者がいれば販売することもでき、アマチュアカメラマンとしては、自分が撮影した写真が評価されるとともに、収入も得られ、一石二鳥です。購入者はその画像をパンフレットに使用したり、ホームページで使用したりできます。購入者としては高いお金を払ってカメラマンを雇い写真を撮るよりも、PIXTAのサイトで気にいった写真を安価に購入することができます。最近ではデジタルカメラの画像以外にも、イラストもアップされています。

　以上、4つの分野の起業を見てきました。他にも様々な業種があります。また同じ業種でも特徴が異なることで、個々の会社で提供している商品やサービスが異なります。表面上同じような商品やサービスでも、その裏にある製造から販売までの流れや、そのサービスを提供することとなった理由などが異なります。皆さんもまず自分自身を見つめ直し、何ができるのだろうというプロダクトアウトの考え方から始まり、どんなモノやサービスをみんなは欲しているのだろうというサービスインの考え方に重きを置き、起業していただければと思います。

 **執筆者紹介**

東京弁護士会・親和全期会業務推進委員会
親和全期会は、東京弁護士会の会派（政策団体）の一つである法曹親和会内で、弁護士登録15年以下の会員で構成されている団体であり、会員数1,000名以上を擁している。業務推進委員会は、社会のニーズに即応した弁護士業務の発展拡大を研究、実践することを目的としており、現在は、起業間もないスタートアップ企業・中小企業をめぐる法律問題に取り組んでいる。

［編集代表］

鳥羽 浩司（とば こうじ）
紺野秋田法律事務所　弁護士
担当：第6章

［第2版執筆者・(50音順)］

牛島 貴史（うしじま たかふみ）
吉野高法律事務所　弁護士
担当：第4章 6

小井口 尚希（こいぐち なおき）
大和企業投資株式会社　早稲田大学大学院商学研究科修了（MBA）
担当：第7章

小暮 典子（こぐれ のりこ）
並木通り法律事務所　弁護士
担当：第4章 3

後藤 大（ごとう だい）
晴海パートナーズ法律事務所　弁護士
担当：第1章

佐藤 千弥（さとう かずや）
佐藤法律会計事務所　弁護士
担当：第2章

戸田 順也（とだ じゅんや）
寒河江法律事務所　弁護士
担当：第4章 2

鳥山 亜弓（とりやま あゆみ）
千代田国際法律会計事務所　弁護士・公認会計士
担当：第3章、第5章 5

中田 圭一（なかだ けいいち）
アクシアム法律事務所　弁護士
担当：第4章 1

平井 経博（ひらい つねひろ）
平井・川野総合法律事務所　弁護士
担当：第5章 1 〜 4、6

三浦 太郎（みうら たろう）
神田橋綜合法律事務所　弁護士
担当：第4章 4

吉岡 いずみ（よしおか いずみ）
神楽坂中央法律事務所　弁護士
担当：第4章 5

※本書の記述は、平成30(2018)年12月31日現在の法令に基づいています。

起業と経営の基本知識がわかる本

2014年1月31日　初版第1刷発行
2019年2月8日　第2版第1刷発行

著　　者	東京弁護士会親和全期会
発　行　者	伊　藤　　　滋
印　刷　所	横山印刷株式会社
製　本　所	新風製本株式会社
ＤＴＰ制作	有限会社中央制作社
カバーデザイン	小　島　文　代

発　行　所　　株式会社　自由国民社
東京都豊島区高田3-10-11
郵便番号［171-0033］　振替00100-6-189009
TEL.［営業］03(6233)0781　［編集］03(6233)0786
http://www.jiyu.co.jp/

©2019
・落丁本・乱丁本はお取替えいたします。
・本書の全部または一部の無断複製（コピー、スキャン、デジタル化等）・転訳載・引用を、著作権法上での例外を除き、禁じます。ウェブページ、ブログ等の電子メディアにおける無断転載等も同様です。これらの許諾については事前に小社までお問合せ下さい。
・また、本書を代行業者等の第三者に依頼してスキャンやデジタル化することは、たとえ個人や家庭内での利用であっても一切認められませんのでご注意下さい。